Ingrid Böttcher und Michael Becker-Mrotzek
Texte bearbeiten, bewerten und benoten

LEHRER-BÜCHEREI
GRUNDSCHULE

Herausgeber

Reinhold Christiani, Diplom-Pädagoge, war Leitender Ministerialrat im Ministerium für Schule, Jugend und Kinder des Landes Nordrhein-Westfalen. Er ist zurzeit Lehrbeauftragter an der Universität Bielefeld.

Dr. Klaus Metzger ist Regierungsschulrat, Seminarbeauftragter und zuständig für die zweite Phase der Lehrerausbildung für Grund- und Hauptschulen im Regierungsbezirk Schwaben/Bayern.

Die Autoren

Dr. Ingrid Böttcher arbeitete am Germanistischen Institut der RWTH Aachen.
Dr. Michael Becker-Mrotzek ist Professor am Institut für deutsche Sprache und Literatur II der Universität zu Köln.

Ingrid Böttcher
Michael Becker-Mrotzek

Texte bearbeiten, bewerten und benoten

●

Schreibdidaktische Grundlagen

●

Unterrichtspraktische Anregungen

●

Für die Klassen 1 bis 4

Unter Mitarbeit von
Carolin Speckgens

Cornelsen

SCRIPTOR

www.cornelsen.de

Bibliografische Information
Die Deutsche Bibliothek verzeichnet diese Publikation in der Deutschen Nationalbi-
bliografie; detaillierte bibliografische Daten sind im Internet über http://dnb.ddb.de
abrufbar.

Dieses Werk berücksichtigt die Regeln der reformierten Rechtschreibung und Zeichensetzung.

| 7. | 6. | 5. | 4. | 3. | Die letzten Ziffern bezeichnen |
| 12 | 11 | 10 | 09 | 08 | Zahl und Jahr der Auflage. |

© 2003 Cornelsen Verlag Scriptor GmbH & Co. KG, Berlin
Das Werk und seine Teile sind urheberrechtlich geschützt. Jede Verwertung in ande-
ren als den gesetzlich zugelassenen Fällen bedarf deshalb der vorherigen schriftlichen
Einwilligung des Verlags.
Hinweis zu § 52 a UrhG: Weder das Werk noch seine Teile dürfen ohne eine solche
Einwilligung eingescannt und in ein Netzwerk eingestellt werden. Dies gilt auch für
Intranets von Schulen und sonstigen Bildungseinrichtungen.
Redaktion: Marion Clausen, Göttingen
Umschlaggestaltung: Claudia Adam, Darmstadt, unter Verwendung eines Fotos von
Manfred Vollmer, Essen
Satz und Herstellung: THH, Frankfurt am Main
Druck und Bindearbeiten: Clausen & Bosse, Leck
Printed in Germany
ISBN 978-3-589-05076-5

 Gedruckt auf säurefreiem Papier,
umweltschonend hergestellt aus chlorfrei gebleichten Faserstoffen.

Inhalt

Vorwort

Schreibenlernen gehört heute mehr denn je zu den zentralen Aufgaben des Sprachunterrichts der Grundschule. Schreiben lernen wir, indem wir Texte verfassen und bearbeiten. Schreibenkönnen bedeutet, sich mithilfe von Texten zu verständigen. Mit diesem Buch möchten wir neue Wege der Bewertung, Bearbeitung und Benotung von Schülertexten aufzeigen: Wege, die die Freude am Schreiben aufbauen und erhalten; Wege, die auf eine umfassende Schreibkompetenz der Schüler und Schülerinnen zielen.

Im Titel des Buches ist bewusst die Rede von *Texten* und nicht von *Aufsätzen*. Wir wollen damit deutlich machen, dass es nicht primär um die Benotung von Schüleraufsätzen, um die Aufsatznote geht. Denn dahinter verbirgt sich eine ganz bestimmte aufsatzdidaktische Auffassung, die das schulische Schreiben auf das Abfassen von Aufsätzen und deren Benotung durch Lehrer und Lehrerinnen reduziert. Wir verstehen das Bewerten und Benoten von Schülertexten dagegen als Teil einer umfassenden Schreibausbildung, die aus Schreibanfängern kompetente Schreiber macht. Eine Ausbildung, die Schüler befähigt, sich des Mediums „geschriebene Sprache" für ganz unterschiedliche Zwecke zu bedienen. Sie lernen, sich schreibend zu verständigen, sich schreibend Wissen anzueignen, aber auch, sich schreibend ihrer selbst zu vergewissern. Damit ordnen wir unsere Arbeit ein in die moderne Schreibforschung und Schreibdidaktik, deren wesentlichstes Verdienst es ist, Schreiben und Schreibenlernen als einen langen und komplexen Entwicklungsprozess erforscht zu haben.

Ein Text entsteht in aller Regel nicht in einem Zug, quasi als genialer Entwurf. Vielmehr bedarf es oftmals mehrerer Durchgänge und Entwürfe, bis aus der ursprünglichen Idee ein fertiger Text geworden ist. Nach welchen Kriterien und Verfahren Texte entstehen und bearbeitet werden, ist immer auch abhängig von ihren Funktionen. Wie dieser Prozess der Textproduktion, eben der Schreibprozess, in der Aufsatz- und Schreibdidaktik gesehen wird, stellen wir in den theoretischen Grundlagen dar. Dabei gehen wir ebenso auf traditionelle Vorstellungen wie auf moderne Ansätze ein.

Die Fähigkeit zum Schreiben – verstanden als die Fähigkeit, Texte zu produzieren – erwerben wir im Laufe einer langen Entwicklung. Von den ersten assoziativen Schreibversuchen bis zur voll entfalteten Schreibfähigkeit ist es ein langer und bisweilen auch mühsamer Weg. Wir wissen heute in etwa, wie sich diese Fähigkeiten nach und nach ausbilden und welche Erwartungen wir an Schüler und Schülerinnen in einem bestimmten Entwicklungsstadium haben dürfen. Ganz ähnlich wie beim Spracherwerb finden wir typische Schreibformen in bestimmten Stadien, die notwendigerweise durchlaufen werden müssen, bevor der nächste Schritt getan werden kann. Diese Entwicklung, die im vierten Kapitel behandelt wird, bildet eine weitere wichtige Grundlage unserer didaktischen Konzeption.

Für die praktische Unterrichtsarbeit entwickeln wir im siebten Kapitel Kriterienkataloge, mit deren Hilfe Schüler wie Lehrer Texte bewerten, bearbeiten und ggf. auch benoten können. Für die wichtigsten schulischen Textarten liegen solche Kataloge vor. Sie berücksichtigen auf der einen Seite die Erfordernisse, die sich aus der Schreibaufgabe herleiten, also etwa die Anforderung an die sprachliche Form oder Gliederung. Auf der anderen Seite beziehen sie aber auch die Möglichkeiten der Grundschüler als Schreibanfänger ein, indem sie die Erwartungen auf die jeweils zentralen Entwicklungsaufgaben konzentrieren. Kriterienkataloge stellen jedoch nicht nur ein geeignetes Instrument für die Textbearbeitung dar, sondern auch für eine möglichst gerechte und objektive Benotung, etwa bei Vergleichsarbeiten.

Dem Be- und Überarbeiten von Texten sind zwei eigene Kapitel (9 und 10) gewidmet. Hier stellen wir Möglichkeiten der didaktisch-methodischen Realisierung vor, die in Schulklassen erfolgreich erprobt wurden. Zahlreiche Unterrichtsideen und Methoden werden hier an konkreten Beispielen gezeigt und an Schülerarbeiten illustriert. Neben den kriterienorientierten Verfahren sind dies Verfahren, die aus dem kreativen Schreiben stammen, unter anderem das Schreibatelier sowie Möglichkeiten des Überarbeitens am Computer.

Das Benoten wird ebenfalls in einem eigenen Kapitel behandelt. Hier kommen zum einen die Kriterienkataloge zum Einsatz. Zum anderen stellen wir mit dem Portfolio einen Weg der Notenfindung vor, der den didaktischen Erfordernissen eher gerecht wird als die Beurteilung von Einzelleistungen.

Für ihre konstruktive Mitarbeit an den Kapiteln 10 und 12, besonders für das praktische Erproben im Unterricht, möchten wir an dieser Stelle Frau Carolin Speckgens (geb. Schneider-Alken) herzlich danken.

Wir verstehen dieses Buch eher als Anregung, neue Ideen in den eigenen Unterricht einzubauen, denn als Rezeptsammlung. Denn den einen richtigen Weg, die eine richtige Methode gibt es nicht. Es geht vielmehr darum, für sich und die Bedürfnisse der eigenen Klasse einen möglichst guten Weg zu finden. Hierzu wollen wir konkrete Anregungen liefern, aber auch theoretische Hintergründe, die das eigene Handeln in einem anderen Licht erscheinen lassen.

Aachen und Köln, Mai 2003
Ingrid Böttcher und Michael Becker-Mrotzek

Theoretische Grundlagen

Das folgende Kapitel über die theoretischen Grundlagen hat das Ziel, die konkreten methodisch-didaktischen *Überlegungen* in den Gesamtzusammenhang schulischen Lernens zu stellen. Dabei berühren wir drei zentrale Aspekte:

- die Lehrer und Lehrerinnen als Teil der Institution Schule
- das Schreiben als komplexe Handlung
- die Schüler und Schülerinnen, die schreiben lernen

Diese drei Aspekte, auch bekannt als das didaktische Dreieck von *Lerner – Lehrer – Sache,* bilden das Fundament für unser Konzept einer veränderten, modernen Bewertungspraxis.

Die Institution Schule ist der Rahmen, in dem sich eine veränderte Praxis bewähren muss. Die Grundschule gehört heute zu den reformfreudigsten Schulformen; sie hat in den letzten Jahrzehnten am konsequentesten neue didaktische und pädagogische Ideen aufgriffen, die man vielleicht am besten mit dem Begriff der *Kindorientierung* umschreiben kann. Hierzu zählen die Abschaffung der Benotung in den Eingangsklassen, der konsequente Einsatz von Freiarbeit zur Einübung der Selbstständigkeit, der zunehmende Verzicht von festen Lehrgangskonzepten zugunsten von individualisierten und differenzierten Lernangeboten. Das alles zeigt: Schule ist keine unveränderliche Institution, sondern eine Einrichtung, die sich wandelnden Erfordernissen anpassen kann und muss.

Allerdings geht der Wandel in einem so großen System, das vielen unterschiedlichen Interessen dient, naturgemäß nur langsam vonstatten. Es verwundert daher nicht, dass die Bedingungen schulischen Lernens nach wie vor widersprüchlich sind. Auf der einen Seite finden sich die allgemeinen Lernziele wie umfassende Persönlichkeitsbildung zur Teilhabe an der Gesellschaft. Auf der andere Seite stehen dagegen die konkreten Bedingungen; hier sind vor allem der Zwang zur Selektion zu nennen, der seinen deutlichsten Ausdruck in den Noten und Zeugnissen findet. Aber auch große Klassen, hohe Stundenverpflichtungen der Lehrer und unzureichende Ausstattung der Schulen zählen hierzu. Diese Bedingungen nehmen wir ernst; sie bilden den Ausgangspunkt für eine veränderte Bewertungspraxis. Zugleich soll eine derart veränderte Praxis aber im Kleinen dazu beitragen, die Bedingungen selbst zu verändern.

1 Von der Aufsatzdidaktik zur Schreibdidaktik

Die Geschichte des Aufsatzunterrichts reicht weit zurück und soll hier nur so weit behandelt werden, wie es zum Verständnis einer veränderten Bewertungspraxis erforderlich ist. Bis zur Einführung des Aufsatzunterrichts am Ende des 18. Jahrhunderts war das Schreiben Bestandteil der Rhetorik. Die mündliche Rede in öffentlicher Auseinandersetzung bildete bis zu diesem Zeitpunkt das zentrale Lernziel des Sprachunterrichts. Die gesellschaftliche Entwicklung erforderte jedoch zunehmend mehr die schriftliche Kommunikation: Industrialisierung, ein sich ausweitender Handel, aber auch bürgerliche Ideale von Freiheit und Individualität sowie der Protestantismus nutzten für ihre Ziele das Schreiben, den Buchdruck und die Post. So war die Bibel für lange Zeit das meistgelesene Schulbuch. Bis zur Mitte des 19. Jahrhunderts hatte sich an den Gymnasien der *gebundene Aufsatz* durchgesetzt, gebunden deshalb, weil die Schüler an klare Formvorgaben gebunden waren. Aus dieser Zeit stammen etwa die Abhandlung, die Erörterung oder der literarische Aufsatz. Auch der *freie Aufsatz* hat in dieser Zeit seine Wurzeln; er wurde in der Volksschule als Gegengewicht zu den gebundenen Formen entwickelt. Im Rahmen der Kunsterziehungsbewegung zu Beginn des 20. Jahrhunderts entwickelte sich so der Erlebnisaufsatz als wichtigstes Element des freien Schreibens.

Ab den 20er-Jahren gewann dann jedoch zunehmend der *sprachschaffende* bzw. *-gestaltende Aufsatz* an Bedeutung, weil sich das freie Schreiben als nur schwer lehrbar erwies. Sprachgestaltend deshalb, weil die Schüler nun nach bestimmten Vorgaben Sprache gestalten sollten. Im Zentrum stand die Vorstellung der „inneren Sprachbildung", die Suche nach dem passenden sprachlichen Ausdruck für eine Idee. Für diesen Zweck wurde ein Kanon an Darstellungsformen entwickelt: die klassischen Aufsatzarten *Erzählung, Schilderung* und *Betrachtung* als subjektive sowie *Bericht, Beschreibung* und *Erörterung* als objektive Formen (s. u. Kap. 3.1). Sie bildeten bis in die 60er-Jahre das dominante Schreibcurriculum, das auch heute noch vielfach den Schreibunterricht beherrscht. Die ursprünglich als Lernhilfen gedachten Formen verselbstständigten sich zunehmend und wurden so zum Selbstzweck. Damit hatten sie nicht nur den Anschluss an die außerschulische Schreibpraxis verloren, sondern zugleich auch jeglichen Sinn für die Schüler. Dieser Ansatz wird vielfach als „traditioneller Aufsatzunterricht" bezeichnet.

Einen wichtigen Einschnitt brachte die so genannte *kommunikative Wende* in den 70er-Jahren. Nun ging es nicht mehr um die sprachliche Form, sondern um den kommunikativen Zweck von Texten. Die Schüler sollten nun Texte schreiben, um etwas zu verändern. Auch wenn dieser Ansatz für sich genommen sehr einseitig war, weil er die vielen anderen Schreibfunktionen ausblendete, so war er doch im Nachhinein ein wichtiger Anstoß für die Entwicklung einer wissenschaftlichen Schreibdidaktik. In seinem Gefolge entstanden weitere Konzepte, von denen hier vor allem das *kreative*, das *freie* und das *personale Schreiben* zu nennen sind (vgl. Böttcher 1999). Bei allen Unterschieden sind ihnen zwei wichtige Aspekte gemeinsam: Sie bemühen sich zunehmend um eine Integration der jeweils anderen Konzepte und sie beruhen weitgehend auf theoretischen Überlegungen. Es fehlt an einer empirischen Fundierung und an einer Anknüpfung an die komplexe Schreibentwicklung, die zu diesem Zeitpunkt noch nicht erforscht ist.

Es ist die *Schreibforschung*, die genau diesen Aspekt in die didaktische Diskussion einbringt. Angestoßen durch Arbeiten in England und USA entwickelt sich in den 80er-Jahren in Deutschland die interdisziplinäre Schreibforschung, an der u. a. die Linguistik, die Sprach- und Literaturdidaktik sowie die Psychologie Anteil haben. Ihr vielleicht wichtigstes Verdienst ist die empirische Grundlegung der Schreibdidaktik, d. h. ihr Bemühen um die Klärung der Schreibwirklichkeit: Was tun Schreiber, wenn sie einen Text verfassen?

Wenn heute vielfach von einer prozessorientierten Schreibdidaktik gesprochen wird, so ist damit zunächst einmal eine Überwindung der Produktfixiertheit, der Orientierung am fertigen Text des traditionellen Aufsatzunterrichts gemeint. Es geht nicht mehr ausschließlich um den fertigen Text, sondern auch um den Prozess seiner Entstehung. Gemeint ist aber auch eine Orientierung am Entwicklungsprozess der Schüler, auf die wir weiter unter zu sprechen kommen. Bevor wir jedoch den Schreibprozess selber betrachten, möchten wir die Begriffe *Schrift, Text* und *Schreiben* klären.

2 Schrift, Text und Schreiben

Ludwig (1995) macht darauf aufmerksam, dass die Begriffe *Schreiben* und *Textproduktion* häufig synonym verwendet werden, obwohl sie keinesfalls zusammenfallen. Nicht immer wenn wir einen Text produzieren, schreiben wir; das gilt etwa für den Fall, dass wir ein Diktiergerät benutzen. Und nicht immer wenn wir schreiben, produzieren wir einen Text, etwa wenn wir eine Einkaufsliste schreiben, schriftlich eine Multiplikation ausführen oder Noten für ein Musikstück aufschreiben. Schreiben ist ein vielschichtiger Begriff, der auf ganz unterschiedliche Tätigkeiten und Produkte verweist, nämlich auf Schrift- und andere Zeichen einerseits sowie auf Texte und andere Schreibprodukte andererseits.

2.1 Schrift

Historisch gesehen gehen Schrift und Schreiben nicht auf die Textproduktion, sondern auf die Buchhaltung zurück. Im alten Ägypten wurden vor etwa 5.000 Jahren die ersten Schriftzeichen verwendet, um den umfangreichen Warenverkehr am Hofe der Herrscher zu verwalten. Es waren die Buchhalter, die zunächst kleine Tonfiguren in Gefäßen aufbewahrten; stellvertretend für den Ein- und Ausgang von Haustieren, Getreide, Wein usw. wurde eine entsprechende Anzahl an Figuren hineingelegt bzw. herausgenommen. So konnte man nicht nur auf einfache Weise den aktuellen Bestand ermitteln, sondern hatte zugleich auch einen Überblick über die geleisteten Abgaben (Steuern) der Untertanen und den Handel. Weil das auf die Dauer aber immer noch zu umständlich war, ging man dazu über, die Figuren in weichen Ton einzudrücken und mit einer entsprechenden Anzahl an Strichen zu versehen. So konnte man auf einen Blick die aktuelle Bilanz erkennen. Nun war aus dem dreidimensionalen Abbild der Tonfigur ein zweidimensionales Zeichen entstanden. Dieses wurde schließlich auch nicht mehr eingedrückt, sondern aus praktischen Erwägungen mit einem Griffel eingeritzt. Die Ähnlichkeit zwischen dem realen Objekt und seiner Darstellung verschwand so immer mehr.

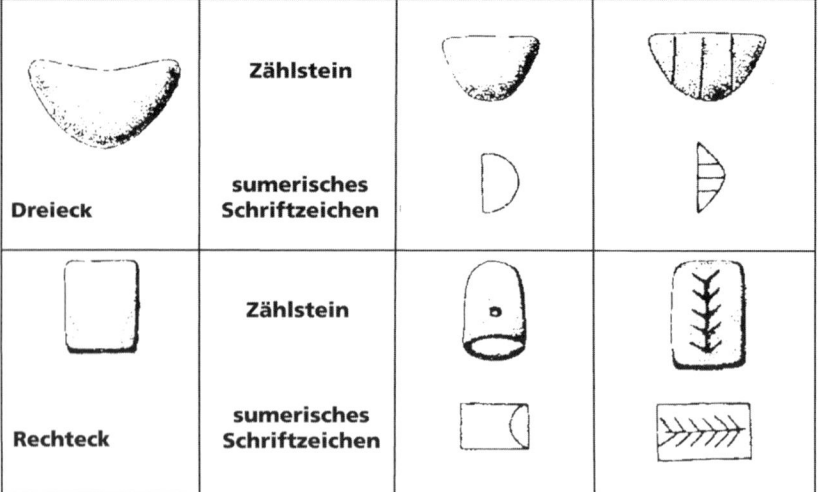

Zählsteine nach Schmandt-Besserat (1978, 11)

Damit standen zum ersten Mal in der Geschichte neben den hörbaren Lauten auch sichtbare Ausdrücke für die Sprachzeichen zur Verfügung. Man kann hierin den Ursprung der Schrift sehen. Die eingeritzten Schriftzeichen konnten in dem Sinne gelesen werden, dass ihnen eindeutige Sprachzeichen zugeordnet werden konnten. Anders als die Tonfiguren, die aufgrund ihrer äußerlichen Ähnlichkeit direkt mit den realen Objekten in Verbindung gebracht werden konnten, stehen die Schriftzeichen für den sprachlichen Ausdruck selbst. Damit ist eine zentrale Voraussetzung für eine fundamentale Einsicht gegeben: die Unterscheidung von sprachlichem Ausdruck (= Lautfolge) und seiner Bedeutung; Saussure spricht von *Zeicheninhalt* und *Zeichenausdruck*. Erst die Möglichkeit, einen sprachlichen Inhalt anders als mit lautlichen Mitteln darzustellen, macht diese Differenz bewusst. Ohne die Möglichkeit zur grafischen Darstellung bilden sprachliche Zeichen eine beinahe untrennbare Einheit von Inhalt und Ausdruck; erst die Differenz zwischen lautlicher und grafischer Darstellung schafft das Bewusstsein für den Unterschied von Zeichenausdruck und -inhalt.

2.2 Text

Schrift wurde anfangs ausschließlich für die Buchhaltung verwendet; Texte wurden zu der Zeit weiterhin mündlich überliefert. Hier stellt sich nun die Frage, wie es denn Texte ohne Schrift geben kann? Unter einem Text sollen in Anlehnung an Ehlich (1983; 1989) solche sprachlichen Handlungen verstanden werden, die gezielt zum Zwecke der Aufbewahrung und Überlieferung produziert werden. Vor der Erfindung der Schrift wurden auf diese Weise zentrale Wissensbestände aus den Bereichen der Landwirtschaft, Ökonomie und Geschichte überliefert. Zuständig hierfür waren so genannte Gedächtnisexperten (Schamanen, Stammesälteste, Druiden, Griots usw.), die sich unterschiedlicher Mnemotechniken bedienten, wie sie die Sprache bereitstellt (Parallelismus, Reim, Rhythmus, Modulation). Die Überlieferung erfolgte in speziellen Riten, in denen das Wissen auf vielfältige Weise (Tanz, Musik) immer wieder aufgeführt wurde.

Systematisch kann man diese Art der Überlieferung als „Zerdehnung einer Sprechsituation" rekonstruieren: Indem der Gedächtnisexperte sein Wissen wiederholt vor unterschiedlichen Hörern wiedergibt, handelt er ähnlich wie ein Bote. Sein Wissen, das er in früheren Situationen von seinen Vorfahren erworben hat, gibt er nun an seine Nachfahren weiter. Diesen Sachverhalt hat Ehlich so dargestellt, wie es das Schaubild auf Seite 14 zeigt.

Auf diese Weise können Sprechhandlungen über Raum und Zeit hinweg transportiert bzw. tradiert werden. Für Sprechhandlungen, die aus ihrer primären Situation herausgelöst und für eine zweite Sprechsituation ge-

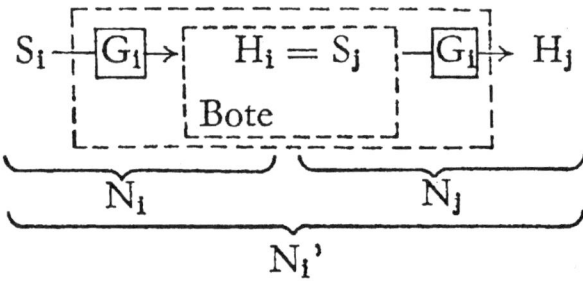

Das Institut des Boten (Ehlich, 1983, 31) S = Sprecher; H = Hörer; N =
Sprechsituation; G = Sprechhandlung; i & j = Indizes

speichert werden, verwenden wir den Begriff *Text.* Texte sind also nicht
notwendigerweise aufgeschrieben. Entscheidend ist, dass sie für die Überdauerung produziert werden. Eine solche Überdauerung wird natürlich
mithilfe der Schrift sehr viel einfacher, weil die Speicherung nicht mehr an
eine Person gebunden ist. Denn der Tod eines Gedächtnisexperten ist un-
vermeidlich mit dem Verlust des Wissens verbunden.

   Allerdings hat es ein halbes Jahrtausend lang nach Erfindung der Schrift
gedauert, bis auch Texte damit aufbewahrt wurden. So lange noch wurden
Heldenepen und andere wichtige soziale Erinnerungen mündlich tradiert.
Erst im antiken Griechenland nutzte man dann die Schrift, um Texte zu kon-
zipieren und festzuhalten; gelesen wurden sie aber nach wie vor laut und in
Gemeinschaft. Das stille Lesen ist eine Errungenschaft der Moderne; dazu
bedurfte es weiterer Entwicklungen, die das Lesen erleichterten. Eine davon ist der Buchdruck; eine andere ist die „Erfindung" der Orthographie.
Zunächst wurden Texte ohne Leerzeichen zwischen den Wörtern und entsprechend dem Dialekt des jeweiligen Schreibers geschrieben. Solche Texte
wurden erst durch lautes Vorlesen verständlich. Es bedurfte also einer langen Entwicklung, bis Schrift und Schreiben ihre heutige Bedeutung erlan-
gen konnten (vgl. Becker-Mrotzek 2003, Günther 1988).

2.3 Schreibfunktionen

Schrift und Schreiben erwiesen sich in ihrer langen Geschichte als so vielfältige und flexible Werkzeuge, dass die Menschen sie für immer mehr
sprachliche Funktionen nutzten. Unsere Sprache hat nach Ehlich (1998)
drei große Funktionsbereiche: a) die Erkenntnis stiftende, b) die Praxis stiftende und c) die Gemeinschaft stiftende Funktion.

a) Die Sprache stellt das Medium bereit, in dem wir Erkenntnisse gewinnen, als Wissen speichern und an andere weitergeben. Wir können zwar ohne Sprache denken, aber mit Sprache stehen uns Begriffe bereit, die unser Denken effektiver machen (Wygotski 1986). In diesem Sinn stiftet Sprache Erkenntnis.

b) Sprache stiftet aber auch Praxis; indem wir sprechen, handeln wir. Wir lenken die Aufmerksamkeit des Hörers durch ein „Da!" auf ein bestimmtes Objekt; wir geben ihm ein Versprechen oder wir fordern ihn auf, etwas zu tun. Mittels Sprache entsteht so eine gemeinsame kommunikative Praxis.

c) Und schließlich stiftet Sprache Gemeinschaft. Indem wir unsere Sprache nutzen, sind wir Teil einer sozialen Gemeinschaft. Auch wenn in der Regel keine dieser Funktionen alleine realisiert wird, so bietet ihre Unterscheidung aber einen guten Anhaltspunkt, um Ordnung in die Vielzahl der Schreibfunktionen zu bringen.

Deutlicher noch als beim Sprechen muss beim Schreiben zwischen dem *Schreiben für sich* und dem *Schreiben für andere* unterschieden werden. Abgesehen von Selbstgesprächen geht dem Sprechen ohne Zuhörer der Sinn verloren. Beim Schreiben ist das schon deshalb anders, weil man beim Schreiben in der Regel alleine ist. Und hier bekommt das Schreiben für sich einen eigenen Zweck. Schreiben für andere hat drei große Funktionsbereiche:

- *Erkenntnisstiftung* liegt vor, wenn ein Text neues Wissen vermittelt wie bei einer Nachricht oder vorhandenes Wissen bearbeitet wie beim Argumentieren.
- *Praxis stiftet* ein Text, wenn er den Leser zu einer Handlung bewegt, beispielsweise bei Aufforderungen oder Anleitungen.
- *Gemeinschaft stiftet* ein Text, wenn er den Leser einbezieht in einen sozialen Kontext, so wie es bei erzählenden Texten der Fall ist, die eine Erzählgemeinschaft etablieren und den Leser Teil haben lassen an der Geschichte des Schreibers.

Wenn wir schreiben, dann kommen oft zwei oder gar alle drei Funktionen zum Tragen, auch wenn bisweilen eine vorherrscht. Wir können niemanden dazu bringen, etwas zu tun, ohne ihm nicht zugleich Wissen zu vermitteln und Gemeinschaft zu stiften. Diese Kombination unterschiedlicher Funktionen bei konkreten Schreibanlässen macht es auch theoretisch so schwierig, Textarten zu bestimmen. Zu komplex sind die Schreibanlässe und zu vielfältig die Kombinationsmöglichkeiten, um zu einer einfachen Systematik zu kommen. Wir werden uns damit begnügen müssen, auf Idealfälle und typische Beispiele zu verweisen.

Schreiben hat aber auch Funktionen für den Schreiber selbst, die über die genannten hinausgehen und mit der besonderen Qualität des Schreibens zusammenhängen:

● *Erkenntnis stiftet* Schreiben nicht nur für andere, auch für einen selbst. Komplizierte Sachverhalte, Probleme oder Planungsprozesse können so aufgeschlüsselt, leichter verarbeitet und besser verstanden werden. Schreiben dient der Bewusstmachung und Wissensbildung; diese Form wird auch als heuristisches und epistemisches Schreiben bezeichnet. Beispiele sind Konzeptpapiere, Entwürfe, Skizzen und ähnliche Schreiben, die oft mit der Fertigstellung ihre Funktion erfüllt haben.

● *Speicherfunktion*: Mit der Schrift steht ein Mittel bereit, um Wissen außerhalb des Gedächtnisses zu speichern. Typische Beispiele sind Einkaufszettel und andere Merkhilfen.

● *Psychisch entlastend* wirkt das Schreiben, indem man etwas nach außen bringt, das einen innerlich belastet. Ein mögliches Beispiel ist das Tagebuch.

Das Sichtbarmachen von Sprache in der Schrift führt zu einer verstärkten Nutzung der kognitiven, Erkenntnis stiftenden Funktionen. Wenn Sprache sichtbar ist, kann der Produktionsprozess verzögert werden; einmal Gedachtes steht immer wieder zur Verfügung und kann verändert werden. Sprache wird so der Flüchtigkeit sowohl des Gedankens wie der mündlichen Äußerung enthoben. Aus diesem Grund kommt dem Schreiben für sich selbst eine so große Bedeutung zu.

2.4 Schreiben und Textproduktion

Wir sind nun in der Lage, das Verhältnis von Schreiben und Textproduktion genauer zu bestimmen und damit den Schreibbegriff präziser zu erfassen. Schreiben hat mit Ludwig (1995) immer eine handwerklich-technologische Seite. Schreiben verlangt ein Werkzeug, mit dem wir sichtbare Spuren produzieren können. Das können Papier und Bleistift, die Druckerpresse oder auch ein Computer sein. Schreiben muss also keineswegs mit der Hand erfolgen, auch wenn das lange Zeit die einzige Möglichkeit war. Moderne Computer mit analoger Spracheingabe ermöglichen eine Zeichenproduktion und -speicherung auf rein elektronischem Wege. Daneben hat Schreiben eine semiotische, zeichenhafte Dimension. Dadurch unterscheidet es sich beispielsweise vom Malen. Wenn wir schreiben, produzieren wir Zeichen mit einer bestimmten Funktion („Bedeutung"). Diesen beiden Dimensionen wird im Anfangsunterricht naturgemäß viel Zeit gewidmet; das Kind tut sich mit dem Herstellen der Schriftzeichen ebenso schwer wie mit der Einsicht in das Prinzip der Schrift.

Und schließlich hat Schreiben auch eine linguistische Dimension, nämlich dann, wenn wir schreiben, um einen Text zu produzieren – um schriftlich zu handeln. Dann fallen Schreiben und Textproduktion zusammen. Einen Text können wir jedoch auch produzieren, ohne selber zu schreiben, etwa wenn wir einen Text diktieren. Im Unterricht ist es häufig die Lehrperson, die den Text produziert, und es sind die Schüler, die den Text schreiben.

2.5 Schreibprozess

Wenn vom Schreibprozess die Rede ist, dann ist im Allgemeinen das selbstständige Produzieren eines Textes gemeint. Ein solcher Schreibprozess braucht Zeit, weil wir langsamer schreiben als sprechen, und vor allem, weil wir Zeit zum Nachdenken brauchen. Dass dieser Schreibprozess – insbesondere im Unterricht – über lange Zeit so wenig Beachtung fand, hängt sicherlich mit der Tatsache zusammen, dass man den meisten Texten, etwa in Büchern oder Zeitungen, ihre Entstehungsgeschichte nicht mehr ansieht. Alle Spuren des Verbesserns und Überarbeitens sind getilgt. Und dennoch weiß jeder, wie mühsam es sein kann, einen Text zu Papier zu bringen, wie viele Entwürfe im Papierkorb landen und wie viele Fehler immer wieder übersehen werden.

Zum Schreibprozess werden die Schritte des *Planens*, *Formulierens* und *Überarbeitens* gerechnet. Sie haben nicht nur Eingang in das Alltagswissen über das Schreiben gefunden, sondern sind auch fester Bestandteil der Lehrpläne geworden. So werden in den Richtlinien „Sprache für die Grundschule" in NRW explizit die Aufgabenschwerpunkte „Texte planen, aufschreiben und überarbeiten" (ebd., 34) genannt. In der Schreibforschung sind in den letzten 20 Jahren mehrere Modelle entwickelt worden, um den Schreibprozess zu beschreiben und zu erklären. Zu den bekanntesten gehört sicherlich das von Flower und Hayes aus dem Jahre 1980 (siehe Seite 18).

Es ist das Verdienst dieses Modells, erstmals den Schreibprozess systematisch zu beschreiben und in seine Teile zu zerlegen. Danach ähnelt das Schreiben eines Textes dem Lösen eines Problems. Eine Schreibaufgabe steht in einem bestimmten Umfeld; sie wird vom Schreiber bewältigt, indem er zunächst einen Plan entwirft. Dazu sucht er in seinem Gedächtnis nach Wissen über das Thema, die Adressaten und über mögliche Schreibpläne. Wenn die ausgewählten Ideen in eine Struktur gebracht sind, werden sie aufgeschrieben; währenddessen und danach liest er seinen Text und überarbeitet ihn. Überwacht werden die verschiedenen Teilprozesse von einem so genannten Monitor. Wir gehen auf dieses Modell nicht näher ein, weil es einige für das Schreibenlernen wichtige Faktoren nicht ausreichend berücksichtigt.

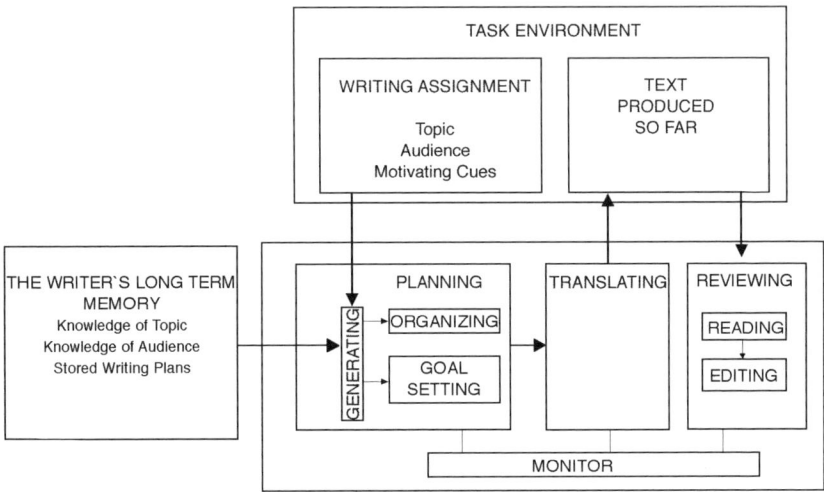

Der Schreibprozess nach Hayes/Flower (1980)

Wir verstehen Schreiben – im Sinne von Textproduktion – als eine komplexe sprachliche Handlung, die der Verständigung über Raum und Zeit hinweg dient. Es ist damit Bestandteil der schriftlichen Kommunikation, die sich von der mündlichen vor allem dadurch unterscheidet, dass sich Schreiber und Leser – anders Sprecher und Hörer – nicht an einem Ort befinden. Aufgrund dieser Bedingungen unterliegt die Textproduktion eigenen Bedingungen, die das Modell auf Seite 19 veranschaulichen soll.

Das vorliegende Modell bettet das Schreiben eines Textes in die *Situation der schriftlichen Kommunikation* ein. Das bedeutet, es berücksichtigt systematisch, dass Schreiben Teil einer kommunikativen Handlung ist. Texte ermöglichen es Schreiber und Leser, über Raum und Zeit hinweg zu kommunizieren. Normalerweise sind Schreiber und Leser verschiedene Personen; sie können aber auch in einer Person zusammenfallen (Schreiben für sich selbst). Schreiber und Leser befinden sich für gewöhnlich in unterschiedlichen Situationen, wenn sie den Text produzieren bzw. rezipieren; der Text stellt die gemeinsame Schnittstelle dar. Die Rezeption und der unbekannte Leser interessieren uns nur insoweit, als sie Einfluss auf die Textproduktion haben.

Die Produktion eines Textes ist eine komplexe Handlung (vgl. Rehbein 1977), die aus mehreren Schritten besteht. Sie beginnt damit, dass der Schreiber seine aktuelle Situation so einschätzt, dass er darin einen Schreibanlass sieht. Erst dadurch wird aus den objektiven Umständen für

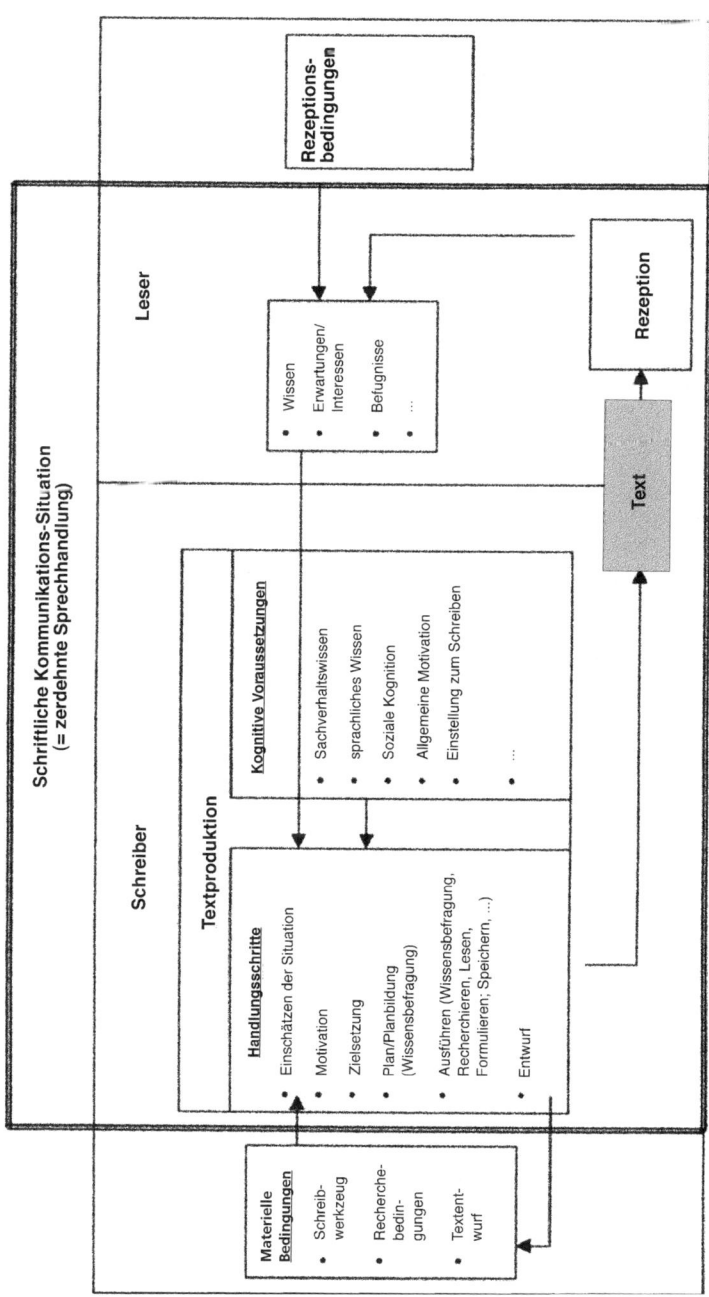

Schreiben als schriftsprachliches Handeln

den Handelnden eine Schreib-Situation, eine Situation der schriftlichen Kommunikation. Der Schreiber entwickelt aufgrund dieser Einschätzung eine Schreibmotivation, die er anschließend in ein konkretes Ziel umsetzen muss.

Veranschaulichen wir uns das an einem Beispiel: Jemand erfährt, dass ein entfernter Verwandter verstorben ist. In einer solchen Situation kann der Handelnde überlegen, ob ein Telefonanruf bei den Hinterbliebenen oder ein Beileidsschreiben die angemessene Form der Anteilnahme ist. Je nach Einschätzung entsteht eine Situation der mündlichen oder schriftlichen Kommunikation. Schätzt der Handelnde den Brief als angemessene Form ein, liegt eine Schreibsituation vor; er ist motiviert, einen Brief zu schreiben. Anschließend muss er sein Ziel konkretisieren und sich fragen, wie er seine Anteilnahme ausdrücken will. Anders liegt der Fall, wenn er weder den Verstorbenen noch die Hinterbliebenen kennt; dann entsteht wahrscheinlich keine Motivation, etwas zu tun.

Einschätzung, Motivation und Zielsetzung sind dabei natürlich abhängig von den kognitiven Voraussetzungen des Schreibers. So erfordert das Einschätzen der Rezeptionsbedingungen sowohl die Fähigkeit zur sozialen Kognition (Empathie, Perspektivenübernahme) als auch Sachverhaltswissen, etwa über den Adressaten.

Ist ein Schreiber motiviert, einen Text zu produzieren, benötigt er einen Schreibplan. Einen solchen Plan kann er entweder selber bilden oder er kann auf vorhandene Pläne zurückgreifen. Der Rückgriff auf vorhandene Pläne setzt ein entsprechendes sprachliches Wissen voraus; in unserem Beispiel also ein Wissen darüber, wie Beileidsschreiben in einer bestimmten Kultur aussehen. Konkret kann es ein Wissen über vorgedruckte Beileidskarten sein. Bei der Planung spielen neben der eigenen Zielsetzung auch die materiellen Bedingungen eine wichtige Rolle. Die Planbildung ist abhängig von den Schreibwerkzeugen und Recherchemöglichkeiten. Stehen für das Verfassen einer wissenschaftlichen Arbeit ein PC und eine Bibliothek zur Verfügung, sieht der Plan anders aus, als wenn nur Papier und Bleistift vorhanden sind. Das Planen kann sowohl rein mental als auch schriftlich erfolgen; im zweiten Fall entstehen Planungsskizzen.

Die Ausführung des Plans ist abhängig vom angestrebten Text. Einfache Texte wie eine kurze Mitteilung an die Kollegin können ohne Entwurf und weitere Recherche aus dem Gedächtnis formuliert werden. Komplexere Texte, zu denen ein Beileidsschreiben ebenso wie ein Schulaufsatz oder eine wissenschaftliche Abhandlung gehören, durchlaufen die Stadien Zielsetzung – Planen – Ausführen oft mehrfach. Bei der Recherche kann sich herausstellen, dass das Ziel unrealistisch oder der Plan undurchführbar ist, sie müssen dann revidiert werden. Beim Formulieren müssen zu den oft nur vagen Ideen oder Vorstellungen passende sprachliche Ausdrücke gefunden und verschriftlicht werden. Dabei handelt es sich um komplexe Prozesse der Sprachverarbeitung, über die wir noch nicht sehr viel wissen. Wegen dieser Schwierigkeiten werden diese Stadien häufig mehrfach durchlaufen; erst wenn der Entwurf mit der Idee hinreichend überein-stimmt, wird er als fertig erachtet und zum Lesen freigegeben. Die Text-produktion weist an dieser Stelle eine Besonderheit auf: Sie verändert fort-während ihre eigene materielle Grundlage, weil der bereits vorliegende Textentwurf Einfluss hat auf die vorausgehenden Schritte.

Schreiben wird nur in den Fällen alle Stadien ausführlich durchlaufen, in denen ein komplexer Text zu produzieren ist. Vielfach stellt die Textpro-duktion für geübte Schreiber jedoch kein Problem dar, weil sie aufgrund ih-rer Erfahrung auf bekannte Schreibpläne und Routinen der Sprachproduk-tion zurückgreifen können. In diesen Fällen können einzelne Stadien übersprungen werden und die Textproduktion entspricht dann eher einer Routinetätigkeit als einer Problemlösung.

Eine weitere Besonderheit der Textproduktion besteht darin, dass Schreiben nicht nur auf die kognitiven Voraussetzungen des Schreibers zu-greift, sondern diese ihrerseits verändert. Der Grund hierfür liegt in dem verlängerten Planungs- und Ausführungsprozess. Die beim Schreiben ver-langsamte Sprachproduktion macht Prozesse bewusst, die in der münd-lichen Kommunikation eher unbemerkt ablaufen.

3 Schreibdidaktik und ihre Aufgabenschwerpunkte

Wir werden im Folgenden einige Aufgabenschwerpunkte des Schreib-unterrichts vorstellen, die sich durchaus an unterschiedlichen didaktischen Konzepten orientieren. Die meisten lassen sich im Rahmen einer prozess-orientierten Schreibdidaktik sinnvoll integrieren. Wir werden sie an dieser Stelle knapp skizzieren, um darauf in den folgenden Kapiteln zurückgreifen zu können.

3.1 Traditionelle Aufsatzarten

Die traditionellen Aufsatzarten stammen aus dem sprachgestaltenden Unterricht, der seinen Höhepunkt zwischen 1945 und 1970 hatte: Er hat sich seit den späten 20er-Jahren aus dem sprachschaffenden Aufsatz-unterricht entwickelt. Der sprachschaffende Aufsatzunterricht knüpft an Humboldts Idee *der inneren Sprachform* an, wonach es beim Schreiben da-rum geht, sich in einen Sachverhalt hineinzufühlen und dann durch geeig-nete Mittel ein sprachliches Ereignis zu schaffen. Der sprachgestaltende

Ansatz reduziert diese Idee auf das *Nachgestalten* vorgegebener Aufsatzformen. Die Schüler werden in ganz bestimmte Darstellungsformen eingeführt, die das gesamte Spektrum möglicher kommunikativer Anlässe abdecken sollen. Sie sollen zunächst die Formen lernen, mit denen sie dann die Inhalte darstellen können. Unterschieden werden die subjektbezogenen und die objektbezogenen Aufsatzarten, die sich nach Ludwig (1988) wie folgt verteilen:

	Subjektbezogen	Objektbezogen
Geschehnisse	Erzählungen	Berichte
Sachverhalte	Schilderungen	Beschreibungen
Gedanken	Betrachtungen/	Abhandlung
	Besinnungsaufsatz	Erörterung

Die traditionellen Aufsatzarten nach Ludwig (1988, 440)

Die subjektbezogenen Formen nehmen ihren Ausgang beim Schreiber, der hierin seinen eigenen Ausdruck finden soll; die anderen gehen von den Sachverhalten (Objekten) aus, die mit ihrer Hilfe dargestellt werden sollen. Die darzustellenden Sachen werden unterschieden in Geschehnisse, Sachverhalte und Gedanken, sodass sich insgesamt sechs Aufsatzarten ergeben. So kann beispielsweise ein Geschehnis oder Ereignis einmal von seinem objektiven Verlauf her betrachtet werden (Bericht). Wird das Ereignis aus seiner subjektiven Perspektive dargestellt, handelt es sich um eine Erzählung. Analog funktionieren auch die Unterscheidungen der übrigen Formen.

Allerdings stimmen diese Bestimmungen nicht mit der Schreibwirklichkeit außerhalb der Schule überein. Erzählungen und Berichte gehören unterschiedlichen gesellschaftlichen Bereichen mit je eigenen Zwecken an. So hat ein Bericht die Funktion, ein vergangenes Ereignis so darzustellen, dass sich Unbeteiligte ein eigenes Urteil erlauben können: Unfallbericht, Versuchsbericht, Krankenbericht usw. Dabei kommt es gerade nicht darauf an, jede Einzelheit wiederzugeben, sondern nur die für den jeweiligen Vorgang relevanten. Und weil das so ist, befragen Richter ihre Zeugen – und lassen sie nicht einfach reden – und halten Versicherungen für Unfallberichte Formulare mit entsprechenden Fragen bereit.

Die seit den 70er-Jahren vorgebrachte Kritik am Formalismus dieser Aufsatzformen ist also auch aus textlinguistischer Sicht berechtigt. Die Wirklichkeit kennt wesentlich mehr Textarten als diese sechs Aufsatzformen, was angesichts der Vielfalt möglicher Schreibanlässe nicht verwundert. Des Weiteren weisen die Textarten des wirklichen Lebens deutlich andere Binnen-

strukturen auf als die Aufsatzarten. Die ursprünglich als Stilübungen gedachten Formen sind im Laufe der Zeit zu normierten Aufsatzarten erstarrt.
Sollten ursprünglich aus Gründen der Vereinfachung einzelne Teilaufgaben
isoliert geübt werden, so entwickelten sich diese Teilaufgaben unter der
Hand zu eigenständigen Aufsätzen. Auf diese Weise haben sie ihren Anschluss an die Wirklichkeit des Schreibens und der Schüler verloren. Wir
empfehlen daher, auf diese Formen zu verzichten und stattdessen auf Textarten zurückzugreifen, wie sie in der Lebenswirklichkeit zu finden sind.

3.2 Schreiben nach Textarten

Textarten unterscheiden sich grundlegend von den traditionellen Aufsatzarten, wie sie oben beschrieben wurden. Unter *Textarten* sollen diejenigen
sprachlichen Formen verstanden werden, die in der gesellschaftlichen
Wirklichkeit verwendet werden: Bedienungsanleitungen und Rezepte,
Nachrichten und Kommentare, Beileidsschreiben und Glückwünsche, Ein-
ladungen und Dankesschreiben, Beipackzettel und Verbraucherinforma-
tionen, Antragsformulare und Beschwerden sowie die vielfältigen literarischen Gattungen, vor allem die großen und kleinen Erzählformen. Allen
diesen Textarten ist gemeinsam, dass es sich um ausgearbeitete Formen für
die Bewältigung bestimmter kommunikativer Anlässe handelt. Im Laufe
der Geschichte haben sich diese Textarten als geeignete sprachliche Formen herausgebildet; sie stellen gewissermaßen die Werkzeuge für die Bewältigung wiederkehrender kommunikativer Aufgaben bereit. Am Beispiel
der Bedienungsanleitung kann man einen solchen Entwicklungsprozess
seit etwa 20 Jahren gut verfolgen: Immer kompliziertere Technik verlangt
immer mehr Anleitungen. Die Bedienungsanleitung hat den Zweck, den
Nutzern eines technischen Geräts seine Bedienung zu ermöglichen. Hierfür
hat sich – nach anfänglichen Schwierigkeiten – heute eine bestimmte Textstruktur entwickelt, die – je nach Gerät – aus Abbildungen, Beschreibungen,
Erklärungen, Anweisungen, Inhaltsverzeichnis, Register, Schnellanleitung,
Fehlerliste usw. besteht.

Textarten sind in der Regel Teil eines größeren Zusammenhangs. So ist
die Bedienungsanleitung beispielsweise Teil der Benutzung eines Geräts;
ein Formular für die Verwaltung Teil eines Antrags; ein Glückwunsch-
schreiben Teil eines freudigen Ereignisses; ein Beipackzettel zu einem Me-
dikament Teil einer medizinischen Behandlung und ein Rezept ist Teil des
Backens oder Kochens usw. Viele Texte stehen also nicht isoliert, als
sprachliche Werke für sich, sondern sind eingebunden in ganz unterschiedliche Handlungen, in denen sie bestimmte Teilaufgaben erfüllen. Das
gilt in gewisser Weise auch für erzählende Texte, die etwa unterhaltende

oder Aufklärungsfunktion haben können. Diese Einbindung in größere Zusammenhänge ist aus didaktischer Perspektive besonders interessant.
Denn sie liefert quasi automatisch einen realistischen, sozialen Kontext,
ganz so, wie es moderne Lerntheorien vorsehen.

Schneuwly (1995) hat ein didaktisches Modell entwickelt, in dem Textarten zum zentralen Ausgangspunkt des Schreibunterrichts werden.
Schreibenlernen bedeutet für ihn immer auch die Aneignung von sprachlichen Werkzeugen – und damit die Auseinandersetzung mit Textarten. Aus
didaktischer Perspektive macht er auf eine Besonderheit der Textarten aufmerksam, die wir unter dem Stichwort *zerdehnte Kommunikationssituation* behandelt haben. Anders als Gesprächsmuster, die in der gemeinsamen Handlung direkt zum Einsatz kommen, handelt es sich bei den
Textarten um abgeleitete, sekundäre Muster. Sie haben sich teilweise aus
den Diskursarten als Werkzeuge für die schriftliche, zerdehnte Kommunikation entwickelt. Damit sind sie zugleich abstrakter und komplexer, weil
sie vermittelten Kommunikationsanlässen dienen. Daraus ergibt sich für
Schneuwly zum einen die zwingende Notwendigkeit der (schulischen) Ver-
mittlung des Schreiben und zum anderen das didaktische Potenzial der
Textarten.

Sie stellen gewissermaßen das Lösungspotenzial für Schreibaufgaben
bereit. Konkret gestaltet sich ein solcher Unterricht wie folgt (ebd., 119):

- Die Schüler erhalten präzise sprachliche Aufgaben.
- Es werden systematisch Lernsituationen geschaffen, in denen sich die
  Schüler die sprachlichen Mittel aneignen, die für die Lösung der Aufgabe erforderlich sind. „Schreibprobleme, die die bearbeitete Textart stellt,
  werden systematisch behandelt" (ebd.).
- Es besteht ein beständiger Wechsel zwischen dem Lesen und Produzieren der ausgewählten Textarten.
- Im Unterricht werden gemeinsam mit den Schülern die Kriterien erarbeitet, eine Lösung als gelungen zu betrachten. Dabei werden nicht nur
  die für das Lernen so wichtigen Möglichkeiten bewussten Reflektierens
  geschaffen, sondern zugleich auch die Kriterien bestimmt, mit deren Hilfe Schüler (und Lehrer) die Texte bewerten können.
- Textreflexion wird in gegenseitiger Lektüre und Kritik der selbst verfassten Texte gelernt.

Schneuwly erläutert sein Konzept an drei Unterrichtsbeispielen, und zwar
an einem historischen Erklärungstext für das Fach Geschichte, an einer
Science-Fiction-Geschichte und an einem Leserbrief. Für die Grundschule
illustrieren wir es am Beispiel von Backrezepten (vgl. Kap. 10.4). Backen
und Kochen bilden gute Möglichkeiten für einen fächerübergreifenden
Unterricht. Im Sachunterricht werden Backrezepte ganz authentisch ver-

wendet, um verschiedene Backwaren herzustellen. Im Deutschunterricht bilden das Lesen und Verfassen von Rezepten den Unterrichtsgegenstand. Die eigenen Erfahrungen beim Backen sowie das Lesen und Analysieren verschiedener Rezepte ermöglichen es den Schülern, a) die typischen Inhalte (Propositionen), b) die Grundstruktur sowie c) die wesentlichen sprachlichen Mittel (Stil) zu erkennen. So werden sie erfahren, dass moderne Rezepte a) mit einer Zutatenliste beginnen, b) sich strikt auf die Backtätigkeiten beschränken (und auf wertende Äußerungen zum Geschmack usw. verzichten) und dass sich c) für die Darstellung der Tätigkeiten Infinitivkonstruktionen durchgesetzt haben *(Mehl abwiegen und in eine Schüssel geben)* (Becker-Mrotzek 1997, 144 ff.).

Methodisch schlägt Schneuwly vor, die Textproduktion in so genannten „Ateliers" zu organisieren. Die Ateliers haben die Funktion, einzelne Aspekte und Teilaufgaben gezielt zu erarbeiten und zu üben. Ein ausführliches Beispiel dazu findet sich in Kap. 10.4. Damit wird deutlich: Es geht nicht nur darum, eine Rezeptsammlung für die Adventsfeier zu erstellen, sondern um die Arbeit am Text. Das Vorhaben „Rezeptsammlung" wird genutzt, um gezielt an der Fähigkeit zum Schreiben von Anleitungen zu arbeiten.

Natürlich werden in der Grundschule auf diese Weise noch nicht alle Merkmale von Anleitungen erarbeitet. Aber der entscheidende Punkt liegt darin, dass an die Stelle von wenig einsichtigen Schreibanweisungen wie „Nur das Wichtigste" konkrete Kriterien treten, die aus dem Handlungskontext auch für Schreibanfänger nachvollziehbar sind. Denn: Was ist denn das Wichtigste bei einem Backrezept? Das Mehl – die Hefe – die Flüssigkeit oder vielleicht der Hinweis, alles ganz vorsichtig zu verrühren? Für den Geschmack sind sicherlich die Zutaten wichtiger, um unnötige Verschmutzungen zu vermeiden, ist es die Vorsicht beim Umrühren. Für die Bewertung bietet ein solches Verfahren zahlreiche Vorteile:

- Die Kriterien werden gemeinsam mit den Schülern aus den eigenen praktischen Erfahrungen wie der Lektüre fremder Texte gewonnen.
- Sie können in der eigenen Textproduktion angewendet
- und in der Überarbeitung eingeübt werden.
- Durch die Besprechung der eigenen Texte in Kleingruppen und im Klassenverband bildet sich ein Bewusstsein für die Merkmale nicht nur der jeweiligen Textart, sondern auch ihres Handlungskontextes.

3.3 Kreatives Schreiben

Die im Morgenkreis einer zweiten Klasse thematisierte Frage „Warum schreibe ich (nicht) gern?" beantwortet Lukas, 8 Jahre, mit folgendem Text (analog zu dem Gedicht „Avenidas" geschrieben):

Schreiben
Schreiben ist Fantasie
Fantasie
Fantasie ist Regenbogenreise
Schreiben
Schreiben ist Regenbogenreise
Schreiben ist Fantasie ist Regenbogenreise
ist zusammen schweben

Das kreative Schreiben trägt weit über sich hinaus. So können die Methoden des kreativen Schreibens zur Entwicklung genereller, berufsgerichteter Schreibfähigkeiten (z. B. in Hochschule/Studium, Wirtschaft, Management und Medien) als auch zur Schreibförderung im schulischen Kontext genutzt werden (vgl. Böttcher/Czapla 2002). Um erfolgreich vielfältige Schreibaufgaben bewältigen zu können, sollten sich Schreibanfänger und professionelle Schreiber sowohl produktiver Schreibstrategien als auch kreativer Schreibmethoden bedienen. Denn: In der Anwendung solcher Methoden wird die Verschriftlichung als natürliche Handlung begriffen, die Sprach- und Ausdrucksfähigkeit gefördert. Viele der Methoden provozieren ein spontanes, ungelenktes Assoziieren und eröffnen damit die Sicht auf neue Ideen und Schreibansätze. Sie fördern die Flüssigkeit des Formulierens und locken den Schreiber geradewegs in einen Schreibfluss hinein (vgl. Spinner 1998), d. h., sie haben einen großen Trainingseffekt für das Schreiben allgemein.

Schon diese kurze Skizze zeigt die heutige Anerkennung des kreativen Schreibens in vielen Domänen des Schreibens. Zum festen Bestandteil ist das kreative Schreiben im schulischen Bereich geworden: in Schreibdidaktik, Schreibcurricula der Schulen und in den Lehrplänen aller Länder für alle Schulstufen und -formen.

Im Folgenden skizzieren wir das Konzept und die Prinzipien, die Methoden und den Bezug des kreativen Schreibens zu Schreibforschung und Schreibdidaktik (vgl. Böttcher 1999).

Konzept

Eine der wichtigsten Grundeigenschaften des kreativen Schreibens ist, dass es „mehr als andere Zugänge zum Schreiben die ganze Person erfasst" (Spinner 1993, 21). Es verbindet kognitive, emotionale und imaginative Prozesse. Das Konzept des kreativen Schreibens basiert auf der Grundannahme, dass jeder Mensch ein kreatives Potenzial besitzt, das auch sprachliche Kreativität umfasst. Dieses zu realisieren, kann man fördern und üben. In diesem Sinne ist kreatives Schreiben auch ein Handwerk, das man erlernen kann.

Was aber ist Kreativität in einem so verstandenen Konzept? Kreativität ist eine universelle Eigenschaft menschlichen Handelns und Denkens. „Die Fähigkeit, Neues zu schaffen und damit Bahnen biologischer Vorbestimmung durch eine selbst geschaffene Kultur zu ersetzen, ist ein Wesensmerkmal der Menschheit" (Kruse 1997, 15). Kreativ sein bedeutet also, Neues zu schaffen, ob materiell oder gedanklich oder z. B. – wie eben beim kreativen Schreiben – in Form von Texten, die ja auf Gedanken basieren. Das Merkmal *neu* kann sich dabei auf verschiedene Dinge beziehen: zum einen auf ein Produkt, das neuartig ist, zum anderen auf einen neuartigen Weg oder Prozess, der zu einem – neuen oder bekannten – Produkt führt. Außerdem auch darauf, etwas auf neuartige Weise zu erkennen und wahrzunehmen, in neuen Bahnen zu denken. Neu muss dies dabei nicht unbedingt für die gesamte Menschheit sein, sondern lediglich für das Individuum, das kreativ ist. In diesem Sinne ist Kreativität sowohl von der gesellschaftlichen als auch von der individuellen Seite her zu betrachten.

Kreatives Schreiben erweist sich als ein grundlegender Zugang zum Schreiben. Es ist ein angeleitetes Schreiben, geprägt durch den Anregungscharakter seiner Methoden. Das heißt, durch Schreibarrangements werden Regeln und Formen vorgegeben, die das Schreiben erleichtern und den Schreibprozess initiieren. Diese Formen und Regeln sind allerdings nicht verbindlich, sondern nur Hilfestellungen, die nach eigenen Ideen auch verändert und durchbrochen werden können. Sie nehmen die sprichwörtliche Angst vor dem leeren Blatt, ohne in eine bestimmte Bahn zu lenken oder inhaltlich einzuschränken. Das Schreiben kann sich frei entwickeln und oftmals den Schreiber selbst überraschen, wohin es führt.

Neben den *Zielen*, die *persönliche Ausdrucksfähigkeit zu stärken*, die *Vorstellungskraft zu entfalten* und die *Angst vor dem leeren Blatt zu vertreiben*, eröffnet es *neue Perspektiven für Planung, Gestaltung und Überarbeitung von Texten*. Das kreative Schreiben vermittelt vielfältige Funktionen von Schreiben und Schrift. Von daher ist es in der Schule nicht nur im Deutschunterricht anzusiedeln, sondern in jedem Fach möglich und sinnvoll, in dem geschrieben und mit Texten umgegangen wird. Unterschiedliche methodische Zugänge der Fächer realisieren und üben verschiedene Aspekte des Schreibens. Außerdem wird schreibend auch die inhaltliche Auseinandersetzung in den jeweiligen Fächern gefördert (vgl. Böttcher 1999, darin kreatives Schreiben in den Fächern: Kunst, Musik, Religion, Sachunterricht, Mathematik und Sport). In diesem Sinne ist Schreiben dann sowohl Lerngegenstand als auch gleichzeitig Lernmedium.

Prinzipien

Neben Konzept und Zielen ist das kreative Schreiben im Wesentlichen durch drei Prinzipien bestimmt: *Irritation, Expression, Imagination* (vgl. Spinner 1993, 1998 und 2001). Das Prinzip der *Irritation* steht in enger Verbindung zum Kreativitätsbegriff der 70er-Jahre, der Kreativität in erster Linie als divergentes Denken versteht. Das bedeutet, nicht stur Routinen und gewohnten Denkbahnen zu folgen, sondern diese in einem kreativen Prozess zu überwinden, sodass neue, überraschende Lösungen gefunden werden: „Kreativ ist derjenige, dem Ungewohntes einfällt und der Überraschendes zuwege bringt. Die methodische Konsequenz, die für das kreative Schreiben zu ziehen ist, besteht darin, dass man Möglichkeiten finden muss, mit denen man die Schreibenden aus ihren gewohnten Denk- und Vorstellungsbahnen herauslocken kann" (Spinner 1998, 1). Dieses Ausbrechen aus bekannten Mustern und sprachlichen Normen wird durch einen spielerischen Umgang mit Sprache erleichtert. Deshalb gehören Sprachspiele, Nonsenstexte und das Schreiben zu surrealen Bildern zum Repertoire des kreativen Schreibens. Auch beim Weiterschreiben von Geschichten kann das Prinzip der Irritation zu fantasievollen und originellen Ergebnissen führen. Das Prinzip der Irritation stellt in derartigen Schreibaufgaben gleichzeitig eine Befreiung und Herausforderung des Geistes dar. Die Befreiung besteht im Ausbrechen aus gewohnten Normen und die geistige Herausforderung darin, dass dies in einem Problemlösungsprozess realisiert wird, indem die Verbindung zwischen einander fremden Elementen geschlagen wird. Entsprechend müssen kreative Schreibaufgaben so gestaltet werden, dass eine Balance zwischen „strukturschaffenden und struktursprengenden Komponenten" (Molitor-Lübbert 1984, 10 ff.) möglich ist. Kreativität entwickelt sich aus dem Gegensatz von Spontaneität und Regelhaftigkeit.

Das zweite Prinzip der *Expression* entspricht dem Kreativitätsbegriff der 80er-Jahre, der Kreativität vor allem als Ausdruck des individuellen Selbst versteht. Kreativität bedeutet hier nicht mehr divergentes Denken, sondern subjektiv-authentischer Ausdruck (vgl. Spinner 1993, 17). Das expressive Schreiben dominiert die jüngere Didaktik des kreativen Schreibens. Der Schreiber entfaltet und entdeckt schreibend seine Individualität. So soll die bei vielen anzutreffende Entfremdung gegenüber dem Schreiben vermieden bzw. aufgehoben werden. Um den Selbstausdruck zu ermöglichen, sind meditative und assoziative Verfahren als Zugang zu Erinnerungen und (Tag-) Träumen von großer Bedeutung (Spinner 1998, 3).

Das dritte Prinzip ist das der *Imagination*. Spinner (1998, 4) sieht hierin ein inneres Vermögen, das die beiden Pole Kognition und Emotion ergänzt und verbindet. Das Einsetzen der Imagination, der Einbildungskraft, intendiert und gewährleistet, dass beim kreativen Schreiben nicht nur subjektives Denken und Empfinden ausgedrückt wird, sondern dass der Schreiber einen Standortwechsel vornimmt, sich in vorgestellte Situationen versetzt und andere Perspektiven einnimmt. Auch eigene Wahrnehmungen können durch Imagination gestaltet und intensiviert werden. Es geht um eine kreative Umsetzung der inneren Sprache nach Wygotsky, „der Sprache unseres Denkens" (Spinner 1993, 19). Methodisch wird dies z. B. durch sinnliche Erfahrungen wie Fantasiereisen und Schreiben zu Bildern und durch perspektivistisches Schreiben umgesetzt. „Das Prinzip der Imagination verbindet und überhöht gleichzeitig die beiden Prinzipien der Irritation und Expression" (Böttcher 1999, 13), indem es auf kreative und produktive Weise neue und unerwartete Räume eröffnet.

Methoden
Böttcher unterteilt die kreativen Verfahren in sechs Methodengruppen: *Assoziative Verfahren – Schreibspiele – Schreiben nach Vorgaben, Regeln und Mustern – Schreiben zu und nach (literarischen) Texten – Schreiben zu Stimuli – Weiterschreiben an kreativen Texten* (vgl. Böttcher 1999, 21–32).

Die sechs Gruppen stellen eine Art systematischer Strukturierung der Methoden des kreativen Schreibens dar. Dieses Raster ist sowohl für die Primar- als auch für die Sekundarstufe geeignet. Alle Verfahren sind in unterschiedlichen thematischen Zusammenhängen und allen Fächern zu verwenden. Selbstverständlich lassen sich die meisten Methoden miteinander in Schreibaufgaben und Schreibarrangements verbinden. Dabei gibt es auch einige Überschneidungen.

Assoziative Verfahren dienen der Ideenfindung. Sie erleichtern den Einstieg und können so Schreibhemmungen vermeiden oder überwinden helfen. Sie ermöglichen einen Zugang zu dem, worüber man schreiben möchte und könnte, auch wenn dies noch nicht bewusst ist. Obwohl sie spielerischen Charakter haben, liefern sie doch nicht nur Ideen und Ansätze, sondern können auch einen wesentlichen Beitrag zur inhaltlichen Strukturierung eines Themas und damit zur Planung eines Textes leisten, wie es z. B. beim Clustering der Fall ist. Insofern verbinden sie kreative Spontaneität und Kognition. Bei Schreibarrangements werden assoziative Verfahren häufig zum Einstieg genutzt. Anschließend wird das gewonnene Material mit einem anderen Verfahren weiterverarbeitet.

Unter dem Begriff *Schreibspiele* werden die Verfahren zusammengefasst, bei denen mehrere Personen gemeinsam einen Text verfassen oder an ihm weiterschreiben, wie es bei Reihum-Geschichten oder -Gedichten der Fall ist. Bei diesem *kooperativen* Schreiben entfaltet sich auch die soziale Dimension des Schreibens. Schreibspiele werden häufig in der literarischen Geselligkeit praktiziert.

Schreiben nach Vorgaben, Regeln und Mustern verdeutlicht in besonderem Maße das Merkmal des kreativen Schreibens, immer ein angeleitetes

Schreiben zu sein. Es arbeitet didaktisch mit Begrenzungen und Spontaneität. Deshalb bedienen sich viele Anleitungen zu den kreativen Methoden
● inhaltlicher Vorgaben: z. B. Thema, Satzanfang
● formaler Kriterien: z. B. des Sprachgebrauchs, aber auch visueller Aspekte wie beim Akrostichon: Die Buchstaben eines Wortes untereinander geschrieben bilden jeweils den Anfang einer Textzeile
● struktureller Regeln: z. B. Elfchen, Schneeballgedicht (vgl. Kap. 7.1)
● literarischer und textorientierter Muster: z. B. Rondell, Textanfang (vgl. Kap. 10.3)
Außerdem bieten sie die Möglichkeit, angeleitete Gestaltungsmöglichkeiten zu entwickeln und lyrische sowie erzählerische Mittel spielerisch zu erproben (vgl. S. 32/33).

Beim *Schreiben zu und nach literarischen und anderen Texten* werden Texte nach dem Prinzip des Imitationslernens in vielerlei Hinsicht als Anregung für das eigene Schreiben genutzt. „In der Imitation solcher Formulierungsmuster entdecken Schreibende für sie neue Ausdrucksmöglichkeiten" (vgl. Spinner 1998, 8). In diesem Zusammenhang betont Spinner (1993, 22), dass dabei nicht literarische Techniken erlernt werden sollen, sondern die Schreiber mit gewissen Mustern und Stilen experimentieren können, um eigene Gestaltungsmöglichkeiten zu entfalten. Außerdem bieten die Texte Anlass und Anreiz, sich imaginativ in andere Situationen zu versetzen und Perspektiven zu übernehmen. Typische Aufgaben sind das Zu-Ende-Schreiben von Geschichten oder das perspektivische Schreiben aus Sicht einer anderen Person der Geschichte. Aber nicht nur literarische Texte eignen sich für das Verfahren des imitativen Schreibens, sondern auch ganz andere Textsorten wie z. B. Werbetexte (vgl. Böttcher 1999, 25).

Beim *Schreiben zu Stimuli* fungieren die Stimuli als Anregung, Anreiz zum Schreiben. Einsetzbare Reize können Kunstwerke, Musik, aber auch Orte, Elemente oder Textzeilen sein. Sie bilden den Schreibanlass, ohne inhaltlich oder sprachlich in eine bestimmte Richtung zu lenken, geben Inspiration, die in Worte gefasst werden will: Sie alle regen von außen zum Schreiben an, geben keine Gedankenbahnen vor. Sie produzieren Assoziationen, Fantasie und Imagination und regen das sprachliche kreative Umsetzen an. Das Schreiben zu Stimuli bietet insofern größere Freiheiten als die anderen Methodengruppen. Häufig wird es mit assoziativen Verfahren kombiniert, um Hilfe beim Versprachlichen zu geben.

Das *Weiterschreiben an kreativen Texten* lässt sich in kreative und kriterienorientierte Verfahren (vgl. Kap. 10.1) unterteilen. Beim kreativen Weiterverarbeiten wird die Textrevision nach den Verfahren vorgenommen, die auch die Textproduktion ermöglichen, also nach einem Verfahren der vorgestellten Methodengruppen. Dies bietet vor allem Schülern die

Möglichkeit, weitgehend selbstständig an ihren Texten oder denen ihrer Mitschüler weiterzuarbeiten und dabei auch verschiedene Verfahren auszuprobieren. Die kriterienorientierten Verfahren können ähnlich experimentell angewandt werden, richten sich aber nach gewissen Kriterien, die zuvor festgelegt wurden, eventuell auch gemeinsam. Ein typisches Beispiel ist hier die „Textlupe" (Böttcher/Wagner 1993; vgl. Kap. 10.2). Die entstandenen Texte werden oftmals auch vorgelesen und besprochen oder anderweitig präsentiert. Ein Grundprinzip ist hier jedoch, dass das Vorlesen und Präsentieren auf freiwilliger Basis geschieht.

Kreatives Schreiben und Schreibforschung
War bislang das kreative Schreiben sehr viel stärker auf das Schreiben literarischer Texte ausgerichtet und damit die Theoriebildung auf Literaturwissenschaft und -didaktik fixiert, zeichnet sich in den letzten Jahren eine Umorientierung und/oder Erweiterung hin zu Schreibforschung und Schreibdidaktik ab.

(Wer diesen Aspekt vertiefen möchte, sei auf entsprechende Veröffentlichungen hingewiesen: Berning 2002a + b; Böttcher 1999; Böttcher/Czapla 2002; Bräuer 1998a + 1998b, 2000; Ortner 2000; Spinner 1998, 2001; Molitor-Lübbert 1989, 1996; Paefgen 1996.)

Unter dem Einfluss der Schreibprozess- und Schreibentwicklungsforschung wird – wie wir in Kap. 1, 2 und 5 darstellen – die Schreibdidaktik prozessorientiert konzipiert. Kreatives Schreiben als eine besondere Form des Schreibens ist ebenfalls prozessorientiert. Es lässt sich jedoch stärker von diesem Prozess leiten, steuert ihn weniger bewusst, als dies in der Schreibforschung für das allgemeine Schreiben gesehen wird. Andererseits lassen sich den Teilprozessen des Schreibens kreative Methoden wie die zur Planung (Cluster usw.) oder zur Weiterarbeit im Sinne eines kreativen Überarbeitens zuordnen. Diese Methoden transportieren aus sich heraus, also implizit, das Wissen um den Schreibprozess. Durch ihre häufige und vielfältige Anwendung wird der Vorgang allmählich und in einem ganzheitlichen Sinne zunehmend bewusster. Das Vorlesen und Besprechen der kreativen Texte in der Gruppe fördert in besonderem Maße die Reflexion des Schreibprozesses (vgl. Kap. 7.4 und 8). Neue Zusammenhänge werden entdeckt und hergestellt. Hierin besteht die heuristische oder epistemische Funktion des Schreibens. Schreiben ist nicht nur ein Problemlösungsprozess, sondern auch ein kreativer Prozess. Die Betonung der reflexiven Prozesse in der Schreibforschung wird in der Didaktik des kreativen Schreibens in der ihr eigenen Art eingelöst.

In diesem kurzen Abriss lassen sich weitere Zusammenhänge von Schreib-
prozessforschung und kreativem Schreiben nicht darstellen.

In Bezug auf die Ergebnisse der Schreibentwicklungsforschung lässt sich
feststellen, dass das kreative Schreiben einen erheblichen Beitrag zur Schreibentwicklung von Schülern im Grundschulalter leisten und diese entscheidend
fördern kann. Durch das zunächst spielerische Üben und dann immer be-
wusstere Anwenden verschiedener Techniken werden gezielt Teilfertigkeiten
der Schreibkompetenz erworben. Dies sind insbesondere das *Planen* und
Überarbeiten von Texten und die *Orientierung am Leser*. Fähigkeiten, die sich
den Schreibentwicklungsmodellen zufolge erst nach dem Grundschulalter
ausbilden. Die Förderung der Schreibentwicklung durch das kreative Schreiben geht so weit, dass Entwicklungsschritte schon früher gemacht und gewisse Aspekte des Schreibens schon früher realisiert werden können, als es die
Ergebnisse der Schreibforschung nahe legen. Die Erfahrungen, die mit dem
kreativen Schreiben in der Grundschule gemacht werden, brechen die
Schreibentwicklungsmodelle also in gewisser Weise auf. Dies ist dadurch
möglich, dass das Schreiben in der konkreten Erfahrungswelt der Kinder geschieht und fest in dieser verankert ist. Durch diese Einbettung in die eigene
Lebenswelt können sich die Kinder im Grundschulalter Fähigkeiten aneignen,
die ohne entsprechende Erfahrungen so noch nicht möglich waren. Dadurch
erhöht das kreative Schreiben in besonderem Maße die *Schreibmotivation*:
Wenn Kinder die Erfahrung machen, dass sie das Schreiben für sich nutzen
können, sehen sie es als etwas Positives, als etwas, das Möglichkeiten eröffnet
und nicht nur lästige Arbeit, negatives Bewerten und Korrigieren bedeutet.
Diese Schreibmotivation im Speziellen kann sich auf die Schreibmotivation im
Allgemeinen übertragen. Die positive Beeinflussung der Schreibentwicklung
konkretisieren wir am Beispiel der Lerngeschichte der achtjährigen Lynn:

Mein Herbstelfchen:

Blätter

bunte Farben

fliegen im   Herbst

vom   Baum   zur   Erde

tanzen

Dieses Elfchen hat eine Schülerin der zweiten Klasse geschrieben. Es handelt sich um eine kreative Schreibaufgabe im Sachunterricht. Im Rahmen
des Themas Herbst unternimmt die Klasse einen Spaziergang und sammelt
die unterschiedlichen Sinneseindrücke. Anschließend versprachlichen die
Schüler ihre Eindrücke in Form eines Elfchens, einer Schreibaufgabe, mit
der sie vertraut sind.

Lynn, die Verfasserin dieses Textes, hatte während des gesamten ersten Schuljahres große Schwierigkeiten mit dem Schreiben. Sie litt unter einer extremen Schreibblockade, die insbesondere daraus resultierte, dass sie sich erheblich unter Druck setzte und verkrampfte. Sie hatte Angst davor, Fehler zu machen, da ihr die Abweichung ihrer Orthographie von der Norm sehr bewusst war. Nach Auskunft ihrer Lehrerin konnte Lynn diese Schwierigkeiten erst durch das kreative Schreiben aufbrechen. Ihr Interesse an der Welt und ihr Wunsch, sich über ihre Erlebnisse mitzuteilen, war so groß, dass die Hemmung zu schreiben überwunden werden konnte.

Insbesondere hilft ihr das kreative Schreiben nach Vorgaben und Mustern (z. B. Elfchen, Rondell, Avenidas), ihre Angst vor dem leeren Blatt zu verlieren. Vorher von der Klasse in assoziativen Verfahren gesammelte Wörter kann sie verwenden. Die Anzahl der zu schreibenden Wörter ist begrenzt und steigert sich erst mit der Zeit durch die Wahl von umfangreicheren Formen. Der Wunsch, ihre Werke auch auszustellen, hilft Lynn, einen Sinn in der Überarbeitung ihrer Texte zu sehen und sich langfristig auch die Rechtschreibung erfolgreich anzueignen.

3.4 Kooperatives Schreiben

Weltweit entstehen heute Texte im Team. Die Praxis verlangt zunehmend Fähigkeiten im kooperativen Textproduzieren. Gemeinsames Schreiben kann dabei im Gegensatz zum Schreiben des Einzelnen bedeuten, dass die beteiligten Schreibpartner Teile eines gemeinsamen Textes oder gemeinsam den gesamten Text verfassen, dass gemeinsame Ziele, Inhalte und gestalterische Aspekte des zu erstellenden Textes ausgehandelt werden, dass der Text von verschiedenen Personen im Entstehungsprozess gelesen, kommentiert, verbessert wird, dass Arbeitspapiere für Vorgesetzte produziert werden, die diese wiederum nochmals überarbeiten usw. (vgl. Kruse 1999a, 30). Entscheidend für den Erfolg der kooperativen Texterstellung ist es, inwieweit die Beteiligten in der kooperativen Kommunikation ihre Verständnis- und Verständigungsprobleme aktuell thematisieren bzw. verbalisieren und diese aushandeln (Lehnen/Gülich 1997, 113). Dies setzt eine Face-to-face-Kommunikation voraus: Die Beteiligten befinden sich während des Schreibprozesses am gleichen Ort zur gleichen Zeit. Die Besonderheiten kooperativen Schreibens mit Hilfe der neuen Informationstechnologie unter der Bedingung einer raum- und zeitversetzten Präsenz der Beteiligten ist noch eine offene Forschungsfrage (vgl. Jakobs 2002; Lehnen 1999b).

Wie reagiert die Schreibdidaktik auf diese Entwicklung und wie nutzt sie den Einsatz kooperativer Textproduktion als besondere Lernmethode an der Schule? Kooperatives Schreiben lässt sich sowohl den in den Richtlinien geforderten Grundsätzen kooperativen Lernens als auch der in der Schreibdidaktik geforderten Betonung des Schreibprozesses (Kap. 2.5) zuordnen. In den Studien der englischsprachigen Forschungsliteratur und Schreibdidaktik werden zwei für die Schule relevante Formen kooperativen Schreibens unterschieden: „Interactive writing" und „Group writing" (vgl. Lehnen 1999a, 148 f.). „Group writing" bezeichnet einen gemeinsamen Produktionsprozess, d. h., mehrere Schreiber durchlaufen gemeinsam und gleichzeitig als Planende, Formulierende und Adressaten den Schreibprozess (und verantworten gemeinsam das Textprodukt). Diese Tätigkeiten erfolgen in der Regel nicht nacheinander, sondern Planungs-, Formulierungs- und Überarbeitungsaktivitäten greifen permanent ineinander über. Die gemeinsamen Formulierungsanstrengungen im Gespräch bewegen sich an der Schnittstelle von mündlicher und schriftlicher Kommunikation (vgl. Lehnen 1999a, 150 f.). So können vor allem Grundschüler „auf Strategien der mündlichen Sprachproduktion zurückgreifen, wodurch sich die komplexen Anforderungen beim Schreiben vereinfachen. Sie explizieren ihre Schreibstrategien, was Anlass zum Vergleich und zur Reflexion der eigenen Vorgehensweise geben kann. Das kann dazu beitragen, dass sie ihren Schreibprozess effektiver ausüben und überwachen" (Blatt 1999, 226).

Wichtiger als das „Group writing" ist in unserem thematisierten Zusammenhang das „Interactive writing" (vgl. Lehnen 1999a, 150 f.). Beim „Interactive writing" tritt der Schreiber bewusst in Interaktion mit anderen Personen (Schüler *und* Lehrer), um die eigenen Textentwürfe in den verschiedenen Stadien des Schreibprozesses kommentieren und bewerten zu lassen. Diese Bewertungen bilden den Ausgangspunkt von Textüberarbeitungen bzw. der Herstellung neuer Texte oder Textteile, wobei der Schreiber immer selbst den Text schreibt und auch verantwortet.

Entscheidend hierbei ist, dass die normalerweise in der schriftlichen Kommunikation aufgehobene Präsenzsituation von Schreiber und Leser wieder rückgängig gemacht wird. Zu einem sehr frühen Zeitpunkt wird die Leser-Perspektive in den Schreibprozess hineingeholt und zu einem konstitutiven Bestandteil des Produktionsprozesses selber (vgl. Lehnen/Gülich 1997, 113). Schüler lernen so frühzeitig, die Perspektive von Schreiber *und* Leser einzunehmen und zu tauschen. Die Distanz zum „fremden" Text ermöglicht den Schülern, sinnvolle Vorschläge zur Überarbeitung zu formulieren. Gleichzeitig führt diese flexible Perspektivübernahme zu einem verstärkten Nachdenken über eigene Schreibroutinen bzw. Schriftlichkeitsnormen, da der Schreiber/Leser sich mit den Formulierungsvorschlägen der anderen Teilnehmer auseinander setzen muss. So stellt die Bedingung der Kooperativität selbst eine erhebliche Einflussgröße für den

Textproduktionsprozess dar. „„Interactive Writing' steht für den ständigen Wechsel individuellen Produzierens und kooperativen Austauschs über das Produzierte" (Lehnen 1999a, 151). Die Textrevision wird also nicht zu einer besonderen Phase am Ende des Schreibprozesses, sondern zu einem Teilprozess *während* des Schreibens. Das kooperative Schreiben stellt somit eine besonders lernfördernde Form der Schreibberatung dar (Blatt 1999, 226).

Die Schüler lernen

- die Schreibaufgabe gemeinsam zu definieren, z. B. durch gemeinsam (auch mit dem Lehrer) zu erarbeitende Kriterienkataloge
- darüber zu sprechen, wie ein Text geschrieben werden soll
- den Text mit Hilfe der Bewertung der anderen zu schreiben
- den Text mündlich und schriftlich zu bewerten
- frühzeitig im Schreibprozess die Perspektive des Lesers einzunehmen
- das gezielte, wiederholte (am besten: laute) Lesen der entstehenden bzw. entstandenen Texte
- gemeinsame Schreibziele zu bilden
- sich mit fremden Formulierungsvorschlägen auseinander zu setzen und sie zu bewerten
- verstärkt über ihre eigenen Schreibroutinen und Schriftlichkeitsnormen nachzudenken
- den Revisionsprozess als ständig gegenwärtig im Schreibprozess wahrzunehmen
- allmählich den Revisionsprozess zu verinnerlichen, um ihn letztendlich selbstständig auszuführen

Diese didaktischen Einsichten und Zielvorstellungen werden in verschiedenen schriftlichen und mündlichen bzw. gemischten methodischen Verfahren realisiert. Das sind vor allem kreative Verfahren (vgl. Böttcher 1999, 13) wie die Textlupe, die Schreibkonferenz, das Experten-Team, die Schreibateliers und die Portfolio-Arbeit. Wir stellen diese Verfahren in ihrer Anwendung in der Grundschule in den Kapiteln 10 und 12 vor.

3.5 Schreiben in elektronischen Umgebungen

Die neuen Medien sind seit geraumer Zeit auch Gegenstand grundschulpädagogischer und fachdidaktischer Diskussionen. Zu den Einsatzmöglichkeiten des Computers im Deutschunterricht liegen eine Reihe von Vorschlägen vor (für eine Übersicht vgl. Büttner/Schwichtenberg 1998; Huber/Kegel/Speck-Hamdan (Hrsg.) 1999; Metzger 2001). Wir wollen und können hier nicht die umfangreiche Diskussion über die Funktion neuer Medien im Deutschunterricht darstellen. Wir werden uns darauf beschränken zu zeigen, wie der Computer als Schreibumgebung sinnvoll in den Sprachunterricht integriert werden kann. Dabei geht es hier nicht darum, die Schüler möglichst früh auf die neuen Medien vorzubereiten, sondern ihnen ein didaktisch sinnvolles Schreibwerkzeug an die Hand zu geben. Denn die Veränderungen unseres Schreib- und Kommunikationsverhaltens, die sich aus den neuen Medien ergeben, schätzen wir bei weitem nicht als so weitgehend und dramatisch ein, wie es bisweilen den Anschein hat. Auch in den neuen technischen Medien bleibt die Sprache – vor allem als geschriebene Sprache – das zentrale Medium der Verständigung (vgl. Becker-Mrotzek 2003). Hierauf muss der Deutschunterricht selbstverständlich vorbereiten, und das tut er am besten, indem er die literale Kompetenz seiner Schüler umfassend fördert.

Befürchtungen, der Computereinsatz in der Grundschule führe zur Isolation, zur Verdrängung anderer Aktivitäten und zu einer Bevorzugung der Jungen, erwiesen sich ebenso als falsch wie die überzogene Hoffnung auf eine Effizienzsteigerung des Lernens. Grundsätzlich kann man sagen, dass es den *einen* Computereffekt nicht gibt. Wie sich der Computer auf das Lernen auswirkt, hängt ganz entscheidend von seinem didaktischen Einsatz ab, d. h. von seiner Integration in ein umfassendes Unterrichtskonzept. Das gilt übrigens für alle anderen Medien auch.

Der Computer als schreibtechnisches Werkzeug stellt gerade für Schreibanfänger eine Reihe von nützlichen Hilfen bereit. Da sind zunächst die Erleichterungen beim Verschriften, d. h. dem Festhalten von Äußerungen mittels Schrift. Durch die Tastatur ist der gesamte Buchstabenbestand jederzeit sichtbar; an die Stelle der selbstständigen Reproduktion bei der Handschrift tritt nun das Auslösen mittels Tastendruck. Das bedeutet eine erhebliche kognitive und motorische Entlastung für Schreibanfänger; Voraussetzung hierfür ist jedoch eine gewissen Routine im Umgang mit der Tastatur. Denn die Arbeit von Reuen (1997) zeigt, dass fehlende Übung mit der Tastatur zu einem Verzicht des Computereinsatzes führen kann, weil die Tastensuche als zu umständlich empfunden wird. Neben der Entlastung bei der Produktion bietet der Monitor eine wichtige Rezeptionshilfe. Durch sein klares und großes Schriftbild können Schreibanfänger die eigenen Texte besser als ihre eigene Handschrift lesen. Das hilft nicht nur beim Erkennen orthographischer Fehler, sondern auch bei der Textproduktion, weil die Bedeutung des bereits Geschriebenen schneller erfasst werden kann.

Die Textproduktion unterstützt der Computer insbesondere durch die Copy-and-Paste-Funktion (Kopieren und Einsetzen). Die Möglichkeit, Geschriebenes zu löschen, zu ergänzen, zu korrigieren und umzustellen, ist eine unschätzbare Erleichterung. Damit steht erstmals in der Geschichte ein Schreibwerkzeug zur Verfügung, dass unseren Denkprozessen beim Schreiben sehr nahe kommt. Denn wenn wir einen Text produzieren, haben wir nur selten den fertigen Text bereits bei Schreibbeginn im Kopf; eher kommt es zu einer allmählichen Verfertigung der Gedanken beim Schreiben (frei nach Kleist). „Die Flexibilität des Textes auf dem Monitor erlaubt in Verbindung mit der Löschfunktion, das schreibtechnische Vorgehen an die Flatterhaftigkeit der geistigen Textproduktion anzupassen" (Kochan 1999, 50). So ist es jederzeit möglich, in den bereits fertigen Text etwas hinein zu schreiben oder bei der Überarbeitung umzustellen. Gerade für Schreibanfänger ist Überarbeiten häufig identisch mit Abschreiben, einer nicht nur motorisch anstrengenden, sondern auch wenig motivierenden Aufgabe.

Darüber hinaus eröffnet der Computer aber auch neue Möglichkeiten des kooperativen Schreibens. An einem großen Monitor können mehrere Personen gleichzeitig einen Text verfassen, weil alle das Geschriebene parallel lesen können. Außerdem bietet die einfache Vervielfältigung über den Drucker die Möglichkeit, mit mehreren einen Text gemeinsam zu überarbeiten (vgl. Kap. 3.4).

Entwicklung der Schreibkompetenz im Grundschulalter

4 Die Entwicklung der literalen Kompetenz

Der Begriff der *prozessorientierten Schreibdidaktik* verweist nicht nur auf den Prozess des *Schreibens* selbst, sondern auch auf den Prozess der *Entwicklung*. Die literale Kompetenz, also die Fähigkeit, sinnvolle, verständliche und angemessene Texte zu schreiben und zu lesen, entfaltet sich in einem langen Entwicklungsprozess. Wir wissen heute, dass die allgemeine Schreibentwicklung bis weit in die Adoleszenz hineinreicht; (fach-) spezifische Fähigkeiten werden sogar lebenslang erworben. Schreibentwicklung ist ein lebenslanger Prozess.

Die Entfaltung der literalen Kompetenz ist nicht nur Bestandteil der sprachlichen Entwicklung, sondern zugleich ein wesentliches Fundament der allgemeinen Entwicklung. Lesen-Können ist eine unverzichtbare Voraussetzung, um sich Wissen aus Büchern aneignen zu können. Nur wer lesen kann, ist nicht mehr auf die mündliche Weitergabe von Wissen angewiesen. Lesen und Schreiben tragen zudem erheblich zur Entwicklung des Abstraktionsvermögens und der Fähigkeit zur Perspektivenübernahme bei. Wer Texte produziert und auch rezipiert, muss von seiner aktuellen Situation absehen (abstrahieren) und eine andere Perspektive einnehmen, sei es die des Lesers oder die des Autors. Mit jedem Text muss ein eigener Textraum geschaffen werden, der gewissermaßen die Bedingungen seines Verstehens mitliefert; nur so ist Verständigung über Raum und Zeit hinweg möglich. Das Hineintauchen in einen Textraum – vom gemeinsamen Betrachten von Bilderbüchern bis zur selbstvergessenen Lektüre – sowie das Schaffen solcher Texträume verändert unsere Kognition. Schreiben und Lesen werden zu Werkzeugen des Denkens.

Der Umgang mit Schrift und Text verändern aber auch unser Sprachbewusstsein; er baut unser „Haus der Sprache" gewissermaßen um und richtet es neu ein. Solange wir ausschließlich sprechen und uns Sprache nur flüchtig (= gesprochen) begegnet, so lange bleiben uns die sprachlichen Formen (Lautstruktur, Satzbau, Satzverbindungen) weitgehend unbewusst. Wir nutzen sie für unsere kommunikativen Bedürfnisse, legen uns aber keine Rechenschaft darüber ab. Es sprechen viele Gründe für die Annahme, dass Lesen und Schreiben wesentlichen Anteil an der Entwicklung der metalinguistischen Fähigkeiten haben. So wird beispielsweise die Fähigkeit, Wörter in Phoneme zu zerlegen, dadurch positiv beeinflusst, dass gleichzeitig die entsprechenden Buchstaben vermittelt werden (Scheerer-Neumann 1996, 1159). Kindern, denen bei der Phonemanalyse auch die entsprechenden Buchstaben zur Verfügung stehen, zeigen bessere Lernfortschritte als solche, denen das so genannte Heraushören der Laute rein auditiv vermittelt wird. Stark überspitzt formuliert heißt das: Erst das Sehen von Buchstaben ermöglicht das Hören von Phonemen.

4.1 Der Entwicklungsverlauf

Die literale Entwicklung folgt bestimmten Prinzipien und Regelmäßigkeiten, die sich aus den Bedingungen der schriftlichen Kommunikation und den kognitiven Bedingungen des Menschen ergeben; sie stellen gewissermaßen den Rahmen bereit, in dem sich didaktische Überlegungen und Schreibunterricht bewegen können und bewähren müssen. Allerdings dürfen solche Entwicklungsmodelle nicht missverstanden werden als absolute Normen, an denen die Leistungen Einzelner quasi objektiv gemessen werden könnten. Eine solche Sichtweise würde den didaktischen Blick auf die Texte gerade von Schreibanfängern verstellen. Denn die Schreibentwicklung ist kein autonomer Reifungsprozess, sondern in hohem Maße abhängig von der unterrichtlichen Förderung und auch individuellen Umständen (vgl. Ossner 1995, Weinhold 2000, 65; Baurmann/Ludwig 2001). Das bedeutet, im Einzelfall kann die Entwicklung anders als in den Modellen verlaufen – verlangsamt, beschleunigt oder auch in anderer Folge.

Der Entwicklungsverlauf ist in den letzten zwanzig Jahren in mehreren Studien untersucht worden (Bereiter 1980; Bereiter/Scardamalia 1987; Augst/Faigel 1986; Feilke 1996; Becker-Mrotzek 1997; Weinhold 2000). Daraus lassen sich bestimmte Annahmen über die Entwicklungsfolge und ihren zeitlichen Verlauf sowie mögliche Ursachen und Bedingungen herleiten. Allerdings zeigen sich in den Studien insbesondere für den mittleren Entwicklungsabschnitt, also etwa die Zeit zwischen dem 10. und 14. Lebensjahr, deutliche Unterschiede, die mit dem Untersuchungsdesign zusammenhängen. Je nach gewählter Schreibaufgabe zeigen sich bestimmte Fähigkeiten früher oder später. Der folgende Überblick gibt eine Orientierung über die Entwicklungsfolge; die Altersangaben stellen lediglich grobe Anhaltspunkte dar, die im Einzelfall deutlich variieren können.

4.2 Startphase: Erste Schreibversuche (5 – 7 Jahre)

Die ersten Schreibversuche haben einen besonderen Status, nicht nur im Rahmen dieses Buchs, sondern grundsätzlich. Denn sie bedeuten für das Kind einen qualitativen Einschnitt, einen Wendepunkt in seiner Entwicklung. Es geht nicht nur um den Erwerb einer neuen Fertigkeit, sondern um die Teilhabe an der literalen Kultur überhaupt – mit Auswirkungen auf seine Kognition, seine Psyche und seinen sozialen Status. Es bedeutet gewissermaßen den Eintritt in die Welt der Erwachsenen. Für Postman (1983) sind Buchdruck und Literalität Voraussetzungen für die Idee einer eigenen Kindheitsphase. Noch im mündlich dominierten Mittelalter hatten die Kinder nach Abschluss des Spracherwerbs vollen Anteil am Leben und Wissen der Erwachsenen, weil es keine grundsätzliche Trennung von Kindern und Erwachsenen gab.

Schreibenlernen hat es mit zwei Aufgabenbereichen zu tun: dem Verschriften und dem Vertexten. Verschriften meint das Festhalten von sprachlichen Einheiten mit den Mitteln der Schrift; in der Didaktik ist hier von Erstlesen/Erstschreiben oder von Schriftspracherwerb die Rede. Mit Vertexten ist die Realisierung von sprachlichen Handlungen mittels Texten gemeint, die zerdehnte, schriftliche Kommunikation. In der schulischen Praxis fallen beide Bereiche heute weitgehend zusammen. Es ist allerdings noch nicht lange her, dass mit dem Aufsatzschreiben erst begonnen wurde, wenn die Schüler die Orthographie beherrschten.

Zum Verschriften gehört zum einen die Phonemanalyse, d. h. die Aufgliederung des kontinuierlichen Lautstroms in einzelne Einheiten. Das erfordert ein erhebliches Abstraktionsvermögen, weil es sich bei den Phonemen um idealisierte, verallgemeinerte Größen handelt, die im Wortzusammenhang aufgrund der so genannten Koartikulation je unterschiedlich ausgesprochen werden. Außerdem sind uns als kleinste lautliche Einheiten eher Silben als einzelne Phoneme zugänglich. All das zeigt sich sehr deutlich, wenn Vorschulkinder Phonemanalysen durchführen können. Die phonologische Bewusstheit, d. h. die Fähigkeit, seine Aufmerksamkeit gezielt auf die lautliche Form zu richten, gilt als entscheidender Schritt auf dem Weg zur Verschriftung.

Neben der Phonemanalyse haben Schreibanfänger noch mit der Graphomotorik zu kämpfen, d. h. mit dem Herstellen von Schriftzeichen. Denn anders als beim Malen oder Zeichnen handelt es sich bei den Buchstaben um genormte Einheiten, die nicht nur genau, sondern auch auf engem Raum zu reproduzieren sind (vgl. Hasert 1998). Die Schreibmotorik verlangt von Grundschülern eine erhebliche Anstrengung, was sich u. a. in der zum Textende hin zunehmenden Unleserlichkeit zeigt. Methodische Hilfen bieten hier Verschriftungshilfen wie Druckerei, Schreibmaschine oder PC.

Diese Schwierigkeiten überlagern sich gerade bei Schreibanfängern in negativer Weise mit den Anforderungen der Textproduktion. Bisweilen erfordern Phonemanalyse und Schreibmotorik so viel Aufmerksamkeit, dass für andere Aktivitäten keine Kapazitäten mehr bleiben. Das langsame, stark verzögerte Verschriften eines Wortes benötigt alleine so viel Gedächtniskapazität, dass alle weiteren kognitiven Prozesse blockiert sind. Bisweilen vergessen Anfänger während des Verschriftens, welches Wort sie schreiben wollten. Diese Belastung des Schreibprozesses durch die beiden basalen Aktivitäten muss immer mitgedacht werden, wenn es um die Textproduktion von Schreibanfängern geht.

Der Text als Mittel der zerdehnten, schriftlichen Kommunikation unterliegt grundsätzlich anderen Bedingungen als der mündliche Diskurs. Der Schreiber muss seine sprachliche Handlung in Abwesenheit oder sogar in Unkenntnis des Lesers schreiben. Dadurch kann er sich nicht auf die Hilfen stützen, die im Diskurs automatisch gegeben sind. Es entfällt die mit dem Hörer gemeinsam geteilte Situation, auf die man sich fraglos beziehen kann: Ich – Hier – Jetzt sind eindeutig bestimmt. Es entfallen aber auch die vielfältigen Reaktionen des Hörers, vom eingestreuten „Hm" über eine Verständnisfrage bis zur Übernahme des Rederechts, die im Diskurs nicht nur für einen relativ problemlosen Redefluss sorgen, sondern auch die Verständigung sichern. An ihre Stelle muss die Antizipation des Lesers treten, d. h. die gedankliche Vorwegnahme der Rezeption. Diese Entwicklungsaufgabe haben Bereiter/Scardamalia (1987, 60 ff.) treffend beschrieben: *from conversation to composition.*

Anfänger bewältigen diese Aufgabe, indem sie ihre subjektive Erlebnisperspektive auf einen Sachverhalt ausdrücken. Sie verzichten dabei weit gehend auf alle strukturierenden Hilfen für den Leser; sie schreiben auf, was ihnen in den Sinn kommt – und sie hören auf, wenn ihnen nichts mehr einfällt. Sie unterscheiden auch nicht zwischen Konzepten, Notizen, Entwürfen und fertigem Text; und weil sie keinen Plan von ihrem Text haben, verzichten sie in der Regel auf eine systematische Überarbeitung. Eine Orientierung an einem systematischen und geplanten Schreibprozess setzt eine Distanz und Reflektiertheit voraus, die Schreibanfängern gerade noch fehlt.

Diese Schreibstrategie wird vielfach als assoziativ und expressiv bezeichnet, weil sie lediglich dem Ausdruck der eigenen Einfälle diene. Die Kinder schrieben lediglich auf, was ihnen gerade in den Sinn käme. Weinhold (2000) kritisiert eine solche Interpretation zu Recht, weil sie zu sehr die Defizite sähe und zu wenig versuche, die Leistungen solcher Schreibversuche zu würdigen. Gerade die ganz frühen Texte sind erkennbarer Ausdruck des Bemühens, *erstmals* im Medium der Schrift zu handeln. Die oft kurzen, einfach wirkenden Texte lassen noch gut die sehr unterschiedlichen Bewältigungsstrategien erkennen, mit denen sich Anfänger der komplexen Schreibaufgabe nähern. Sie sind aber in jedem Fall das Resultat einer intentionalen Handlung, die die Auswahl des Themas begründen oder einen Versuch darstellen, Ideen ohne zuhörenden Partner zu entfalten. Anfänger greifen aus dem Komplex der vielschichtigen Schreibaufgabe zunächst einmal nur eine heraus.

4.3 Ausbauphase I: Orientierung am Erlebten (7 – 10 Jahre)

Nach dieser tastend-assoziativen Startphase wird das Schreiben für eine längere Zeit von einer subjektiven Erlebnisperspektive geprägt (vgl. Kap. 7.1); Feilke (1996, 1186) spricht vom „Prinzip szenischer Kontiguität". Typisch hierfür ist, dass Sachverhalte so wiedergegeben werden, wie sie erlebt wurden. Für die Wahrnehmung unserer natürlichen und sozialen Umwelt stehen uns Muster zur Verfügung, die in der Kognitionspsychologie als *Schemata* und *Scripts* bezeichnet werden (Zimbardo 1995, 364 ff.). Schemata ordnen unser deklaratives Wissen in Netzwerken und begrifflichen Strukturen; sie enthalten ein Wissen über Sachverhalte und Zustände von Welt. So haben wir alle ein Schema-Wissen darüber, was eine Stadt, ein Haus oder eine Küche sind. Scripts haben es dagegen mit einem Wissen über typische Handlungsabläufe zu tun. Sie sagen uns, wie üblicherweise ein Einkauf, ein Restaurantbesuch oder eine Schulstunde verlaufen. Schemata und Scripts helfen uns, Wahrnehmungen – auch wenn sie etwas Unvollständiges oder Neues beinhalten – zu verstehen. Wir alle verstehen Sätze wie den folgenden: „Laura, die in der ersten Reihe saß, erschrak, als die Kreide auf der Tafel quietschte." Denn wir kennen das Schema *Klassenraum* mit den Elementen *Sitzreihe, Kreide, Tafel* usw. und das Script *Unterricht* mit dem Element *Tafelanschrieb*.

Wir nutzen die Muster nicht nur zum Handeln, sondern auch, um aus der Vielzahl der Ereignisse die relevanten auszuwählen und im Gedächtnis zu speichern. Wir speichern Ereignisse nicht als eine ungeordnete Menge von Einzeleindrücken, sondern als strukturiertes Ganzes. Das hilft uns bei der Erinnerung und bei der Wiedergabe, etwa beim (mündlichen und schriftlichen) Erzählen, wenn wir uns an solchen Schemata und Scripts orientieren.

Schreibanfänger nutzen vor allem das Erzählmuster, um ihre ersten schriftlichen Mitteilungen zu machen. Sie nutzen das Geschichtenmuster, um selbst erlebte und erfundene Geschichten aufzuschreiben. Die Erzählungen enthalten, wie Balhorn/Vieluf (1990, 139) zeigen, zunächst nur einfache Ereignisabfolgen, bevor nach und nach auch die Perspektiven einzelner Figuren hinzukommen. Vergleicht man, so wie das Becker (2002) getan

hat, mündliche und schriftliche Erzählungen von siebenjährigen Erstkläss-
lern, die einmal eine selbst erlebte und einmal eine Fantasiegeschichte erzählen, dann zeigen sich einige weitere für die Schreibdidaktik interessan-
te Besonderheiten:

- Mündliche Erzählungen sind in beiden Fällen deutlich länger als schrift-
liche.
- Fantasiegeschichten sind – mündlich wie schriftlich – deutlich länger als
selbst erlebte und besser strukturiert.
- Schriftliche Erzählungen enthalten mehr affektive Markierungen, also
Äußerungen, die Emotionen und Affekte des Erzählers ausdrücken.
- Mündliche Erlebniserzählungen sind zudem stärker interaktiv ausgerichtet, d. h., die kindlichen Erzähler warten auf Nachfragen und Aufforderungen vom Zuhörer. So wird beispielsweise die Auflösung erst auf
Nachfrage geliefert, ohne die die Erzählung mit dem Höhepunkt enden
würde. In Fantasiegeschichten bilden häufig feste Wendungen („und
wenn sie nicht gestorben sind …") das Ende.
- Dementsprechend enden schriftliche Erlebniserzählungen häufig mit
dem Höhepunkt.

Hieraus können wir Folgendes schließen:

- Das Aufschreiben erfordert bei Schreibanfängern so viel Aufmerksamkeit, dass diese für den Auf- und Ausbau der Geschichte fehlt. – Folge: Die
schriftlichen Erzählungen fallen kürzer und weniger strukturiert aus als
vom Stand der allgemeinen Sprachentwicklung her zu erwarten.
- Gleichzeitig hilft die verlangsamte Sprachproduktion beim Schreiben
aber auch, bestimmte Aspekte der Erzählungen auszubauen, etwa die
affektiven Markierungen.
- Bei Fantasiegeschichten greifen die Kinder stärker als bei Erlebniserzählungen auf literarische Muster und Wendungen zurück, die ihnen vor allem
aus der Rezeption bekannt sind. Für Erlebniserzählungen stehen solche
sprachlichen Formeln weniger zur Verfügung. Entsprechend können sich
Schreibanfänger bei Fantasieerzählungen stärker auf die sprachliche
Form konzentrieren, während bei der Erlebniserzählung die (kognitive
und emotionale) Verarbeitung mithilfe des Zuhörers im Vordergrund steht.

In dieser Phase nutzen die Kinder also ein Textsortenwissen (Geschichtenmuster) und eine ihnen aus dem Mündlichen bekannte Gesprächsform (Erzählmuster), um ihr Wissen aufzuschreiben. Dabei entstehen kohärente
Texte, ohne dass die Schreiber die sprachliche Form reflektieren oder gar
einen Leser ins Auge fassen müssten. Das alles leisten die Schemata, Scripts
und Muster, die ihnen quasi als soziales und sprachliches Wissen automatisch zur Verfügung stehen (vgl. Kap. 7.1). Bereiter/Scardamalia (1987)
nennen diese Schreibstrategie *knowledge telling*. Das ist ein sehr passen-

der Begriff, weil er deutlich macht, dass das vorhandene Wissen ohne größere Bearbeitung wiedergegeben wird. Es wird ohne explizite Beachtung der Textform und des Lesers reproduziert. Insofern bildet das Erzählmuster eine sehr weit gehende kognitive Entlastung. Weder der Inhalt (Proposition) noch die kommunikative Funktion (Illokution) müssen vom Schreiber geplant werden, weil sie in dem Muster bereits enthalten sind.

Zugleich erklärt diese Schreibstrategie auch die Besonderheit von Anfängertexten, die in der Regel leicht zu erkennen sind. Durch den Wegfall des Zuhörers entfallen auch alle interaktiven Anregungen zum Ausbau der Erzählung. Unter dem Druck der Textproduktion entstehen so häufig kurze, auf den Kern der Geschichte beschränkte Erzählungen. Zugleich zeigt sich aber auch, dass bereits minimale Hilfen ausreichen, um die Textproduktion anzuregen, etwa Nachfragen zum Text. Aber auch die Aufgabe, eine Fantasiegeschichte zu schreiben, stellt eine solche Entlastung dar, weil damit das literarische Geschichtenmuster aktiviert wird.

4.4 Ausbauphase II: Orientierung an der Sache und am Leser (10 – 14 Jahre)

Über die zweite Ausbauphase liegen noch keine so einheitlichen Forschungsergebnisse vor, weil hier die Entwicklung – auch durch den wachsenden Einfluss des Schulunterrichts – differenzierter verläuft. Es zeichnet sich jedoch ab, dass die Schreiber etwa ab dem 10. Lebensjahr zunehmend in der Lage sind, ihr Wissen gezielt für die Textproduktion umzustrukturieren. In dieser Phase findet der Übergang vom *knowledge telling* zum *knowledge transforming* statt (Bereiter/Scardamalia 1987). Die Schreiber lernen nun, ihr Wissen unter verschiedenen Gesichtspunkten umzustrukturieren. Feilke (1996, 1187) nimmt an, dass dies zunächst unter sachlogischen Gesichtspunkten geschieht. Nicht mehr die subjektive, erlebnisorientierte Perspektive auf eine Sache dominiert, sondern die Logik der Sache selbst. Das zeigt sich in argumentativen Texten über den Sinn von Hausaufgaben etwa darin, dass nun unterschieden wird nach Hausaufgaben für gute und schlechte Schüler, nach Hausaufgaben für Haupt- und Nebenfächer. Wohnungsbeschreibungen orientieren sich am Grundriss der Wohnung und nutzen diesen für einen Rundgang durch die Wohnung; in Bedienungsanleitungen treten an die Stelle der eigenen Bedienerfahrungen die technischen Möglichkeiten des Geräts selbst. Die Logik bzw. die Struktur der Sache bekommt nun eine heuristische und textorganisierende Funktion; die Sache wird genutzt, um Wissen zu gewinnen und es darzustellen.

Allerdings zeigen die Ergebnisse von Becker-Mrotzek (1997), dass die Berücksichtigung der Sachlogik auch eine kommunikative Funktion hat. Sie erfolgt mit Blick auf einen gedachten Leser, dem die sachliche Genauigkeit eine Verstehenshilfe sein soll. Die Schreiber machen sich nun eine Vorstellung vom Leser und stellen den Sachverhalt für diese gedachte Situation dar. Sprachlich zeigt sich das beispielsweise in direkten Leseradressierungen („Sie müssen den Knopf drücken"). Insofern ist diese Phase stark, aber nicht ausschließlich von der Sachlogik geprägt.

Noch nicht ganz geklärt ist auch die Frage, ab wann Schreiber ihre Texte an formalen Textmustern orientieren, d. h., ab wann sie in der Lage sind, Textarten (Erzählung, Beschreibung, Instruktion, literarische Gattungen usw.) bewusst einzusetzen. Wahrscheinlich ist das nicht vor dem 12./13. Lebensjahr der Fall. Das hängt möglicherweise auch davon ab, inwieweit Textarten Gegenstand des Schreibunterrichts sind. Hierauf deuten die Ergebnisse von Winter (1998), die für Grundschulklassen festgestellt hat, dass sich das Einüben von Geschichtenschemata positiv auf das Schreiben von Fantasieerzählungen auswirkt. Als gesichert kann in jedem Fall gelten, dass Textartenwissen beim Schreiben hilft. Es stellt Strukturierungs- und Formulierungshilfen bereit und entlastet so den Schreibprozess.

4.5 Ausbauphase III: Literale Orientierung (etwa ab der Adoleszenz)

Die dritte Ausbauphase ist gekennzeichnet durch den Erwerb der vollständigen literalen Kompetenz. Die Schreiber erwerben nun die Fähigkeit, ganz und gar im Medium der Schriftlichkeit zu agieren. Ihnen stehen alle Funktionen des Schreibens und alle Möglichkeiten der Schriftlichkeit offen; Baurmann/Ludwig (2001, 9) sprechen hier vom geplanten Schreiben. In kommunikativen Texten, die sich an Leser richten, sind sie nun in der Lage, die verschiedenen kognitiven Anforderungen und die daraus erwachsenen Maximenkonflikte zu bewältigen. Denn die verständliche Darstellung eines Sachverhalts in einem Textmuster für eine bestimmte (bekannte oder unbekannte) Leserschaft erfordert einen ständigen Balanceakt zwischen Leserorientierung, sachlicher Angemessenheit und eigenen Intentionen. Eine solche Schreibhaltung einzunehmen wird von Textart zu Textart schwieriger: Erzählung – Beschreibung – Instruktion – Argumentation.

Der geschilderte Entwicklungsverlauf stellt gewissermaßen den weiten Rahmen dar, in dem sich die individuelle Entwicklung vollzieht. Er darf keinesfalls als Norm missverstanden werden, und das aus zwei Gründen nicht: Zum einen ist der Schreibunterricht ein ganz wesentlicher Faktor in dieser Entwicklung und zum anderen weist insbesondere die mittlere Entwicklungsphase in mehrfacher Hinsicht große Varianzen auf, die eine normative Sicht verbieten.

5 Didaktische Konsequenzen

5.1 Schreibentwicklung und Textbewertung

Für die Textbewertung gilt, dass die Entwicklungsmodelle, wie oben schon gesagt, nicht umstandslos als Bewertungsraster zu verwenden sind. Im Einzelnen sind folgende Aspekte von besonderer Bedeutung:

● Die Schreibentwicklung braucht Zeit. Alle Untersuchungen sprechen dafür, dass die literale Kompetenz im Sinne einer umfassenden Schreibfähigkeit frühestens zum Ende der Sekundarstufe I zu erreichen ist. Das bedeutet, Texte von Schreiblernern können nicht mit den Maßstäben für Schreibexperten gemessen werden.

● Die Schreibentwicklung muss die verschiedenen Phasen mit je spezifischen Strategien durchlaufen. So wie das Krabbeln des Kleinkinds dem Laufen vorangeht, so müssen Schreiblerner Gelegenheit haben, die verschiedenen Aspekte der Textproduktion nacheinander kennen zu lernen. Ein sachlich entfalteter, aber noch nicht leserorientierter Text entspricht am Ende der Grundschulzeit durchaus den Entwicklungsmöglichkeiten. Aber auch ein stark leserorientierter, sachlich wenig entfalteter Text passt in die Entwicklungslogik.

● Die Schreibentwicklung ist kein quasi natürlicher Reifungsprozess. Stärker noch als der kindliche Spracherwerb ist die Schreibentwicklung auf die Unterstützung und Anregung von außen angewiesen. Denn Schreiben als schriftliches Kommunizieren in zerdehnten Situationen zeichnet sich gerade durch den Wegfall des unmittelbaren Handlungskontextes aus, der beim kindlichen Spracherwerb eine so wichtige Rolle spielt. Und noch etwas spricht dagegen, die Schreibentwicklung als Reifungsprozess zu deuten: Für die Entwicklung der literalen Kompetenz mit ihren Teilfähigkeiten stehen jeweils nur enge Zeitfenster zur Verfügung. Geht man also davon aus, dass auch schwache Schreiber die gleiche Entwicklungsfolge durchlaufen, dann hieße das, ihnen einfach mehr Zeit zu lassen. Und hier ergibt sich ein pädagogisch-didaktisches Dilemma: Diese Zeit steht kaum zur Verfügung. Von lese-rechtschreibschwachen Kindern (LRS) wissen wir, dass sich der Abstand zwischen ihnen und den guten Schreibern immer weiter vergrößert (Klicpera/Gasteiger-Klicpera 1998). Ihre Schreibleistungen werden zwar besser – aber eben auch die der anderen. Und weil die literale Kompetenz eine wichtige Basis für die kognitive Entwicklung und das Lernen in fast allen anderen Unterrichtsfächern bildet, haben Schwächen in diesem Bereich so gravierende Auswirkungen auf die gesamte Entwicklung.

● Die Schreibentwicklung lässt eine große interindividuelle Varianz erkennen, zwischen Mädchen und Jungen (Richter 1994), zwischen Kindern aus schriftnahen und schriftfernen Elternhäusern, zwischen Kindern mit deutscher und Kindern mit nicht-deutscher Muttersprache. Die jeweils Letztgenannten sind bei den schlechten Schreiber/innen überrepräsentiert. Hier stellt sich für die Grundschule eine neue Aufgabe, alle Kinder gleichermaßen in ihrer Entwicklung zu fördern.

● Die Schreibentwicklung lässt sich – ebenso wenig wie der Schrifterwerb – alleine an sprachlichen Oberflächenphänomenen erkennen. Das Messen von Satzlängen, das Bestimmen grammatischer Komplexität oder gar das Zählen von Fehlern kann in die Irre führen. So zeigt sich beispielsweise, dass die syntaktische Komplexität mit fortschreitender Entwicklung abnimmt, weil die Schreiber dann in der Lage sind, die Kohärenz durch textuelle Mittel sicherzustellen. Und auch die Übereinstimmung von Schülertexten mit Textmustern ist kein einfaches Gütekriterium. Denn sobald Textmuster, beispielsweise Erzähltexte, beherrscht werden, beginnen die Schreiber ganz im Sinne literarischer Tradition – damit zu spielen und zu experimentieren (vgl. Kap. 7.1). Festzustellen, ob die Abweichungen intendiert sind, und damit auf dem Beherrschen einer sprachlichen Form beruhen, oder ob die Abweichungen noch Ausdruck mangelnden Könnens sind, erschließt sich erst im Kontext. Daraus folgt, dass mechanische Verfahren für die Beurteilung von Textqualitäten wenig geeignet sind. Und genau aus diesem Grund ist in absehbarer Zeit auch nicht damit zu rechnen, dass hierzu brauchbare Computerprogramme entwickelt werden.

5.2 Literale Kompetenz fördern

Welche grundsätzlichen Konsequenzen lassen sich hieraus für die Förderung der literalen Kompetenz herleiten? Die literale Kompetenz nimmt aus zwei Gründen eine besondere Stellung für die allgemeine wie für die schulische Entwicklung ein: Sie ist einerseits sehr anfällig für Störungen, wie die Studien zur Lese-Rechtschreib-Schwäche zeigen. Ungünstige soziale Verhältnisse schlagen sich häufig in schlechten Schreibleistungen nieder. Andererseits bildet gerade die literale Kompetenz eine wichtige Basis für die übrigen Entwicklungsaufgaben, die schulischen allemal. Deshalb muss die literale Kompetenz aller Schüler gefördert werden. Dazu gehört auch, dass erkennbar werdende Schwierigkeiten unmittelbar und direkt durch gezielte Förderung bearbeitet werden. Das gilt sowohl für Probleme bei der Verschriftung (LRS) als auch bei der Vertextung. Die Leistungsunterschiede zwischen guten und schlechten Lernern sollen möglichst klein gehalten werden.

Die empirischen Untersuchungen lassen erkennen, dass die Schreibleistungen in erheblichem Maße ein Resultat der Schreibsituation sind. Innerhalb der Schreibsituation sind es insbesondere die Schreibaufgabe und die Schreibbedingungen, die die Motivation positiv oder negativ beeinflussen. Gerade Schreibanfänger – aber nicht nur diese – benötigen motivierende Schreibanlässe. Denn ohne Motivation gibt es kein Lernen (vgl. Kap. 3.3). Wie können nun solche motivierenden Schreibanlässe aussehen?

Zum Schreiben regen vor allem authentische, in einen sinnvollen sozialen Kontext gestellte Schreibaufgaben an. Das bedeutet im Einzelnen:

- Die Schreibaufgaben müssen einem für den Lerner erkennbaren Ziel dienen. Nur wenn er ein für sich selbst bedeutsames Ziel vor Augen hat, kann er eine Motivation entwickeln.

- Ein sinnvolles Ziel ist auch für die Steuerung des Schreibprozesses selbst notwendig. Nur wer weiß, auf welches Ziel hin er seinen Text verfasst, kann entscheiden, welche Textart angemessen ist, welche Inhalte erforderlich sind und wie der Leser anzusprechen ist. In diesem Sinn verfehlt beispielsweise die isolierte Aufgabe, einen Gegenstand zu beschreiben, ihren Zweck. Denn ohne Kenntnis des Gesamtzusammenhangs kann kein Schreiber entscheiden, was an einem Gegenstand relevant ist.

- Die Schreibaufgabe muss in einem authentischen Kontext stehen, d. h., es muss ein reales, entsprechend komplexes Schreibproblem existieren. Die Aufgabe muss einen hohen Realitätsgehalt und damit Relevanz für die Schreiber haben, damit sie an ihre Erfahrungen anknüpfen kann. Zugleich wird so auch ein Anwendungsbezug außerhalb der Schule ermöglicht. Schreiben darf nicht ausschließlich als schulisches Aufgabenlösen (Ehlich/Rehbein 1986) erfahren werden, sondern als Mittel zur Bewältigung von Alltagsproblemen. Schreibaufgaben müssen in der Lebenswelt der Kinder verankert sein.

- Die Schreibaufgaben sollen in einen sozialen Kontext eingebettet sein, der Kooperation und Interaktion mit anderen erfordert. Gemeinsames Schreiben entspricht nicht nur der beruflichen Wirklichkeit (vgl. Kap. 3.4), sondern es holt zugleich die Mündlichkeit zurück in den Schreibprozess, der gerade für Schreibanfänger eine große Entlastung darstellt. Ein Beispiel für einen solchen Kontext bilden die Schreibkonferenzen (Spitta 1992), die systematisch die soziale Gemeinschaft der Schulklasse als Rahmen für Schreiben und (Vor-) Lesen nutzen.

- Die Schreibaufgaben müssen instruktive Anteile vorsehen. Das bedeutet, die Aufgaben sollen nicht ausschließlich von den Schülern alleine bewältigt werden, sondern in bestimmten Phasen lernen sie, Teilaufgaben unter Anleitung zu bewältigen. Hierzu gehören etwa das Bewusstmachen von Textstrukturen, der Austausch von sprachlichen Formulierungen und Wendungen („treffende Ausdrücke"), die Diskussion über Verfahren der Textplanung und -überarbeitung.

Ein solches Konzept entspricht dem aktuell in der Lernpsychologie favorisierten Modell eines gemäßigten Konstruktivismus (Mandl/Reinmann-Rothmeier 1999). Dieses Konzept geht verkürzt gesagt davon aus, dass Lernen ein zwar eigenständiger, konstruktiver Prozess ist, der aber unabdingbar auf die Anregung und Unterstützung von außen angewiesen ist. Lernen erfolgt am besten in so genannten Lerngemeinschaften *(learning communities)*, die miteinander und unter Anleitung lernen (vgl. Kap. 3.3, 7.4 und 10.4: Schreibwerkstatt und Schreibateliers). Anleiten wird dabei verstanden als Hilfe auf dem Weg zur umfassenden literalen Kompetenz, nicht als Vorschreiben des Lernwegs. Gerade weil es eine Vielzahl von möglichen und sinnvollen Aneignungsstrategien gibt, dürfen schulische Schreibanlässe nicht auf wenige reduziert werden. Das schließt freilich nicht aus, in Anleitungsphasen mit der gesamten Klasse bestimmte Aspekte gemeinsam zu erarbeiten und zu üben. Hierzu zählen etwa Einheiten zur Orthographie oder zum Wortschatz, aber auch zu bestimmten Textstrukturen und Satzverknüpfungen.

Texte bewerten und beurteilen

6 Schreibaufgaben und Textarten

„Writing is rewriting", so hat es Murray (1968) ausgedrückt, oder mit anderen Worten: Schreiben heißt Überarbeiten. Texte entstehen in der Regel nicht in einem Zug, sondern in mehreren Schritten. Je nach Schreibertyp und Schreibaufgabe gehören neben der eigentlichen Formulierungsarbeit auch mehr oder weniger umfangreiche Planungs- und Überarbeitungstätigkeiten zur Produktion eines Textes (vgl. Kap. 2.5). Insbesondere das Überarbeiten ist in einer sinnvollen Weise aber nur möglich, wenn man eine Vorstellung davon hat, wie der angestrebte Text aussehen soll. Wir brauchen also Normen oder Kriterien, nach denen wir einen Text in seinen verschiedenen Aspekten bewerten und beurteilen, und zwar unabhängig davon, ob es um eigene oder fremde Texte geht.

6.1 Begriffsklärung: Bewerten – Beurteilen – Benoten

Zunächst ist es dringend erforderlich, die verwirrende Vielfalt der in der Fachliteratur verwendeten Begriffe zu unserem Thema auf die für uns wesentlichen drei – *Bewerten, Beurteilen, Benoten* (vgl. Müller-Michaels 1993, 348 f.) – zu reduzieren und zu definieren.

- *Bewerten* ist ein kognitiver Akt bzw. ein mentaler Prozess des Einschätzens, der sich in unserem Fall auf Schülertexte bezieht. Dem Bewerten liegt – bewusst oder unbewusst – ein Wertmaßstab zugrunde, der sich in Form von Kriterien beschreiben lässt. Die Qualität der Schreibleistung wird als „gelungen" oder „nicht gelungen" bewertet. Jeder Bewertungsvorgang ist für Lehrer und Schüler mit dem Bemühen um Verstehen verbunden. Ihm geht immer ein Verstehen im hermeneutischen Sinn voraus. Bedeutet doch eine Bewertung im eigentlichen Sinn, „das Gute achten, den Wert betonen!" (Groß 1996, 18). Die Bewertung ist Grundlage für Revisionen aller Art, aber auch gleichzeitig für das Beurteilen und Benoten.
- *Beurteilen* ist eine verbal geäußerte Bewertung, die hier gegenüber dem Schüler/Schreiber geäußert wird. Das Bewertete, also hier die Schülertexte, wird auf diese Weise auf Wertmaßstäbe bezogen. Damit ist zugleich ein impliziter Bezug auf Normen hergestellt. Für die Grundschule

und deren Schreibdidaktik ist das „fördernde Beurteilen" (Baurmann 1992, 121) wesentlich und nicht so sehr das „prüfende Bewerten", das ist das Benoten. In der Beurteilung sollte man sich um ein verantwortungsvolles Abwägen bemühen. Verbale Beurteilungsäußerungen sollten als konstruktive Kritik und mit Hinweisen auf zukünftiges Verhalten formuliert sein, indem man z. B. Lösungen für die Überarbeitung anbietet.

Ein so verstandenes verbales Beurteilen findet in der Grundschule seinen Niederschlag in den Berichtzeugnissen (Klasse 1/2, in einigen Ländern auch 3 und 4), den Lernentwicklungsbeschreibungen und den Lehrerkommentaren unter den Schülertexten. Diese Begriffsdefinition deckt sich mit vielen, u. a. in den Richtlinien der Länder geäußerten pädagogischen Zielen (Bartnitzky/Portmann 1992).

- *Benoten* ist die zusammenfassende Bewertung einer Leistung in einer Ziffernnote. Ihr kommt insgesamt in der Grundschule weniger Bedeutung zu als in den anderen Schulformen. Allerdings hat die Diskussion um „Qualitätssicherung" und „Qualitätsentwicklung" (Bremerich-Vos 1999, MSWWF 1998) ebenso wie die neueste Entwicklung nach Veröffentlichung der PISA-Studie der Frage der Notengebung ein neues Gewicht gegeben (vgl. Kap. 12).

6.2 Textqualität messen

Damit sind wir bei der zentralen Frage angelangt: Was macht einen Text zu einem guten Text? Welche Merkmale lassen uns einen Text – ob beim flüchtigen oder intensiven Lesen – als einen gelungenen bzw. nicht gelungenen einschätzen? Dass es sich hierbei weder um eine triviale noch um eine leicht zu beantwortende Frage handelt, zeigen die beiden folgenden Beispiele: Nehmen wir an, Sie lesen die Bedienungsanleitung für ein neues Hausgerät, beispielsweise für einen Radiowecker, und Sie wissen auch nach dem dritten Durchlesen immer noch nicht, wie die Weckfunktion mittels Radio aktiviert wird. Dann werden Sie zu Recht sagen, es handelt sich um eine schlechte Anleitung. Lesen Sie dagegen in einer Fachzeitschrift einen Aufsatz über die Rückhaltung von Verbrennungsrückständen in Kohlefiltern und Sie verstehen nicht alles, dann werden Sie dies möglicherweise Ihrem fehlenden Vorwissen zuschreiben. Wieder anders liegt der Fall, wenn Sie nach dem Tod eines Familienangehörigen von der Stadtverwaltung, ohne ein Wort des Mitgefühls, aufgefordert werden, unmittelbar bestimmte Unterlagen einzureichen. Diesen Text werden Sie verstehen, aber für unangemessen halten. Offensichtlich gibt es unterschiedliche Kriterien für die Bewertung von Texten, die abhängig sind vom Adressaten und seinem Vorwissen.

Wir stellen im Folgenden einige textlinguistische Merkmale vor, die sich zur Bewertung und Beurteilung von Texten eignen. Dabei beziehen wir uns ganz wesentlich auf das Züricher Textanalyseraster, das in einem didaktischen Forschungskontext entstanden ist (Nussbaumer 1996). Dieses Raster wurde entwickelt, um über 200 Aufsätze von Schweizer Abiturienten aus einem Jahrhundert zu analysieren. Zu den für unseren Zusammenhang wichtigsten Ergebnissen kann man die folgenden zählen:

- „Texte sind nicht einfach gegeben, sondern dem Leser aufgegeben" (Nussbaumer 1996, 98). Soll heißen, ohne das aktive Bemühen des Lesers um ein Verstehen wird aus dem *Text auf dem Papier* kein *Text im Kopf*. Insofern kann man einen Text danach beurteilen, wie gut oder schlecht er den Leser bei der Re-Konstruktion seines Sinns anleitet.
- Der Text auf dem Papier ist nicht identisch mit dem Text im Kopf des Schreibers. Denn nicht immer gelingt es uns, unsere Ideen so in einem Text aufzuschreiben, wie wir uns das selber vorstellen. Daraus folgt, dass aus einem unzulänglichen Text nicht umstandslos auf die Ideen des Schreibers oder gar seine Schreibkompetenz geschlossen werden kann.
- Texte brauchen kooperative Leser, die bis auf Weiteres unterstellen, dass der Schreiber etwas mitzuteilen hat (vgl. Kap 8.1).
- Die Schreibmuster der Schüler haben sich im Laufe der Zeit verändert. Wir können heute einen Schreibstil feststellen, der Merkmale des Mündlichen aufnimmt. Sieber (1997) nennt diesen Stil „Parlando", in Anlehnung an den italienischen Sprechgesang. Dabei handelt es sich möglicherweise um ein Mittel, sich gerade in schulischen Kontexten nicht zu sehr festzulegen.

Das Züricher Textanalyseraster unterscheidet fünf Dimensionen der Bewertung:

(0) Grundgrößen: Hierzu zählen – ohne Wertung – Eigenheiten wie die Textlänge, Wortschatz, syntaktische Muster oder Kohäsionsstiftung (roter Faden).

(A) Sprachformale Richtigkeit (einschließlich Orthographie), Syntax und Semantik.

(B1) Funktionale Angemessenheit: Ist der Text auf dem Papier eine in Idee, Aufbau und verwendeten sprachlichen Mitteln angemessene Anleitung für den Leser, damit dieser ein Textverständnis bilden kann?

(B2) Ästhetische Angemessenheit: Ist der Text nicht nur verständlich, sondern genügt er darüber hinaus formalen Ansprüchen?

(B3) Inhaltliche Relevanz: Hat der Text zu seinem Thema etwas inhaltlich Bedeutsames zu sagen?

Diese Kriterien kann man als Suchanleitung lesen, um die sprachlich-textuellen Qualitäten eines Textes zu ermitteln – und zwar die positiven wie die negativen. Es ist kein festes Schema, sondern offen für die Anpassung an die je besonderen Bedürfnisse.

6.3 Basiskatalog zur Bewertung von Schülertexten

Der nächste Schritt besteht nun darin, aus einem solchen Raster handhabbare Kriterienkataloge für das Bewerten, Beurteilen und Benoten von Schülertexten zu machen. Dabei sind neben den allgemeinen Qualitätsmerkmalen zwei weitere zu berücksichtigen: Welche Merkmale gelten zusätzlich für die je spezifischen Textarten? Und welche besonderen Anforderungen sind an die Texte von Schreibern in der Entwicklung zu stellen? Antworten hierauf sollen der Basiskatalog sowie die Beispielkataloge liefern.

Ob Kriterienkataloge sinnvoll eingesetzt werden können, hängt entscheidend von Art und Anzahl der Kriterien ab. Zu wenige Kriterien (weniger als sechs) führen dazu, dass ein einzelnes Kriterium ein zu hohes Gewicht bekommt; sehr viele Kriterien (mehr als zwanzig) führen nicht zu einer Verbesserung der Urteile. Sinnvoll ist wohl eine Zahl zwischen zehn und fünfzehn. Des Weiteren ist zu beachten, dass bestimmte Kriterien die Anforderungen nach einer angemessenen Beurteilung unterschiedlich gut erfüllen. So sind Fragen nach der Gesamtstruktur oder stilistischen Reichhaltigkeit relativ trennscharf, Fragen nach dem inhaltlichen Gehalt dagegen nicht. Dennoch wird man aus didaktischen Gründen nicht auf solche Kriterien verzichten können. Wichtig ist, dass Kriterienkataloge immer auch trennscharfe Kriterien enthalten. In Anlehnung an das Züricher Textanalyseraster und das Modell von Baurmann (2002, 136) schlagen wir einen Basiskatalog mit insgesamt zwölf Kriterien vor, verteilt auf die vier Basisdimensionen *Sprache, Inhalt, Aufbau* und *Schreibprozess*.

In der Dimension *Sprache* bieten sich für die Grundschule zunächst Kriterien zur **sprachlichen Richtigkeit** an:

- *Rechtschreibung*: Werden die im Unterricht behandelten Rechtschreibregeln einschließlich der Zeichensetzung im Großen und Ganzen richtig angewendet? Eine an der Lautung orientierte Schreibung ist in einem 1. Schuljahr also durchaus angemessen, während im 4. Schuljahr die meisten Regeln berücksichtigt werden sollten. Einzelne Fehler werden akzeptiert.
- *Wortbildung*: Die Formen des Grundwortschatzes sollten grammatisch richtig gebildet werden, also nicht *gehte* statt *ging*.
- *Satzbau*: Einfache Haupt- und Nebensätze sollten syntaktisch korrekt gebildet werden, also nicht *Der Mann weint, weil sein Auto war gestohlen*.

In der Dimension Sprache kommen neben der Richtigkeit Kriterien zur **sprachlichen Angemessenheit** zum Einsatz:

- *Wortwahl*: Verwendet der Text einen angemessenen Wortschatz? Werden z. B. in einer Bastelanleitung die Materialien und Werkzeuge mit ihren Fachbegriffen benannt?
- *Sprachstil*: Ist der Sprachstil der Aufgabe angemessen? Wird also ein Bild *anschaulich* beschrieben oder eine Geschichte *spannend* erzählt?
- *Wagnis*: Wagt es der Schreiber, neue, außergewöhnliche oder dem Thema spezifisch angepasste sprachliche Mittel zu verwenden? Das ist der Fall, wenn z. B. in einer komischen Geschichte auch solche Wörter verwendet werden, die in besonderer Weise Komik ausdrücken, etwa selbst erfundene Wörter. Oder wenn in einer Fantasiegeschichte besonders ungewöhnliche Dinge passieren. Unter Entwicklungsgesichtspunkten ist dabei weniger entscheidend, ob das Wagnis schon geglückt ist, sondern ob es probiert wurde.

In der Dimension **Inhalt** schlagen wir folgende Kriterien vor:

- *Gesamtidee*: Gibt es eine Leitidee oder Gesamtaussage des Textes? Gibt es einen roten Faden? Indizien hierfür sind eine passende Überschrift, ein vorausgreifender Einleitungs- oder ein resümierender Schlusssatz.
- *Umfang*: Schreibaufgaben haben in der Regel einen minimalen und einen maximalen Umfang, der jeweils für die konkrete Aufgabe neu zu bestimmen ist.
- *Relevanz*: Der Text sollte etwas Relevantes zum Thema sagen, d. h., der Textinhalt muss zum Thema passen. Das ist etwa dann nicht der Fall, wenn zu der Aufgabe, einen Tag aus dem Leben eines Fisches zu erzählen, der Fischbestand des eigenen Aquariums aufgezählt wird. Etwas Relevantes muss nicht unbedingt neu oder selber erdacht sein.
- *Kreativität*: Für bestimmte Schreibaufgaben ist es unerlässlich, eine neue oder originelle Idee zu entwickeln, etwa wenn etwas erfunden werden soll.

In der Dimension **Aufbau** gelangen folgende Kriterien zur Anwendung:

- *Textaufbau*: Ist der Text folgerichtig aufgebaut? Entfaltet er sein Thema sinnvoll? Indizien hierfür sind eine erkennbare innere und/oder äußere Gliederung (Absätze).
- *Textmuster*: Orientiert sich der Text an einem Textmuster, das der Aufgabe angemessen ist? Wird z. B. für eine Backanleitung die Textart Rezept und nicht etwa die Erzählung gewählt?

In der Dimension **Schreibprozess** sind zwei Einzelkriterien vorgesehen, die der didaktischen Orientierung am Schreibprozess entsprechen:

- *Planung*: Lässt der Text Spuren einer Planung erkennen?
- *Überarbeitung*: Lässt der Text Überarbeitungsspuren erkennen?

Planungs- und Überarbeitungsprozesse hinterlassen Spuren im Text oder in Form von Konzeptpapieren, Stichwortlisten usw., die bei der Bewertung gezielt berücksichtigt werden können.

Der vorgelegte Basiskatalog (siehe Seite 56) enthält in allgemeiner Weise die Kriterien, die mehr oder weniger für alle Textarten zutreffen. Er muss in zweifacher Weise an die jeweils konkreten Schreibaufgaben angepasst werden: Zum einen müssen die spezifischen Merkmale der konkreten Textart eingearbeitet werden, d. h., die eher allgemeinen Formulierungen müssen konkretisiert werden. Und zum anderen müssen die didaktischen Ziele der jeweiligen Unterrichtseinheit berücksichtigt werden. Auf diese Weise kann und soll es zu Verschiebungen in den drei Dimensionen kommen. So kann es sinnvoll sein, bei der Beurteilung lyrischer Texte ganz auf die Dimension „sprachliche Richtigkeit" zu verzichten, während sie in einem anderen Fall ausgebaut wird. Stehen Planungsprozesse im Zentrum des Unterrichts, kann die Dimension „Schreibprozess" differenziert werden.

Übertragen in einen Beurteilungsbogen ergibt sich folgendes Bild:

Dimension	Kriterium	Grad		
		1 ☺	0,5 ☺	0 ☹
Sprache I Orthographie	1. Werden die vermittelten Rechtschreib-regeln angewendet?			
Morphologie (Wortform)	2. Sind die Wortformen grammatisch richtig gebildet?			
Satzbau	3. Sind die Sätze grammatisch korrekt?			
Sprache II Wortwahl	4. Wird ein der Aufgabe angemessenes Wort-material verwendet, z. B. Fachwörter?			
Sprachstil	5. Ist der gewählte Sprachstil der Aufgabe an-gemessen und wird er im Text beibehalten (sachlich, spannend, anschaulich …)?			
Wagnis	6. Sind Wortwahl und Satzbau dem Thema in besonderer Weise angepasst (wörtliche Re-de, Leseranrede …)?			
Inhalt Gesamtidee	7. Lässt der Text eine Gesamtidee erkennen (z. B. passende Überschrift)?			
Umfang	8. Ist der Umfang der Aufgabe angemessen?			
Relevanz	9. Sagt der Text etwas für die Aufgabe bzw. das Thema Relevantes oder Neues aus?			
Aufbau Textmuster	10. Wird ein der Aufgabe angemessenes Text-muster verwendet (Erzählung, Beschrei-bung, Anleitung ….)?			
Textaufbau	11. Ist der Text sinnvoll aufgebaut (Reihenfol-ge)? Lässt er eine innere/ äußere Gliede-rung erkennen (Abschnitte)?			
Prozess Planen/Über-arbeiten	12. Lässt der Text Planungs- und Überarbei-tungsspuren erkennen?			

Basiskatalog zur Textbeurteilung

7 Kriterienkataloge

Der Schreibunterricht der Grundschule hat die zentrale Aufgabe, die Schüler in die Grundfunktionen der schriftlichen Kommunikation einzuführen. Sie sollen lernen, die kommunikativen Grundfunktionen mittels Texten zu realisieren. Diese lassen sich gut aus dem Organon-Modell von Bühler (1982) herleiten:

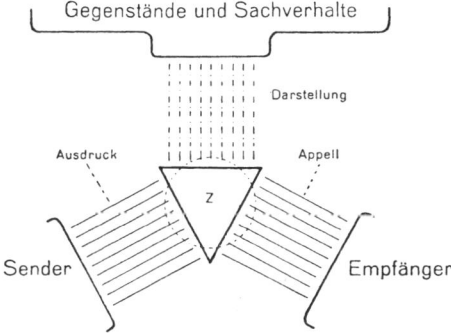

Bühlers Organon-Modell (1982, 28)

Texte können in der Kommunikation drei basale Funktionen wahrnehmen:
- Sie können etwas ausdrücken, was den Schreiber (= Sender) bewegt oder betrifft; wir wollen Texte mit einer primären Ausdrucksfunktion *schreiberbezogene Texte* nennen. Hierzu gehören vor allem die erzählenden und kreativen Texte.
- Texte können aber auch primär Sachverhalte und Gegenstände aus der Umwelt darstellen; solche Texte nennen wir *sachbezogene Texte* oder abgekürzt *Sachtexte*, weil hier die Darstellung von Sachverhalten im Mittelpunkt steht. Darunter fallen etwa Berichte und Beschreibungen.
- Und schließlich können Texte auch die primäre Funktion haben, an den Leser (= Empfänger) zu appellieren. Solche Texte nennen wir *leserbezogene* Texte. Beispiele dafür sind persönliche Briefe oder Anleitungen.

Die Redeweise von der *primären Funktion* macht deutlich, dass ein Text im Allgemeinen mehr als nur eine Funktion hat. Denn wie will man einen Leser zu etwas bewegen, ohne gleichzeitig auch den entsprechenden Sachverhalt darzustellen? Die Systematik und Benennung der Textarten ist didaktisch motiviert; sie hebt ab auf die jeweils zentrale Funktion der unterschiedlichen Schreibaufgaben, mit denen wir es in der Grundschule zu tun haben. Zugleich ist sie jedoch kompatibel mit den alltäglichen Leseerfahrungen und komplexeren Textarten-Modellen, wie sie in der Sekundarstufe eingesetzt werden.

7.1 Schreiberbezogene Texte

Unter *schreiberbezogenen Texten* sollen diejenigen Texte verstanden werden, die primär eine Ausdrucksfunktion für den Schreiber haben; ihm also ein subjektives, authentisches, personales und kreatives Schreiben ermöglichen. Diese Texte können ausdrücken, was den Schreiber bewegt oder betrifft, was ihn auf den Weg zu sich selbst bringt und wie er die Welt deutet (vgl. Spinner 1980), was er sich in seiner Fantasie ausmalt oder erfindet, was bewusst aus dem Reichtum seiner inneren Bilder und Assoziationen in Sprache gefasst werden will. Wir werden das am Beispiel *Erzählen* zu *erlebten/erfundenen Erlebnissen* und zu *Textvorlagen* als auch an *lyrischen Texten* verdeutlichen.

Erzählende Texte

Schüler erzählen von dem, was sie bewegt, was für sie *erzählwürdig* ist. Die Inhalte von Geschichten können erfunden, alltäglich, erlebt, erlesen, erträumt oder imaginiert sein. Das Erzählen lässt sich nicht *nur* über Kenntnisse der Bauformen des Erzählens erlernen, sondern ebenso gut über die Versprachlichung des innerlich Erlebten im Hinblick auf äußere Beobachtungen, Wahrnehmungen und Vorgänge; es geht also um den Impetus des Schreibens (vgl. Ehlich 1984; Claussen/Merkelbach 1995; Böttcher 1999, 65–71). Erzählen ist eine genuin menschliche Fähigkeit. Es steht im Spannungsfeld zwischen Mündlichkeit und Schriftlichkeit (Bouecke/Schülein 1998). Dem mündlichen Erzähler geht ohne Zuhörer der Sinn verloren. Dem schriftlichen Erzählen sind zwei Bezüge zu eigen: *Schreiben für sich*, im Sinne einer Selbstvergewisserung des Erlebten, Erfundenen, Erträumten. Beim *Schreiben für andere* hat der erzählende Text eine gemeinschaftsstiftende Funktion; er etabliert eine Erzählgemeinschaft und lässt den Leser oder Zuhörer teilhaben an der Geschichte des Schreibers (vgl. Kap. 2.3). Dieser Erkenntnis folgen viele in der Praxis des Grundschulunterrichts durchgeführte Unterrichts- bzw. Schreibarrangements: Morgenkreis, Erzählrunden, literarische Geselligkeit in der Schreibwerkstatt, Erzählsäule, Endlosgeschichten am Computer in der Pausenhalle ... (Böttcher 1999, 35-36). In diesen Formen wird jedem Einzelnen die Chance gegeben, sich im Schreiben und Vorlesen durch verschiedene Formen des Erzählens in unmittelbarer oder etwas distanzierterer Art einzubringen. „Da in der Regel jeder in unterschiedlichem Ausmaß etwas von sich preisgibt, wird dies zu einem spannenden Ereignis. Da Klischees weitgehend vermieden werden, können auch *fiktionale Texte ein hohes Maß an Authentizität* aufweisen. Auch wenn mein Erleben bildhaft, metaphorisch verschlüsselt dargestellt wird, hat es dennoch *elementar etwas mit meiner Person* zu tun" (Schuster 1995, 184, Herv. im Org.).

Entsprechend diesen Überlegungen wird in der heutigen Erzähldidaktik (Beck/Claussen 1999b; Grundschule 1, 1986; Reuschling 1993) die in der traditionellen Aufsatzdidaktik favorisierte Erlebniserzählung als eine rein schulische Form ohne Entsprechung im Alltag oder in der Literatur abgelehnt. Das traditionelle Erzählschema Einleitung – Hauptteil – Schluss wird als problematisch gesehen und in der neuen Erzähltheorie abgelöst durch eine flexible Kombination der Strukturelemente: *Erzählanlass, Orientierung, Komplikation, Auflösung, Schluss/Coda/Moral.* Ihre Reihenfolge und Gewichtung ist nicht von einem vorher festgelegten Schema (Einleitung, Hauptteil, Schluss) abhängig, sondern von

- Kommunikationssituation
- dem erzählwürdigen Erlebnis, der Sache
- der Art des Erzählens
- der Erzählabsicht des Schreibers

Entsprechend können auch die Formen des Erzählens nicht trennscharf als die Erlebniserzählung, die Fantasieerzählung usw. eingeteilt werden. Erzählen, ob es sich nun auf Erlebtes, Fantastisches oder in Texten Gelesenes bezieht, hat immer mit dem Schreiber selbst und seiner Wahrnehmung von Realität und Fiktionalität zu tun. Das Problem der Authentizität und Wahrhaftigkeit muss in schreiberorientierten Texten anders eingeholt werden. Es ist ein hochsensibles Kriterium, das sich nur im Kontext des gesamten Textes, des Schreibanlasses und der Person des Schreibers verstehen lässt. Schreibanlässe für in solcher Art verstandene Texte können sein

- Themen des Alltags und des Unterrichts
- besondere Erlebnisse
- Fantastisches, Erträumtes
- Erzählanreize aus spielerischen Schreibanregungen (z. B. Wörterkoffer)
- kreative Schreibmethoden zu Vorgaben und Regeln, orientiert an erzählerischen Strukturelementen (z. B. Geschichten erwürfeln, Reihum-Geschichten, Fantasiereise …)
- Schreiben zu (literarischen) Erzähl-Texten (z. B. Anfang und Ende einer Geschichte erfinden, eine Geschichte zu Ende schreiben, zusammensetzen, erweitern) (Böttcher 1999, 65 ff.)

Wir beziehen deshalb im Folgenden unsere Kriterienkataloge auf **„einfache Geschichten"** und **„komplexe Geschichten"**.

Der folgende Schülertext (Anfang 3. Schuljahr, siehe Seite 60 f.) belegt noch einmal, wie unmöglich es ist, Erlebtes, Fantastisches und Gewünschtes in Kindertexten künstlich in Formen der „Erlebniserzählung" bzw. der „Fantasieerzählung" zu trennen. Zu beiden Erzählformen erstellte Kriterienkataloge würden solch einem Schülertext nicht gerecht. Und in dieser Art ist die Mehrzahl der in der Grundschule erstellten Erzähltexte.

Im Zoo

Ich war im Zoo und dort sah ich ein süßes, kleines Kälbchen. Es schnüffelte am blühenden Gras und es hatte etwas gefunden. Eine Fantadose! Ich dachte es verschluckt die Dose und stirbt. Darum habe ich das Kälbchen dann zu mir gelockt. Gottseidank habe ich ihm das Leben gerettet. Es sprang zu und ließ sich von mir streicheln. Das Kälbchen verfolgte mich bis zum Ausgang, und dort sah ich ein Schild „Kälbchen 10 DM!" Also habe ich mir das Kälbchen gekauft. Es lebt immer noch und ist nicht gestorben, weil ich ihm immer richtiges Futter gegeben habe

Rouven

In Kapitel 2 zur Schreibentwicklung haben wir ausführlich die Entwicklung der Erzählkompetenz beschrieben. Diese (Er-) Kenntnisse und das zuvor Gesagte sind nicht nur wesentlich beim Planen, Produzieren und Überarbeiten von Erzähltexten, sondern ebenso entscheidend beim Erstellen der Kriterienkataloge zum Bewerten.

Einfache Geschichten (2. bis 3. Schuljahr)

Die folgenden Kriterien beziehen sich auf Erzähltexte zu unterschiedlichen Schreibanlässen und auf die Schuljahre 2 und 3. Unnötig zu betonen, dass natürlich individuelle Schwankungen, die Lernbiografie des Schreibers und die Unterrichtssituation die zeitliche Zuordnung nach oben und unten verschieben können.

Schreibanfänger nutzen eine so genannte „Geschichtengrammatik" (Boueke/Schülein 1988), d. h., sie nutzen ein intuitives Erzählmuster, das ihnen hilft, zunächst rein assoziativ-expressiv selbst *erlebte* und *erfundene Geschichten*

Name: (ROUVEN)

Im Zoo

Ich war im Zoo und dort sah ich
süßes kleines Kälbchen. wollte
ein Kälbchen. Er schnupfelte am groß.
hatte blühend
Und es hatte etwas gefunden. Sprang
von mir
zu mir und ließ sich streicheln.
Kälbchen es
Das Kätzchen hat mich zum Ausgang
verfolgt und dort sah ich ein
Kälbchen
Schild: „Kälbchen 10 DM!" Also habe
Kälbchen
ich mir das Kälbchen gekauft. Er lebt
im blättern →
immer noch und ist nicht gestorben.
nämlich eine Fanta Dose und ich
dachte er verschluckt die Dose und
stirbt. Ich habe dann zu mir
gelacht.
das Kälbchen

aufzuschreiben. Die Erzähltexte zeigen zunächst nur Ereignisabfolgen, vorwiegend gekennzeichnet durch gereihte Hauptsätze mit den typischen, im Perfekt gehaltenen „Und-da-Verbindungen" (vgl. Spitta 1992). Allmählich kommt die Perspektive einzelner Figuren hinzu. Die Schreiber intendieren auch jetzt schon eine möglichst vollständige, kohärente Geschichte, in der alles (Ereignisse, Handlungen, später Personen) in einer richtigen Reihenfolge (das bedeutet subjektiv „wahrheitsgetreu") wiedergegeben wird.

Solange der Gedankenfluss bzw. die Assoziationen die Idee steuern, solange schreibt der Schüler an seinem Text. Der Text wird meist nicht durch einen *bewussten Schluss* oder sogar eine *abschließende Bewertung* beendet. Häufig ist die Darstellung stark schreiberbezogen und kontextabhängig, da in der Schreibstrategie der Hörer nicht vorgesehen ist und so auch eine Anregung zum Ausbau des Erzähltextes entfällt. Das heißt für den Unterricht: Durch häufiges Nachfragen und positive Rückmeldungen (vgl. Kap. 8.1, 8.2 und 10) von Mitschülern und Lehrer werden die Kriterien (s. u.) allmählich bewusst ge-

Dimension	Kriterium	Grad		
		1 ☺	0,5 ☺	0 ☹
Sprache I Orthographie	1. Du hast die bekannten Rechtschreibregeln richtig verwendet.			
Satzbau	2. Du hast verständliche, einfache Sätze gebildet, aber auch schon Sätze miteinander verbunden.			
	3. Du hast unterschiedliche Satzanfänge gewählt.			
Sprache II Wortwahl	4. Du hast treffende Ausdrücke (spannend, lustig, traurig …) verwendet.			
Tempus	5. Du hast deinen Text in der für dich passenden Zeitform (Perfekt) formuliert.			
Wagnis	6. Du hast deine Geschichte so erzählt, dass der Leser sie gerne liest und weiß, was du ihm mitteilen möchtest.			
	7. Du hast über dich und deine Gefühle in der Geschichte geschrieben.			
Inhalt Gesamtidee	8. Der Leser erkennt das Besondere deiner Geschichte. Du hast eine passende Überschrift gewählt.			
Umfang	9. Du hast über alle wichtigen Ereignisse und auch schon über einzelne Personen etwas erzählt.			
Richtigkeit	10. Du hast in der richtigen Reihenfolge erzählt.			
Aufbau Textmuster	11. Du hast deinen Text in der richtigen Textform (Erzähltext) geschrieben.			
Textaufbau	12. Du hast deine Geschichte vollständig aufgeschrieben. Sie hat einen Anfang und einen Schluss.			

Kriterienkatalog „einfache Geschichten"

macht, gemeinsam zu einem Kriterienkatalog erarbeitet und experimentell in vielen Schreibaufgaben zu unterschiedlichen Schreibanlässen auf den Einsatz und seine Wirksamkeit bei den Lesern/Hörern erprobt.

Komplexe Geschichten (3. bis 4./5. Schuljahr)

„Erst mit zunehmender Schreib- und Leseerfahrung verändern Kinder diese einengende Schreibhaltung so, dass sie die Freiheit gewinnen, von der Wahrheitsforderung bzw. dem Chronologiedogma abzulassen, zugunsten neuartiger kreativer Textgestaltung" (Spitta 1992, 83). Mit dem größeren kreativen Freiraum wird nicht nur die Fantasie gefördert, sondern auch das literarische Geschichtenmuster (vgl. Kap. 4.3) aktiviert. Eine Entlastung im schriftlichen Textproduzieren ist die Folge. Wie überhaupt sich der Schreibstil der Schüler jetzt in Wortwahl, Satzbau und Textaufbau an der Schriftsprache orientiert. Für die Darstellung vergangener Ereignisfolgen wird nun das Präteritum gewählt. Die verlangsamte Sprachproduktion beim Schreiben bei gleichzeitig größerer Sicherheit hilft, affektive Markierungen, also sprachliche Mittel zur Darstellung von Emotionen und Affekten, auszudrücken. Wie etwa: „Da zitterte ich vor Angst ..." In den Erzähltexten werden jetzt persönlich bedeutsame oder erdachte, in jedem Fall aber besonders *erzählwürdige*, ungewöhnliche Ereignisse dargestellt. Die Schreiber versetzen den Leser in *ihre erzählte Welt* (Erlebnisperspektive); sie lassen ihn teilhaben an ihrer Geschichte. Die Texte weisen jetzt eine komplette narrative Struktur auf; die Reihung entfällt. Die Darstellung folgt nun einer eigenen flexiblen Kombination der erzählerischen Strukturelemente: Der Anfang der Geschichte führt mitten ins Geschehen, die Haupterzählung rahmt eine Binnenerzählung ein, der Schluss ist offen – all dies wird jetzt ausprobiert. Dazu werden unterschiedliche Stilmittel wie rhetorische Fragen, wörtliche Rede, Wiederholungen, ungewöhnliche Wortkombinationen und -neuschöpfungen benutzt.

Die Texte weisen „differenzierte Darstellungen von wichtigen Einzelheiten oder Beziehungen auf, sowie Überlegungen zu Ursache-Wirkungs-Verhältnissen, was sich in einer zunehmend komplexen Verweisungsstruktur sowie entsprechend differenzierten Satzverbindungen durch kausale und temporale Konjunktionen (Verflechtungen der semantischen, pragmatischen und syntaktischen Elemente, Hypotaxe statt Parataxe) ausdrückt(e)" (vgl. Spitta 1992, 76). Eigene Absicht und Perspektive des Lesers werden in die Schreibplanung integriert.

Claudia kommentiert ihre im Laufe des 3. Schuljahrs gewonnene „Freiheit" beim Schreiben so:

> „Ich schreibe gern über Erlebnisse und Fantasiegeschichten. Denn ich habe eigene Freiheit im Schreiben. Mein Thema fällt mir meistens erst in der Schule ein, wenn ich nachdenke. Ich denke an alle Sachen, die ich mal erlebt habe, oder ich male mir lustige Sachen aus. Dazu denke ich mir eine passende Überschrift aus. Manchmal mische ich Erlebnisse mit Fantasie. ... Ich kann meine Erlebnisse zusammenfassen und eine Geschichte daraus machen. Meine Geschichte ist dadurch entstanden, weil ich meine Erlebnisse zusammengefasst habe. ..." (zit. nach Spitta 1992, 83–84)

Dieser Schreibprozess lässt sich vor allem mit dem Einsatz kreativer Methoden und entsprechender kooperativer und kreativer Überarbeitungsverfahren vorantreiben (vgl. Böttcher 1999; Kap. 8.1, 8.2; Kap. 10 und 12).

Dimension	Kriterium	Grad		
		1 ☺	0,5 ☺	0 ☹
Sprache I Orthographie	1. Du hast die Geschichte ohne Rechtschreib-fehler geschrieben.			
Satzbau	2. Du hast die Sätze richtig und verständlich gebildet und sinnvoll untereinander ver-bunden (Satzverbindung, Satzgefüge, Ver-weisungen).			
Sprache II Sprachstil	3. Du hast das Besondere deiner Geschichte betont durch: Fragen, wörtliche Rede, Wiederholungen, Wortneuschöpfungen und sprachliche Bilder.			
Tempus	4. Du hast die richtige Zeitform (Präteritum) gewählt.			
Wagnis	5. Du hast mutig Erlebtes und Fantasie mitein-ander verbunden und viel Freiheit beim Schreiben genutzt.			
	6. Du wagst es, deine Gefühle, Gedanken und besondere Reaktionen in deiner Geschichte zu beschreiben und den Leser in die Welt deiner Geschichte zu entführen.			
Inhalt Gesamtidee	7. Du stellst in deiner Geschichte ungewöhnli-che Ideen, erzählwürdige Ereignisse und für dich bedeutsame Personen in Bezie-hung.			
	8. Du hast eine spannende Überschrift gewählt.			
Umfang/ Vollständig-keit	9. Du hast deine Geschichte vollständig und verständlich (oder spannend, lustig, gruse-lig, nachdenklich …) erzählt und wichtige Einzelheiten und Beziehungen als auch Ur-sachen und Wirkungen mitgeteilt.			
Aufbau Textmuster	10. Du hast deinen Text als Erzähltext (von Er-lebtem, Erfundenem, Erträumtem, auf einen anderen Text bezogen) richtig geschrieben.			

| Textaufbau | 11. Du hast alle notwendigen Erzählelemente (Erzählanlass, Orientierung, Komplikation, Auflösung, Schluss/Coda/Moral) eingehalten und die Reihenfolge entsprechend deiner Erzählabsicht gewählt (z. B. offener Schluss, Anfang mitten im Geschehen …). | | | |
| Prozess | 12. Du hast deinen Text erkennbar geplant und/oder überarbeitet. | | | |

Kriterienkatalog „komplexe Geschichten"

Lyrische Texte

Gedichte gehören in ganz besonderem Maße zu den *schreiberbezogenen Texten*. Kinder lieben und brauchen sie. Sie erfassen sie mit allen Sinnen und fühlen sich im Umgang mit ihnen wohl. Gedichte sind komplex und erschließen sich nicht so schnell (Andresen 1993). Um sich mit ihnen vertraut zu machen, brauchen Kinder viel Zeit und Muße. Es geht nicht um die tiefere Bedeutung, sondern darum, die sinnbildlich-gestische Erscheinungsform abzutasten (Haas 1997, 54). Sie erkennen so unterschiedliche Perspektiven auf die Wirklichkeit – die äußere Lebenswelt und die innere über Gedanken, Gefühle und Bilder. Der Umgang mit Gedichten fördert neben einer literarästhetischen Lernentwicklung auch die soziale und emotionale Entwicklung des Einzelnen und der Gruppe. Die Schüler sollen behutsam mit den Kunstwerken umgehen und sie als etwas Gemachtes erfahren. Folgerichtig haben das Schreiben zu Gedichten und Selbstversuche im Dichten längst Einzug in den Unterrichtsalltag der Grundschule gehalten (Schulz [2]1998; Andresen/Wiesmüller 1996; Gelberg 2000). Im kreativen Schreiben gibt es eine Vielzahl methodischer Verfahren zur Produktion lyrischer Texte (Böttcher 1999, 57–64). Die in den kreativen Verfahren angebotenen Anleitungen geben Muster analog zu literarischen Gedichten, Regeln und Wort- oder Satzvorgaben vor. Diese Vorgaben müssen mit den Schülern im Sinne von Basiskriterien erarbeitet und in Beispieltexten erkannt werden. Das Verfahren kann auch den umgekehrten Weg nehmen: Anhand von Beispieltexten werden die Herstellungskriterien erarbeitet (vgl. Kap. 10.3). Themen können gestellt, gemeinsam gefunden oder von einzelnen Schülern für sich entdeckt werden. Sinnvoll ist es auch, entsprechende Stimuli wie Bilder, Gegenstände, Musik, Orte, Erinnerungen zur Themenfindung und stilistischen Ausarbeitung einzusetzen (vgl. Böttcher 1999, 82–115).

Am Beispiel der lyrischen Form „Schneeballgedicht" (Böttcher 1999, 60–62) möchten wir Verfahren und einen entsprechenden Kriterienkatalog (siehe Seite 68 yf.) vorstellen. Gerade bei lyrischen Texten ist es wichtig, die Kriterien behutsam und nicht zu eng zu fassen und gemeinsam mit den Schülern zu erarbeiten. Denn sie dienen ja sowohl der *Produktion* als auch dem *Bewerten* und *fördernden Beurteilen*. Je nach Lernsituation, Klassenklima und individuellem Lernstand sollten auch einmal solch kurze Texte benotet werden. Unsere Erfahrung zeigt, dass gerade schwächere Schüler ungeahnte Stärken in der Produktion lyrischer Kleinformen zeigen und sich wegen der Kürze nicht überfordert fühlen.

Auf das Kriterium „sprachliche Richtigkeit" kann bei der Bewertung lyrischer Formen ganz verzichtet werden, wohl aber nicht auf ein solches wie Gestaltung der Form, kunstvolles Ausmalen und Schreiben. Oft macht dies den besonderen Reiz des Textes aus (vgl. z. B. Konkrete Poesie!).

Schneeballgedicht

Es handelt sich bei diesem Schreibspiel um ein Kunstspiel. Es ist von der 1960 in Paris gegründeten literarischen Künstlergruppe OULIPO, die noch heute existiert, formuliert worden. Ziel der Gruppe war und ist, literarische Regeln nach mathematischen Grundsätzen zu entwickeln und Schreibzwänge zu erfinden, die für weitere Textproduktionen zu nutzen sind. Durch die „ästhetische Funktion des Formzwangs" (Boehncke 1993, 9) entsteht ein neues Verhältnis von Bedeutung und Material und durch die Reduktion von Wörtern und Sätzen eröffnen sich ungeahnte neue sprachliche Möglichkeiten. Für das Verfahren hat die Gruppe mehrere Kombinationen entwickelt, die im Schwierigkeitsgrad variieren.

Alle diese Variationen haben jedoch gemeinsam, dass jedem einzelnen Wort ein hoher Stellenwert zukommt. Gerade durch diese Prägnanz vermitteln Schneeballgedichte besonders intensiv Gefühle und Stimmungen. Sie können alleine oder in der Gruppe erstellt werden. Werden sie in der Gruppe geschrieben, müssen sich die Schüler auf die Gefühle der anderen einlassen; es ist also eine „Einübung ins Fremde" (Spinner 1993, 20). Anfangs fällt dies Schülern schwer, deshalb sollte man mit einfachen Formen beginnen, z. B. zu den Themen *Frühling* und *Schule*.

Dio **einfache** Form des **Schneeballs** beginnt mit einem Wort. Jede neue Zeile enthält dann ein Wort mehr, der Schneeball „rollt" sich auf:

Die Umkehrung ist der **schmelzende Schneeball**, er endet mit einem Wort:

Zusammengesetzt ergeben diese beiden Formen eine Raute, einen **Gegensatz-Schneeball**:

Oder eine **Diabolo-Form**, bei der in der Mitte zwei einzelne Wörter übereinander stehen:

Das entscheidende Wort – am Anfang, am Ende oder in der Mitte eines Schneeballs – können Schüler aus ihrem Cluster, der Wörterbörse, dem automatisch geschriebenen Text oder literarischen Texten entnehmen. Kennen die Schüler das Verfahren, können sie selbst die Form oder Variante bestimmen. Ein Beispiel: Am Ende der Grundschulzeit wird ein gemeinsames Erinnerungsbuch für die Klasse erstellt. Aus dem Cluster zum Thema *Erinnerung* wählen drei Schüler der Klasse das Wort *Muscheln*.

Muscheln
Ich
Ich sehe sie.
Ich sehe sie da,
da liegen sie im Sand.
Sie liegen da – ruhig und verlassen.
Ich bekomme Sehnsucht – Sehnsucht
nach Hause.
Sie liegen da – klein und einsam.
Sie beruhigen mich, und doch
spüre ich ihre Spannung.
Ich sehe sie da.
Sind sie es?
Muscheln

Lina

Muscheln
Muscheln in der Ferne.
Ich wäre gerne dort.
Das Meer ist klar,
der Sand weiß,
klare Quellen.
Umwelt
verschmutzt,
dreckige Quellen
schmutziger Sand,
das Meer ist verölt.
Dort will niemand sein.
In der Ferne keine Muscheln mehr.

Roland

Muscheln
Muscheln im Sand
Die Flut kam
Mit Muscheln
Das Meer ging
Die Muscheln blieben
Muscheln liegen im Sand

Marie

Dimension	Kriterium	Grad		
		1 ☺	0,5 ☺	0 ☹
Sprache I Wortwahl	1. Du hast für dein Gedichtthema die passenden Ausdrücke gewählt.			
Sprachstil	2. Du hast wenige gut ausgewählte Wörter so in Zeilen angeordnet, dass eine neue ungewöhnliche Bedeutung entsteht.			
Wagnis	3. Du hast zum Gedicht passende Sprachmittel eingesetzt: Wiederholungen, ungewöhnliche Wortkombinationen, Gegensatzpaare …			
	4. Du hast jedem Wort einen besonderen Platz im Zeilenauf- und -abbau zugeordnet.			
	5. Du vermittelst deine Gefühle und Gedanken und versetzt so den Leser/Hörer in eine besondere Stimmung.			

Inhalt Gesamtidee	6. Du vermittelst dem Leser deine „Erinnerung" in der von dir gewählten Schneeball-Form. 7. Deine Überschrift ist passend gewählt.			
Umfang/ Vollständig-keit	8. Du hast die gewählte Gedichtform vollstän-dig ausgefüllt. An einigen Stellen weichst du kreativ von der Regel ab. 9. Du hast die Regeln des Gegensatz-Schnee-balls inhaltlich richtig genutzt: Von Anfang bis zur Mittelachse baut sich ein Bild auf, das sich dann bis zum Ende in einem gegensätzlichen Bild wieder abbaut.			
Aufbau Textmuster	10. Du hast deinen Text in der richtigen, von dir gewählten Textform (Schneeballgedicht) ge-schrieben.			
Textaufbau	11. Du hast deinen Text in jeder Zeile sinnvoll, nachvollziehbar und auf dein Thema bezo-gen aufgebaut.			
Gestaltung	12. Du hast dem Inhalt und den Regeln entsprechend die äußere Form des Schnee-balls gestaltet/geschrieben.			

Kriterienkatalog „lyrische Texte – Schneeballgedicht"

7.2 Leserbezogene Texte

Unter leserbezogenen Texten sollen diejenigen verstanden werden, die sich primär an einen oder mehrere Leser wenden. Die Texte haben die Funktion, Einfluss auf das Wissen oder Handeln des Lesers zu nehmen. Wir werden das am Beispiel der *Anleitung* und des *persönlichen Briefs* verdeutlichen.

Anleitungen

Anleitungen sind solche Texte, die den Leser befähigen sollen, eine be-stimmte Handlung auszuführen. Dazu zählen etwa *Bedienungsanleitungen* für technische Geräte, *Bastelanleitungen*, *Spielanleitungen*, *Wegbeschrei-bungen* (die eigentlich „Weganleitungen" heißen müssten) sowie *Koch-* und *Backrezepte*. Zu ihren Besonderheiten gehört, dass sie unmittelbar in einen Handlungszusammenhang eingebunden sind und sich darin bewähren müssen. Das bedeutet, dass in diesem Fall der Verwendungszusammen-hang Kriterien für die Textbewertung liefert.

Ein Blick in moderne Rezeptbücher zeigt, welche Formen sich bewährt und in der Praxis durchgesetzt haben. In der Überschrift wird das herzustellende Gericht mit einem treffenden (Fach-)Ausdruck benannt. Es folgt eine Liste mit den benötigten Zutaten, bezogen auf eine bestimmte Anzahl an Portionen. Die eigentliche Koch- oder Backanweisung ist deutlich in die einzelnen Arbeitsschritte gegliedert, erkennbar an einer Nummerierung und/oder deutlichen Absatzbildung. Sprachlich sind die Anweisungen zumeist im Infinitiv formuliert: „Das Basilikum waschen, trocken schwenken und die Blätter abzupfen." Das hat den Vorteil, dass zunächst das Objekt, dann die Tätigkeit benannt wird (vgl. Becker-Mrotzek 1997, 144 ff.). In Kinderkochbüchern finden sich im Unterschied dazu aber auch der Imperativ („Gib Marmelade auf den Teig") sowie der Aussagesatz („Du streichst die Backform dünn mit Butter ein"). Alle Formen sind prinzipiell geeignet, dem Leser mitzuteilen, was er tun soll. Außerdem werden die einzelnen Schritte in Kinderkochbüchern oft zusätzlich visualisiert, d. h., in Bildern dargestellt. Des Weiteren wird das fertige Gericht auf einem Foto abgebildet. Ergänzend finden sich zusätzliche Tipps zur Variation oder weiteren Verarbeitung.

Der Kriterienkatalog für Rezepte sieht so aus:

Dimension	Kriterium	Grad		
		1 ☺	0,5 ☺	0 ☹
Sprache I Orthographie	1. Du hast die Satzzeichen richtig verwendet.			
Satzbau	2. Du hast klare Sätze formuliert.			
Sprache II Wortwahl	3. Du hast treffende Ausdrücke (Fachausdrücke) verwendet.			
Sprachstil	4. Du hast die Aufforderungsform/Infinitivform/Aussageform beibehalten.			
Wagnis	5. Du hast deinen Text besonders verständlich/anschaulich/übersichtlich gestaltet.			
Inhalt Gesamtidee	6. Du hast eine passende Überschrift gewählt.			
Umfang	7. Du hast alle Zutaten und Arbeitsschritte genannt.			
Richtigkeit	8. Du hast alle Arbeitsschritte richtig dargestellt.			
Aufbau Textmuster	9. Du hast deinen Text in der richtigen Textform (Rezept) geschrieben.			

	10. Du hast die Zutaten untereinander geschrieben.			
Textaufbau	11. Du hast alle Schritte in der richtigen Reihenfolge aufgeschrieben und mit Zahlen markiert.			
Abbildungen	12. Du hast die einzelnen Schritte richtig den Abbildungen zugeordnet.			

Kriterienkatalog „Rezept"

Persönlicher Brief

Als weitere leserbezogene Textart haben wir den *persönlichen Brief* gewählt. Er ist in der Regel gemeint, wenn von Briefen als Textart die Rede ist. Denn selbstverständlich können auch andere Texte als Brief verschickt werden. Der persönliche Brief ist für den Schreibunterricht der Grundschule von besonderer Bedeutung. Denn er verlangt wegen seiner Orientierung auf den Leser vom Schreiber, dass er sich in die Situation des Adressaten hineinversetzt. Diese Fähigkeit wird erst während der Grundschulzeit ausgebildet (vgl. Kap. 4).

Unter einem persönlichen Brief verstehen wir solche Texte, die von einem einzelnen Schreiber an einen bestimmten Adressaten gerichtet sind und diesem auf dem Postweg – oder auch per E-Mail – übermittelt werden. Konstitutiv ist, dass ein individueller Schreiber an einen persönlich bekannten Leser schreibt. Denkbar ist aber auch, dass eine kleine Gruppe gemeinsam einen Brief schreibt oder dass der Brief an eine Gruppe gerichtet ist. Das ist etwa der Fall, wenn eine Schulklasse einer anderen schreibt. Ausgeschlossen sind auf diese Weise Werbebriefe, Massendrucksachen usw. Der Brief hat die Funktion, dem Adressaten ein Anliegen zu übermitteln. Das kann darin bestehen, dem Adressaten etwas Neues mitzuteilen, ihn zu beglückwünschen, ihn einzuladen, ihm zu danken usw. Schreiber und Leser verfügen, das zeigen die Beispiele, oft über eine gemeinsame Vorgeschichte und kennen sich bereits; Briefe können aber ebenso gut der Kontaktaufnahme dienen.

Die Liste der möglichen Briefanlässe zeigt, dass es keine einheitlichen Kriterien für gelungene Briefe geben kann. Denn diese hängen gewissermaßen vom konkreten Anlass ab. Aus diesem Grund unterscheiden wir zwischen allgemein gültigen und spezifischen Kriterien. Zu den allgemein gültigen zählen wir die, die für eine Verständigung per Brief unverzichtbar sind. Sie betreffen vor allem den formalen Aufbau:

● Angabe des Absenders
● Angabe des Adressaten mit richtiger Anschrift

- Angabe des Datums
- Anrede und Grußformel
- Aufbau und Reihenfolge

Hierin spiegeln sich die besonderen Bedingungen der schriftlichen Kommunikation wider. Sie lassen die Ähnlichkeit und die Unterschiede zum persönlichen Gespräch besonders gut erkennen. Anrede und Grußformel finden sich auch im Gespräch, nicht aber die Angabe von Absender, Adressat und Datum; sie werden erst im Brief erforderlich. Es sind interessanterweise genau diese allgemeinen Kriterien, die in den meisten E-Mail-Programmen automatisch als Kopf erzeugt werden.

Die speziellen Kriterien betreffen den Kern des Brief, also das eigentliche Anliegen. Hier sind jeweils spezifische Kriterien zu entwickeln oder von den betreffenden Textarten zu übernehmen. Wird z. B. in einem Brief über einen Unfall berichtet, kann hierfür auf den Kriterienkatalog „Bericht" zurückgegriffen werden. Wir werden den Kriterienkatalog für persönliche Briefe am Beispiel einer Einladung verdeutlichen.

Dimension	Kriterium	Grad		
		1 ☺	0,5 ☺	0 ☹
Sprache I Orthographie	1. Du hast deinen Brief ohne Rechtschreibfehler geschrieben.			
	2. Du hast die Wörter und Sätze richtig gebildet. Das erleichtert dem Adressaten das Lesen.			
	3. Du hast deinen Brief schön und leserlich gestaltet. Es macht Spaß, deinen Brief zu lesen.			
Sprache II Sprachstil	4. Du hast den Leser deines Briefes persönlich angesprochen.			
Wagnis	5. Du hast dich um eine besonders interessante Form/Darstellung/Gestaltung deiner Einladung bemüht.			
Inhalt Gesamtidee	6. Du hast dem Leser mitgeteilt, zu welchem Ereignis du ihn einladen möchtest.			
Relevanz	7. Du hast dem Leser alle wichtigen Informationen geliefert (Ort, Zeit).			
Umfang	8. Du hast dem Leser etwas über das Ereignis und seinen Verlauf/seine Hintergründe/... mitgeteilt.			

Aufbau			
Textmuster	9. Du hast deinen Text als Brief verfasst.		
Adressat und Absender	10. Du hast die Adresse und den Absender an die richtige Stelle geschrieben.		
Datum	11. Du hast deinen Brief mit einem Datum versehen.		
Prozess	12. Du hast deinen Brief überarbeitet.		

Kriterienkatalog „persönlicher Brief"

7.3 Sachbezogene Texte

Unter *sachbezogenen Texten*, kurz *Sachtexten*, sollen solche Texte verstanden werden, in denen die Darstellung eines Sachverhalts der Wirklichkeit im Mittelpunkt steht. Sachtexte haben ganz allgemein die Aufgabe, dem Leser zu einer eigenen Vorstellung oder einem eigenen Bild der Sache zu verhelfen. Er soll sich die abwesende Sache beinahe so vorstellen können, als hätte er sie selber wahrgenommen. Wir werden das für die Textarten *Beschreibung* und *Bericht* verdeutlichen.

Beschreibungen

Beschreibungen – mündliche wie schriftliche – haben es mit spezifischen Sachverhalten zu tun, nämlich mit der wahrnehmbaren Oberfläche von Objekten. Das können Gebäude, Bilder, Pflanzen, Landschaften usw. sein; also im Prinzip alles, was eine wahrnehmbare, strukturierte Oberfläche hat. Üblicherweise werden abwesende Objekte beschrieben, z. B. das gestohlene Rad oder der Ausblick aus der Ferienwohnung. Eher die Ausnahme stellen Beschreibungen von aktuell sichtbaren Objekten dar wie Bildbeschreibungen in einem Kunstbuch.

Die zentrale Funktion von Beschreibungen besteht darin, dem Leser eine eigene Vorstellung davon zu vermitteln, wie das Objekt aussieht. Üblicherweise sind Beschreibungen in einen größeren Zusammenhang eingebunden, die Beschreibung übernimmt eine Funktion in einem anderen Handlungskontext. Es gibt Beschreibungen in Erzählungen (z. B. in Form von Landschaftsbeschreibungen), in Anweisungen (z. B. in Form von Gerätebeschreibungen) oder in Berichten (z. B. in Form von Zustandsbeschreibungen). Man kann also sagen, Beschreibungen sind in der Regel in eine andere Textart eingebettet. Als isolierte Formen finden sie sich fast ausschließlich im schulischen Kontext, nämlich als Übungsform.

Beschreibungen stellen das Objekt in seiner äußeren, wahrnehmbaren Struktur dar. Dabei orientieren sie sich an der räumlichen Dimension, indem sie dem Leser Anweisungen geben, welche Position und Bewegungen er in seiner Vorstellung einnehmen bzw. durchführen soll: „Wenn man durch die Tür in mein Zimmer kommt, dann steht links mein Bett; geradeaus ...“ Auf diese Weise wird der Leser durch einen Vorstellungsraum geführt. Die Reihenfolge der einzelnen Schritte ist abhängig vom Objekt so zu wählen, dass der Leser folgen kann. Der Grad der Genauigkeit und Vollständigkeit einer Beschreibung ist von drei Faktoren abhängig: a) vom übergeordneten Zweck, b) vom Leser und c) vom Objekt selber. So kann es im Rahmen einer Bedienungsanleitung für einen Fachmann ausreichen, ihm mitzuteilen, dass sich ein bestimmter Anschluss auf der Geräterückseite befindet, während derselbe Anschluss für einen Laien detailliert beschrieben werden muss, damit er ihn von den anderen Anschlüssen unterscheiden kann. Als Tempus wird in der Regel das Präsens verwendet, als Ausdruck der Zeitlosigkeit.

Zu beachten ist ferner der Unterschied zwischen *Beschreibungen* und *Erklärungen*: Beschreibungen beziehen sich auf die wahrnehmbare Oberfläche, Erklärungen sollen dagegen im Prinzip nicht-sichtbare Zusammenhänge verdeutlichen. Die Beschreibung einer Uhr enthält also noch keine Angaben darüber, wie sie funktioniert, das ist Aufgabe einer Erklärung. Von einer *Anleitung* unterscheidet sich die *Beschreibung* dadurch, dass sie dem Leser keine Angaben darüber macht, was er tun soll. Einen Vorgang zu beschreiben bedeutet nicht automatisch, dass der Leser ihn selber nachvollzieht.

Wir erläutern die Kriterien für eine gelungene Beschreibung am Beispiel einer Tierbeschreibung. Dazu einige didaktische Anmerkungen: Die Aufgabe verlangt von den Schülern zunächst einmal, das Tier genau zu beobachten und wahrzunehmen, d. h., seinen Körperbau und die sonstigen wichtigen Eigenschaften zu erkennen. Das fällt leichter, wenn – z. B. im Sachunterricht – die Aufmerksamkeit bereits auf die relevanten Eigenschaften wie Größe, Form, Farbe usw. gelenkt und hierfür auch das zugehörige Fachvokabular erarbeitet wurde. Damit bietet sich der Sachunterricht zugleich als ein sinnvoller Schreibkontext an, etwa in Form eines klasseneigenen Tierlexikons. Das Beschreiben hat so eine nachvollziehbare Funktion; jede einzelne Beschreibung ist Teil einer umfassenden Gesamtdarstellung. Hieraus leitet sich nun der folgende Kriterienkatalog her:

Dimension	Kriterium	Grad		
		1 ☺	0,5 ☺	0 ☹
Sprache I Orthographie	1. Du hast die bekannten Rechtschreibregeln richtig verwendet.			
Satzbau	2. Du hast klare Sätze formuliert.			
Sprache II Wortwahl	3. Du hast treffende Ausdrücke (Fachausdrücke) verwendet.			
Tempus	4. Du hast deinen Text in der richtigen Zeitform (Präsens) formuliert.			
Wagnis	5. Du hast deinen Text besonders verständlich/anschaulich/übersichtlich gestaltet.			
Inhalt Gesamtidee	6. Du hast eine passende Überschrift gewählt.			
Umfang	7. Du hast alle wichtigen Eigenschaften des Tieres erwähnt.			
Richtigkeit	8. Du hast alle Eigenschaften richtig dargestellt.			
Aufbau Textmuster	9. Du hast deinen Text in der richtigen Textform (Beschreibung) geschrieben.			
Textaufbau	10. Du hast das Tier in einer sinnvollen Reihenfolge beschrieben.			
Abbildung	11. Du hast deine Beschreibung sinnvoll auf das Bild/die Abbildung bezogen.			
Prozess	12. Du hast deinen Text erkennbar geplant (Stichworte).			

Kriterienkatalog „Beschreibung"

Berichte

Berichte – mündliche wie schriftliche – haben es thematisch mit vergangenen Geschehnissen oder Ereignissen in der Wirklichkeit zu tun. Hier kommt also eine zeitliche Dimension hinein, mit einem Vorher und Hinterher. Die Hauptfunktion besteht darin, Geschehnisse nach bestimmten vorgegebenen Kriterien so wiederzugeben, dass sich der Leser ein eigenes Urteil darüber bilden kann. Das Geschehen wird dabei einem bestimmten Geschehenstyp zugeordnet, z. B. als Unfall, Fußballspiel oder Schulfest bezeichnet. Es wird zudem aus einer neutralen Perspektive, z. B. der eines Augenzeugen, so wiedergegeben, dass die Darstellung der Wahrheit entspricht. Typische Beispiele sind der Unfallbericht, der Versuchsbericht oder der Zeitungsbericht über ein wichtiges Ereignis.

Wie genau, wie umfangreich, wie gewichtet und wie detailliert das Geschehen dargestellt wird, ist abhängig von dem jeweiligen Berichtstyp und seinen Funktionen. So muss ein Unfallbericht für die Polizei bzw. das Gericht alle die Geschehensteile enthalten, die für die Entscheidung der Schuldfrage relevant sind. Dazu gehören der genaue Unfallhergang, aber auch der Standort des Berichtenden sowie äußere Faktoren wie Straßen-, Wetter- und Lichtverhältnisse. Die einzelnen Geschehensteile werden oft zusammenfassend und kategorial wiedergegeben: „Das Unfallfahrzeug bremste mit stehenden Rädern und schleuderte auf die Gegenfahrbahn." Fester Bestandteil von Berichten sind auch Rahmenangaben, die außer dem Datum Angaben zum Geschehenstyp (Unfall, Versuch, Ereignis, Wetter ...) sowie zum Berichtenden machen. Als Tempus wird üblicherweise das Präteritum verwendet.

Der *Bericht* ist zu unterscheiden von der *Erzählung*. Das traditionelle Unterscheidungskriterium *objektiv* versus *subjektiv* kann nun anschaulicher und genauer gefasst werden. In Erzählungen werden persönlich bedeutsame oder erdachte, in jedem Fall aber in irgendeiner Weise ungewöhnliche Ereignisse (= Geschichte) dargestellt. Sie lassen den Leser teilhaben an der Geschichte, indem sie ihn in die erzählte Welt versetzen (Erlebnisperspektive). Demgegenüber stellen Berichte Ereignisse aller Art aus einer neutralen Perspektive so dar, dass sich der Leser sein eigenes Urteil bilden kann. Der Leser wird nicht in eine andere Welt versetzt, sondern über ein Geschehnis vom bekannten Ende her informiert.

Im Unterricht bieten sich Versuchs- und Beobachtungsberichte (= Protokoll) im Rahmen des Sachunterrichts sowie Berichte über schulische Ereignisse für Klassen- und Schulzeitungen an. Eine solche Einbettung hat den Vorteil, dass die Berichte in zweifacher Weise in einem authentischen Zusammenhang stehen. Zum einen beziehen sie sich auf eigene Beobachtungen der Schüler, sodass diese das Geschehnis aus eigener Anschauung kennen und nicht etwa aus vorgängigen Versprachlichungen der Art: „Schreibe die Geschichte auf S. 12 in einen Bericht um." Auf diese Weise müssen die Schüler das Geschehnis zunächst einmal gedanklich verarbeiten, seine relevanten Aspekte erkennen und sprachlich benennen. Und zum anderen bietet eine solche Einbettung den Vorteil, dass der Bericht auf ein konkretes Ziel und einen erkennbaren Adressaten hin geschrieben werden kann.

Hieraus leitet sich der folgende Kriterienkatalog für einen Versuchsbericht
her:

Dimension	Kriterium	Grad		
		1 ☺	0,5 ☻	0 ☹
Sprache I Orthographie	1. Du hast die neuen Fachwörter richtig geschrieben.			
Satzbaubau	2. Du hast klare Sätze formuliert.			
Sprache II Wortwahl	3. Du hast treffende Ausdrücke (Fachausdrücke) verwendet.			
Tempus	4. Du hast deinen Text in der richtigen Zeitform (Präteritum) formuliert.			
Wagnis	5. Du hast deinen Text besonders verständlich/anschaulich/übersichtlich gestaltet.			
Inhalt Gesamtidee	6. Du hast eine passende Überschrift (Versuchsbericht) gewählt.			
Umfang/Vollständigkeit	7. Du hast alle wichtigen Versuchsschritte dargestellt.			
Richtigkeit	8. Du hast alle Schritte richtig dargestellt.			
	9. Du hast alle erforderlichen Rahmenangaben (Datum, Verfasser, Leser) gemacht.			
Aufbau Textmuster	10. Du hast deinen Text in der richtigen Textform (Bericht) geschrieben.			
Textaufbau	11. Du hast den Versuch in einer sinnvollen Reihenfolge dargestellt.			
Überarbeitung	12. Du hast deinen Text erkennbar überarbeitet.			

Kriterienkatalog „Bericht"

7.4 Bewerten kreativer Leistungen

Kreatives Schreiben hat inzwischen in sinnvoller Verbindung mit anderen
Schreibkonzepten (vgl. Kap. 3) einen festen Standort in der Schreibdidaktik
und den Lehrplänen aller Schulstufen und –formen (vgl. Spinner 2001).
Was zunächst nur in außerunterrichtlichen Aktivitäten oder als Ergänzung
zum traditionellen Lehrplan praktiziert wurde, ist nun ein integrativer Bestandteil des Deutschcurriculums. Und das nicht zuletzt, um die Dominanz
des Kognitiven und Analytischen auszugleichen. Haas fordert ein verändertes pädagogisches Bewusstsein, das die kognitiv weniger begabten

Schüler nicht mehr als schwache, sondern als „anders Lernende" versteht und „sinnhaft-praktische Denk- und Äußerungsformen" als gleichbe-
rechtigt neben kognitiven Leistungen betrachtet (Haas 1996, 20 f.). Kein
Schülertext, keine Schreibweise soll aus dem Bewerten ausgenommen werden. Was in der Schule *gelernt* und *gelehrt* werden kann, muss auch be-
wertbar sein. Würde das kreative Schreiben aus den Bewertungsverfahren
herausgenommen, würde es bald seine gleichwertige Stellung mit anderen
Konzepten im Deutschunterricht verlieren. Es würde in eine *didaktische
Kuschelecke* oder in *unverbindliche Freiräume* abgedrängt und wäre län-
gerfristig nur noch ein Repertoire, um z. B. Vertretungsstunden mühelos zu
bewältigen.

Bei der Beurteilung kreativer und produktiver Schreibaufgaben in der
Schule ergeben sich allerdings eine Reihe von Problemen. Beim kreativen
Schreiben ist Vergleichbarkeit (ein Gütekriterium für alle Prüfungsleistun-
gen – vgl. Kap. 11) nicht ohne Weiteres möglich. Es gibt kein für alle ver-
bindliches Maß mehr. „Die Bewertungskategorie ‚Thema verfehlt' etwa
greift hier nicht mehr, wohl aber Aspekte wie ‚Originalität' oder ‚Fülle' oder
‚personale Eigenart' oder ‚kommunikative Eindrücklichkeit' oder ‚Variabi-
lität' oder ‚Assoziationsbreite' usw." (Haas 1999, 17 f.). Häufig kommt noch
eine subjektive Sicht auf die Welt im kreativen Schülertext zum Ausdruck.
Und dies ist auch gewünscht! Schüler, Mitschüler und Lehrer werden diesen Aspekt ungern einer qualifizierenden Bewertung unterwerfen. All dies
sind aber keine hinreichenden Gründe, auf kreative Texte keine *Rückmeldung* zu geben (Payrhuber 1998, 43 f.). Schüler fordern diese beim kreativen Schreiben geradezu ein: Der meist lustvolle Schreibprozess und das gelungene Schreibprodukt wollen von der Lerngemeinschaft, also Schüler
und Lehrer, gewürdigt werden. „Aber auch unter der Nötigung zur Benotung lassen sich in solchen Fällen Wege finden, das Spezifische und Originelle und letztlich nicht Vergleichbare dieser Texte zu würdigen" (Haas
1999, 18).

Anders als im „normalen" Unterricht müssen einige Voraussetzungen
zur Bewertung kreativer Schreibaufgaben erfüllt sein. Kreatives Schreiben
sollte nur bewertet und benotet werden, wenn im Unterricht kontinuierlich
mit kreativen Schreibverfahren und Schreibversuchen gearbeitet wird. Einige Didaktiker plädieren dafür, die Bewertung herauszunehmen, solange
das kreative Schreiben für die Schüler neu ist (vgl. Fritzsche 1994). Dies betrifft vor allen Dingen die beiden ersten Grundschuljahre. Es sei denn, die
Klasse ist außerordentlich schreibbegeistert, offen und gut angeleitet. Im
Portfolio (vgl. Kap. 12) stellen wir eine solche Klasse vor. Die Bewertung
wird in deutlicher Abgrenzung zur Benotung gesehen, die so selten wie
möglich vorgenommen werden sollte, um den Zielen des kreativen Schrei-

bens, z. B. die Freude am Experimentieren mit Sprache, nicht entgegenzu-arbeiten.

Vom Lehrer wird eine besondere pädagogische Sensibilität gefordert, da durch Angst vor Benotung Schreibblockaden hervorgerufen werden können. Spinner (1980, 74) empfiehlt folgendes Vorgehen: „Der Lehrer korrigiert nicht einfach nur formal das Geschriebene, sondern reagiert mündlich und schrift-lich auf den Inhalt des Aufsatzes, indem er einen weiterführenden Gedanken äußert, eine Frage stellt, sein Interesse für eine bestimmte Aufgabe kundgibt, einen Einwand erhebt; statt nur Zensor zu sein und mit dem Rotstift zu ope-rieren, tritt er so in eine tatsächliche Kommunikation mit dem Schüler."

In Kapitel 8 beschreiben wir ausführlich diese Art des dialogischen Be-wertens. In der Praxis des kreativen Schreibens muss der Lehrer also auf seine herkömmliche Rolle verzichten: Er regt an, initiiert und organisiert kreative Lernprozesse; er begleitet und berät die Entwicklung prozessge-richteter Reflexions- und Überarbeitungshilfen (vgl. Brenner 1990, 154 f.). Er bietet im Sinne einer prozessorientierten Schreibdidaktik seine Hilfe während des Schreibens an, sodass der Schüler mit seinem Suchen und Ausprobieren stärker in den Vordergrund tritt. Nicht das fertige Produkt, sondern der Weg zum Produkt wird als Kriterium zugrunde gelegt (vgl. Portfolio-Arbeit in Kap. 12).

Es ist sinnvoll, dieses *fördernde Beurteilen* in den Lernprozess einzu-bauen, sodass es dem Schüler nach und nach zur Selbstkontrolle dient. Da-bei geht es vor allem bei Grundschülern um die Verbesserung der kreativen Schreibkompetenz, und die Bewertung des Produkts spielt nur eine unter-geordnete Rolle (Ossner 1995).

Die jahrelange kontroverse Diskussion der Fachdidaktiker zur Bewer-tung kreativer Leistungen hat sich zugunsten der Befürworter entschieden. Ihnen allen ist gemeinsam, dass sie einerseits schülerorientierte Bewer-tungskonzepte entwerfen und andererseits Kriterien und Kriterienkataloge auch für die Bewertung des kreativen Schreibens für unentbehrlich halten. Besonders Müller-Michaels (1993) und darauf aufbauend Schurf (1995) ge-bührt das Verdienst, erstmalig differenzierte und in sich schlüssige Krite-rienkataloge zur Bewertung kreativer Leistungen entwickelt zu haben.

Ihre Kriterienkataloge sind für die Sekundarstufe I und II gedacht. Sie be-ziehen ihre Anwendung auf Schülertexte, die im Anschluss an eine (literari-sche) Textvorlage entstanden sind. Ihrer Meinung nach ließen sich nur solche *produktiven Schülerarbeiten* benoten. Wenn es um freiere, mehr kreativ-assoziative Themen und Verfahren geht, können nicht alle Kriterien des Katalogs berücksichtigt werden; so z. B. das Kriterium der Adäquanz, da sich kein eindeutiger Bezug zu einer Textvorlage herstellen lässt. Einige ihrer grundsätzlichen Erwägungen sollten aber auch bei den Bewertungs-

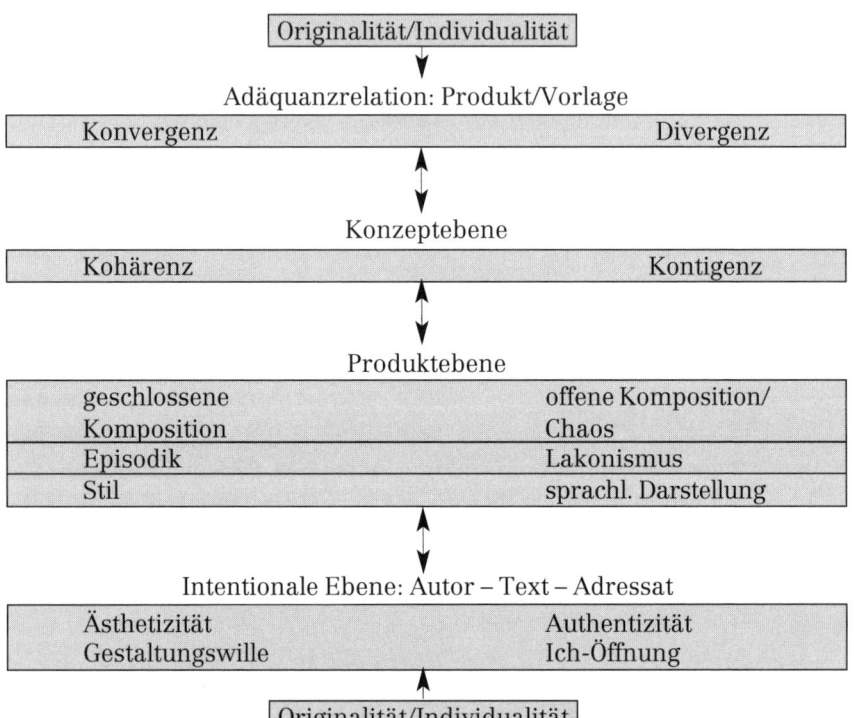

Kriterienkatalog zur Bewertung produktiver Schülerarbeiten (Schurf 1995, 341)

konzepten für die Grundschule beachtet werden. Schurf fordert: „Wenn die Prämisse ‚Geprüft werden darf nur, was auch gelehrt worden ist' bei der Bewertung produktionsorientierter Leistungen Geltung beanspruchen darf, so müssen kreativitätsbezogene Schreibanforderungen klar definiert werden" (Schurf 1995, 340). Eine Schwerpunktsetzung innerhalb des Kriterienkatalogs erfolgt nach den Zielen des Unterrichts. Beide Autoren betonen jedoch auch die Wichtigkeit der beratenden Funktion der Bewertung im Kontext der individuellen Schreibförderung. Eine intensive, respektvolle und unter Umständen zeitaufwändige Auseinandersetzung mit den Schülertexten ist die Grundlage der Bewertung, auch aufgrund des offenen Charakters der einzelnen Kriterien. So sind diese sowohl ergebnis- als auch prozessorientiert, indem sie z. B. die Planungsebene („Konzeptebene") oder den Gestaltungswillen („Intentionale Ebene") betonen. Die beiden von Schurf genannten Kriterien *Originalität/Individualität* umfassen wie eine Klammer den gesamten Kriterienkatalog. Der kreative Einfall und die persönliche originale/einmalige Aussage sollten zwar bei allen Kriterien berücksichtigt, aber im Hinblick auf die Gesamtleistung besonders hervorgehoben werden. Der Bereich der *Originalität* hängt stark von den Persönlichkeitsmerkmalen des Schülers ab und bedarf deswegen in der Bewertung einer erhöhten Sensibilität.

Von dieser oben aufgeführten Diskussion, aber auch von einigen für die Grundschule entwickelten Ansätzen ausgehend, halten wir für die Grundschule drei Bewertungskonzepte für relevant und praktikabel. Alle drei beziehen sich nach didaktischen und unterrichtspraktischen Schwerpunkten auf offene, freiere kreativ-assoziative Schreibaufgaben wie auch auf geschlossene, d. h. im Anschluss an eine (literarische) Textvorlage oder nach formal kreativen Regeln produzierte Schülertexte. Das sind

1. *lernerorientierte Bewertungsverfahren*
2. *schreibprozessorientierte Bewertungsverfahren*
3. *kriterienkatalogorientierte Bewertungsverfahren*

(1) Das **lernerorientierte Bewertungsverfahren** ist sehr beeinflusst durch die Modelle von Dehn (1991 und 1996), Liebnau (1995) und Lange (1999). Bei der folgenden Darstellung beziehen wir ihre Überlegungen mit ein und verweisen auf das Kapitel 8. Lernerorientierte Verfahren beziehen sich auf einen kreativen Schreibunterricht, dessen wichtigstes Ziel die Herausbildung und Förderung des persönlichen, einmaligen Schreibstils des Schülers ist. Daraus wird die Forderung abgeleitet, Schülertexte lernersensitiv (Dehn 1996) zu lesen, d. h., Schülertexte als Leser zu rezipieren, sie also wie literarische oder andere Texte zu lesen. Eigen ist diesem Ansatz auch, dass er sich nicht von vorher festgelegten Kriterien leiten lässt, sondern diese erst während des Lesens entwickelt. Dies bezieht sich nicht nur auf den *lesenden Lehrer*, sondern ebenso auf die *lesenden Mitschüler*. Für Dehn gibt der Schülertext selbst die Kriterien vor, „dem Stil des Kindes, wie er den Text vom ersten Wort an generiert, verstehend zu folgen und aus ihm die Orientierung zu gewinnen" (Dehn 1991, 49). Es gilt also, das Einmalige, Individuelle, Originelle und Besondere des Schülertextes zu ergründen. Dieser Bewertungsprozess vollzieht sich am fruchtbarsten in der Lernergemeinschaft, z. B. im Schreibwerkstattgespräch (vgl. Böttcher 1999), im gemeinsamen Vorlesen, Hinhören und Vergleichen mit den individuellen Textprodukten der anderen Schüler. Schüler und Lehrer erarbeiten so allmählich Kriterien aus dem eigenen Schreiben, den eigenen Texten. Solche Art Bewertung greift im Wesentlichen bei offenen bzw. freien Schreibaufgaben, wie sie im Freien Schreiben, aber auch bei vielfältigen Anleitungen zum kreativen Schreiben – so bei lyrischen Texten – vorkommen. Bei diesen Texten gilt es nicht, eventuelle Normverstöße in einem als von vorn-

herein fehlerhaft angenommenen Text aufzuspüren. Die Bewertung gleicht
mehr einer Rückmeldung, hat Beratungscharakter und fördert die Schüler
in ihrer Schreibentwicklung.

Bei schreibgeübteren, älteren Grundschülern können auch in offenen
Schreibaufgaben mit den Schülern gemeinsam offene Kriterienkataloge
bzw. Schreibanleitungen (z. B. Schneeball, vgl. Kap. 7.1) erarbeitet werden.
Die Akzeptanz und Transparenz der Kriterien wird so erheblich erleichtert.
Liebnau schlägt zur Entwicklung solch offener Kriterien einen induktiven
Weg, „von gelungenen Schüler-Texten oder auch literarischen Beispielen"
(Liebnau 1995, 134 und Kap. 10.4) ausgehend, vor. Leitfragen könnten
sein: „Was hat dir gefallen? Wie kannst du dein Urteil erklären?" (ebd.,
134). Erstes, übergeordnetes Kriterium ist die Wirkung des Textes auf die
Leser. Das betrifft Freude oder Langeweile beim Lesen und andere mögliche Effekte, die der Text beim Leser erzielen kann. Neben der Adressaten-
orientiertheit wird auf die thematische bzw. inhaltliche Schwerpunktsetzung geachtet, z. B. „Ist der Gegenstand erzählwürdig oder nicht?". Ein
Gesichtspunkt deckt die Gestaltung des Textes ab: Geht der Schüler ein
sprachliches Wagnis ein (vgl. Basiskataloge in Kap. 6.3, 7.1), gebraucht er
kreative Stilmittel wie Wortkombinationen, Neuschöpfungen usw.?

Texte, die aus offenen Aufgabenstellungen resultieren, sollten gar nicht
oder nur in seltenen Fällen oder in besonderen Bewertungsverfahren (vgl.
Kap. 12) zur Benotung herangezogen werden. Schülertexte, die nach eher
geschlossenen Aufgabenstellungen, die „verbindliche inhaltliche und/oder
formale Anregungen bzw. Forderungen" (Liebnau 1995, 133) vorgeben,
entstanden sind, werden auch an diesen Forderungen gemessen. Mögliche
Anhaltspunkte sind solche wie: Wirkung der Textüberschrift, das Einhalten
der Textartkriterien bzw. das Einhalten der Vorgaben und Regeln der kreativen Methoden (vgl. Kap. 3.3 und 7.1; Böttcher 1999, 21–32); Perspektive und Adressatenbezug bei Schülern ab der 3. oder 4. Klasse der Grundschule. Wesentlich ist die Frage, wie der vorgegebene Rahmen ausgefüllt
worden ist, ob eher einfach/reproduktiv oder selbstständig, originell und
produktiv. Unter dem Begriff „qualitätsmindernde Faktoren" fasst Liebnau
(ebd., 133) hauptsächlich Normabweichungen, denen keine Funktion zu-
gesprochen werden kann, und gedankliche Fehler. Fehler im Bereich der
Rechtschreibung und Zeichensetzung werden im kreativen Schreibunterricht der Grundschule zunächst gar nicht, dann allmählich zunehmend,
aber insgesamt mit geringerem Gewicht in der Bewertung berücksichtigt.
Andernfalls könnte eine Schreibblockade aus Angst vor Fehlern bei den
Schülern ausgelöst werden.

(2) Das **schreibprozessorientierte Bewertungsverfahren** scheint uns sehr zur Bewertung des kreativen Schreibens geeignet. Versteht sich das kreative Schreiben doch als in besonderem Maße prozessorientiert: Der Schreiber soll mit den kreativen Verfahren in den Schreibprozess „hineingelockt" werden und seine Ideen weniger bewusst planend als aus dem Schreibprozess heraus assoziativ entwickeln. Der Weg führt über das Versprachlichen des Unbewussten, z. B. beim automatischen Schreiben, dem Verdeutlichen der inneren Sprache bis hin zum Verfertigen der Gedanken beim Schreiben (Böttcher 1999, 12). Andererseits lassen sich viele kreative Methoden wie die zur Planung (Cluster, Wörterbörse usw.) oder zur Weiterarbeit (vgl. Kap. 10.2) im Sinne eines kreativen Überarbeitens den einzelnen Schreibphasen zuordnen.

In Anlehnung an Fahnenstich (1999) entwerfen wir ein für die kreative Unterrichtspraxis brauchbares Instrumentarium, das sich bei der Bewertung an den Teilprozessen des Schreibprozesses orientiert. Betonen möchten wir aber noch einmal eindringlich, dass sich diese Teilprozesse zwar gegenseitig bedingen, aber nicht in einer Art Rangfolge ablaufen oder gar aufeinander aufbauen. Wie in den theoretischen Grundlagen dargestellt, verlaufen die Phasen des Schreibprozesses nicht linear, sondern rekursiv und interaktiv. Die Bewertung zielt also darauf ab zu erfassen, in welchem Maß die Teilkompetenzen des Schreibens ausgeprägt sind. Die Teilprozesse der Textproduktion werden für das Erstellen von Bewertungskriterien fruchtbar gemacht, da sich dies logisch aus einem prozessorientierten kreativen und offenen Schreibunterricht ergibt. „Man muss seinen Blick für die Teilaspekte des Schreibens sensibilisieren, um Kinder in ihrer Schreibhaltung/ihrem Schreibverhalten zu beobachten" (Fahnenstich 1999, 20) und zu bewerten. Fahnenstich hat so ein Beobachtungs- *und* Bewertungsinstrumentarium entwickelt. Es besteht jeweils aus einer Leitfrage zu dem jeweiligen Teilaspekt und in der Differenzierung dieser Leitfrage aus mehreren Beobachtungsaufgaben, die der „Unterstützung, Würdigung und Bewertung" (ebd. 22) dienen. Wir fassen diesen Katalog (ebd., 22 f.) zusammen in Bezug auf die für das kreative Schreiben relevanten Aspekte, erweitert um die von Schurf und Liebnau (s. o.) für den Gesamteindruck besonders relevanten Kriterien der Originalität und Individualität.

Beobachtungs- und Bewertungsaspekte zum kreativen Schreibprozess

Beobach-tungsleit-frage	Mögliche Beobachtungsaufgaben für die Unterstützung, Würdigung und Bewertung
	1. Motivation
Inwieweit ist der Schüler zum kreativen Schreiben motiviert?	● Schreibt der Schüler von sich aus gerne und oft? ● Findet der Schüler von sich aus besondere (fantasievolle, witzige usw.) Schreibanlässe? ● Greift der Schüler freudig einen angebotenen kreativen Schreibanlass auf? ● Trägt der Schüler im Unterricht dazu bei, einen kreativen Schreibanlass gemeinsam zu entwickeln, weiter auszubauen usw.? ● Trägt die Schreibbegeisterung über die Anfangsphase hinaus? ● Ist der Schüler bereit, über einen längeren Zeitraum an seinem Text zu arbeiten? ● Bevorzugt der Schüler besondere kreative Textformen (z. B. erzählende Texte, assoziative Texte, lyrische Texte, Weiterschreiben an literarischen Texten)? ● Ist der Schüler fähig, seinen Text als Textentwurf zu sehen und an ihm weiterzuarbeiten bzw. ihn zu überarbeiten?
	2. Ideenfindung
Wie leicht fällt es dem Schüler, seine (kreative = ungewöhnliche) Textidee zu finden?	● Findet der Schüler selbstständig bei offenen und kreativen Schreibanlässen ungewöhnliche Ideen für seinen Text? ● Braucht der Schüler Hilfestellung (Reizwörter, Bilder, Gegenstände), um seine kreative Idee auszubauen? ● Lässt sich der Schüler offen auf Schreibstimuli (Musik, Fantasiereise usw.) ein? ● Hat der Schüler so viele Ideen, dass er auch Mitschülern damit helfen kann? ● Braucht der Schüler die Anregungen von anderen, um seine Ideen zu finden? ● Nutzt der Schüler selbstständig kreative Techniken, z. B. Cluster, Assoziatives Schreiben, Wörterbörse, um Ideen zu finden, zu sammeln, zu strukturieren?

3. Bilden einer Zielvorstellung

Inwieweit kann der Schüler eine Zielvorstellung für seinen Text entwickeln?

- Schreibt der Schüler eher „aus dem Bauch", assoziativ oder planend?
- Überlegt der Schüler, welche Textart seiner Zielvorstellung am nächsten kommt (z. B. Gedicht oder Prosatext)?
- Beachtet der Schüler beim Schreiben vorwiegend thematisch-inhaltliche Aspekte?
- Wählt er bei formalen Vorgaben/Regeln (z. B. Elfchen) selbstständig Themen/Inhalte aus?

Inwieweit verfolgt das Kind beim Schreiben bewusst eine bestimmte Intention?

- Sucht der Schüler nach originellen, eigenen Stilmitteln, um seine Intention auszudrücken (zusammengesetzte Wörter; ungewöhnliche Namen, Bezeichnungen für Orte)?
- Macht er sich Stichwörter (z. B. ein Cluster) oder malt seine Ideen, um sie dann sprachlich umzusetzen oder zu ergänzen? Setzt er also andere Medien ein?
- Hat der Schüler bestimmte Leser in seiner Vorstellung? Was will er mit seinem Text beim Leser bewirken (spannend, lustig usw.)?
- Hält sich der Schüler an die Anleitungen der kreativen Methoden oder kann er sie sinnvoll im Sinne seines Schreibstils verändern?

4. Umsetzen der Idee in Schriftsprache/Formulieren

Inwieweit kann der Schüler seine Idee/Zielvorstellung sprachlich ausformulieren?

- Ist der Text verständlich, in sich schlüssig und ohne Gedankensprünge?
- Helfen dem Schüler die kreativen Methoden zum Schreibbeginn oder braucht er weitere Hilfen?
- Hat der Text einen der Idee entsprechenden, originellen, eigenwilligen Aufbau (z. B. ein offenes Ende, Variation der Reihenfolge von Einleitung – Mittelteil – Schluss)?
- Wagt der Schüler neue, außergewöhnliche oder dem speziellen Thema angepasste sprachliche Mittel zu verwenden?
- Wagt er unerwartete Handlungsschritte, um z. B. in einer Gruselgeschichte außergewöhnliche Dinge passieren zu lassen?
- Benutzt der Schüler bewusst Stilmittel, um seinen eigenen Schreibstil zu verdeutlichen (z. B. positive Wiederholungen, Alliteration usw.)?
- Ist die gewählte Überschrift passend, originell, macht sie neugierig?

	5. Weiterarbeit und überarbeitende Tätigkeiten
Inwieweit ist der Schüler bereit und fähig, seinen Text zu überarbeiten?	● Überarbeitet der Schüler seinen Text während des Schreibens (stellt einzelne Wörter, Sätze um; ersetzt, ergänzt, streicht Wörter usw.)?
	● Bearbeitet der Schüler nach der ersten Fertigstellung seinen Text noch einmal?
	● Benutzt er kreative Verfahren zur Weiterarbeit am Text?
	● Schreibt er lieber den gesamten Text neu, auch mit neuen Ideen?
	● Kann der Schüler Textvorlagen, einschließlich seiner „älteren Texte", neu bearbeiten, weiterschreiben?
	● Hat der Schüler so viel Distanz zu seinem Text, dass er die Wirkung auf die Zuhörer einschätzen kann?
	● Kann er das Besondere seines Textes beim Vorlesen zum Ausdruck bringen?
	● Überarbeitet der Schüler die Texte von Mitschülern und zeigt so seine Überarbeitungskompetenz?
	● Beteiligt sich der Schüler bei Überarbeitungen von Texten in kooperativen Formen (wie z. B. Schreibkonferenzen/ Über-den-Rand-hinaus-schreiben/Textlupe)?
	● Kann der Schüler auch in kreativen Texten konstruktive Gestaltungsvorschläge machen?

Die Bewertung fußt demnach also nicht mehr nur auf dem fertigen Text, sondern verstärkt auf dem Schreibprozess in seinen Teilprozessen. Den einzelnen Teilkompetenzen können in der Bewertung unterschiedliche Prioritäten eingeräumt werden. Diese richtet sich nach der Lernsituation, dem Lernentwicklungsstand des Schülers und der Schreibaufgabe. Das gilt sowohl für das allgemeine als auch für das kreative Schreiben. Gerade beim kreativen Schreiben sollten die ersten beiden Schuljahre darauf ausgerichtet sein, die Schreibmotivation zu stärken, den Spaß am Schreiben zu erhalten und Schreibhemmungen jeglicher Art gar nicht erst aufkommen zu lassen. *Viel schreiben* und *Schreiblust* sind die entscheidenden Stichworte! Im dritten und vierten Schuljahr soll der eigene, individuelle Schreibstil gefördert, der kreative Prozess der Ideenfindung und Textformulierung weiter ausgearbeitet und die Bereitschaft und Fähigkeit zur Textüberarbeitung allmählich aufgebaut werden. Die Lehrperson ist „in den Schreibprozess der Kinder als eine Art Lektor [...] integriert" (Fahnenstich 1999, 24). Zudem haben die Schüler auch ein Mitspracherecht bei der Auswahl der Texte, die zur Benotung herangezogen werden sollen (vgl. Kap. 12).

(3) Das kriterienkatalogorientierte Bewertungsverfahren
In den Kapiteln 6 und 7.1 bis 7.3 haben wir das kriterienorientierte Verfahren ausführlich dargestellt und den didaktischen Einsatz von Kriterienkatalogen besprochen. Der Einsatz von Kriterienkatalogen eignet sich beim
kreativen Schreiben in der Grundschule vor allem beim *fördernden Beurteilen*, das in möglichst wenig Fällen mit einem *prüfenden Bewerten* und einer Ziffernnote abschließt. Die Kriterienkataloge sollten sich auf geschlossene kreative Schreibaufgaben beziehen, die auf zwei der sechs
Methodengruppen zum kreativen Schreiben basieren: „Schreiben nach
Vorgaben, Regeln und Mustern" und „Schreiben zu und nach (literarischen)
Texten" (vgl. Böttcher 1999, 20, und Kap. 3.3). Die Anwendung auf Texte
aus beiden Methodengruppen, nämlich am Beispiel eines erzählenden und
eines lyrischen Textes, finden Sie in Kapitel 7.1.
   Bei der Beurteilung und Benotung von kreativen Texten (s. Beispiel oben)
muss der Lehrer in jedem Fall nach den vorher festgelegten und transparenten Kriterien vorgehen; Kriterien für Produkt und Prozess haben wir in
den Katalog mit eingearbeitet. Auf jeden Fall sollte die recht aussageschwache Ziffernnote durch einen Lehrerkommentar (schriftlich und eventuell mündlich) ergänzt werden.

7.5 Übersicht über die behandelten Textarten

Wir geben im Folgenden eine knappe tabellarische Übersicht über die wichtigsten Merkmale der behandelten Textarten. Als Kategorien dienen dabei:
- Thema/Gegenstand: gibt Auskunft über die typischen Themen und
  Gegenstände der jeweiligen Textart.
- Funktion: benennt den typischen Zweck, der mit der Textart verfolgt
  wird. Das schließt nicht aus, dass einzelne Texte auch für andere Zwecke
  eingesetzt werden können.
- Kommunikativer Rahmen: bezeichnet die typische Konstellation, in der
  sich Schreiber und Leser befinden.
- Aufbau/Struktur: gibt Hinweise auf die typischen Elemente und ihre Reihenfolge.
- Tempus: macht Angaben zum üblichen Tempusgebrauch.

	Thema	Funktion	kommuni-kativer Rahmen	Aufbau/Struktur	Tempus
Anleitung	Tätigkeit	instruieren	praktische Handlung	entsprechend der Tätigkeitslogik	Präsens, Infinitiv, Imperativ
Brief	Anliegen	veranlassen	persönliche Beziehung	hängt von der gewählten Textart ab	(s. Feld links)
Beschreibung	Oberfläche eines Objekts	orientieren	übergeordneter Kontext, Vorstellungsraum	Orientierung an der Oberflächenstruktur	Präsens
Bericht	vergangenes Geschehnis	entscheidungsbezogen informieren	Schreiber als (Augen-) Zeuge, übergeordneter Kontext	chronologisch, funktionsgerecht gewichtet	Präteritum
Erzählung	erzählwürdiges, ungewöhnliches Ereignis	unterhalten, Erlebtes verarbeiten, Originelles ausdenken	Gegenwelt zum Alltag, sich gegenseitig unterhalten	Orientierung – Ereigniskette – Auflösung (Chronologie bzw. ihre Variation)	Präteritum, szenisches Präsens (anfangs auch Perfekt)
Lyrik	alles subjektiv Empfundene, Wahrgenommene und Erlebte	Subjektives ausdrücken, sich befreien	literarische Geselligkeit, literarische Rezeption	formgebunden oder frei	offen

Übersicht Textarten

7.6 Exkurs: Eine Bildergeschichte „erzählen"

Bildergeschichten erfreuen sich in der Grundschule – und auch darüber hinaus – großer Beliebtheit. Kaum ein Sprachbuch oder eine Handreichung kommen ohne „Vater und Sohn"-Geschichten aus. Bildergeschichten gelten seit über 40 Jahren als ein probates Mittel, um mündliches und schriftliches

Erzählen einzuüben. Am Sinn dieses Verfahrens sind allerdings erhebliche Zweifel angebracht, folgt man der Analyse von Bredel (2001).

Eine Geschichte erzählen können heißt, ein Ereignis mit einer unerwarteten Wendung so darzustellen, dass sich der Leser (oder Zuhörer) in die erzählte Welt hineinversetzen kann. Schreiber und Leser agieren dann nicht mehr im Hier und Jetzt des gemeinsamen Wahrnehmungsraums, sondern in der verschobenen Situation einer erzählten Welt. *Gestern* und *heute, da* und *dort* erhalten hier ihre eigene Bedeutung. Diese Versetzung in die Erzählwelt erfolgt nicht auf irgendeine abstrakte Art und Weise, sondern mittels benennbarer sprachlicher Mittel. Hierzu zählen vor allem der Gebrauch des Präteritums und der zeigenden Ausdrücke (*da, hier, heute*).

Für das Deutsche werden im Allgemeinen sechs Tempusformen angenommen: das Perfekt, das Präteritum und das Plusquamperfekt, das Präsens sowie das Futur I und II. Ordnet man diese Formen auf einem Zeitstrahl an, ergibt sich folgendes Bild (Bredel 2001, 7):

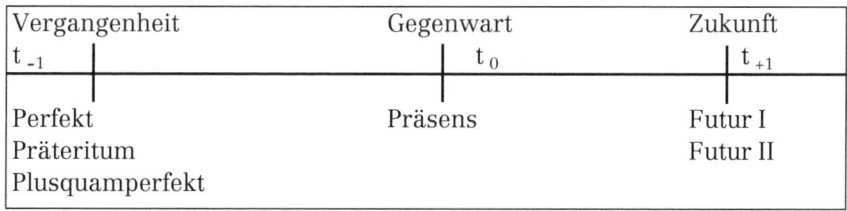

Vergangenheit	Gegenwart	Zukunft
t $_{-1}$	t $_0$	t $_{+1}$
Perfekt	Präsens	Futur I
Präteritum		Futur II
Plusquamperfekt		

Tempusformen im Deutschen

Eine solche Sichtweise unterstellt, dass die Tempusformen das Verhältnis von Sprechzeit und Ereigniszeit (= Zeit, zu der das dargestellte Ereignis stattfindet) ausdrücken. In diesem Fall könnten aber die Unterschiede der verschiedenen Vergangenheits- und Zukunftsformen nicht erklärt werden. Es ist daher erforderlich, einen weiteren Faktor einzubeziehen: die Betrachtzeit, also die Zeit, zu der das dargestellte Ereignis betrachtet wird.

(a) Peter: „Als ich gestern aus dem Fenster schaute, sah ich, dass es geregnet hatte."

(b) Peter: „Als ich gestern aus dem Fenster schaute, sah ich, dass es regnete."

(c) Peter: „Wenn ich jetzt aus dem Fenster schaue, sehe ich, dass es geregnet hat."

Im Beispiel (a) liegt die Betrachtzeit, zu der Peter aus dem Fenster schaut, vor der Sprechzeit; er sah keinen Regen mehr, sondern lediglich nasse Straßen; das Ereignis „Regen" liegt vor der Betrachtzeit. In Beispiel (b) liegt der Zeitpunkt, zu dem Peter aus dem Fenster schaut, ebenfalls vor der Sprechzeit, aber während Peter aus dem Fenster schaut, regnet es. Betrachtzeit

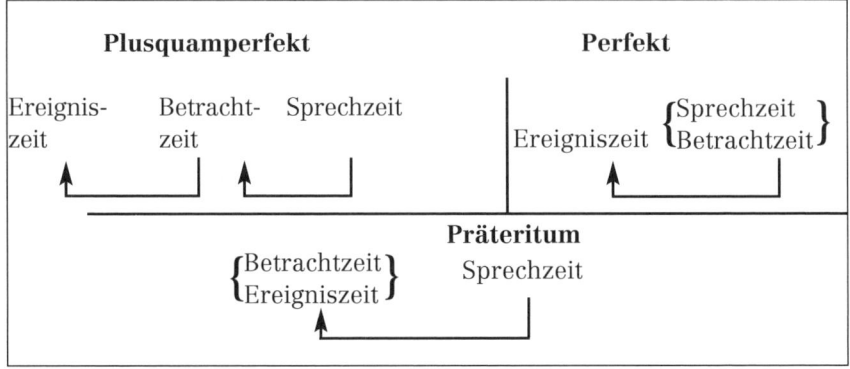

Die unterschiedlichen Verhältnisse der Zeit bei Plusquamperfekt, Perfekt, Präteritum

und Ereigniszeit fallen also zusammen. Und in Beispiel (c) spricht Peter, während er aus dem Fenster blickt; dabei sieht er wie im Beispiel (a) keinen Regen mehr, sondern lediglich nasse Straßen. Grafisch lassen sich die unterschiedlichen Verhältnisse wie oben darstellen.

Die Abbildung macht Folgendes deutlich: Beim Plusquamperfekt liegt die Ereigniszeit vor der Betrachtzeit und diese wiederum vor der Sprechzeit. Beim Perfekt fallen Sprechzeit und Betrachtzeit zusammen und das Ereignis liegt vor beidem. Das ist genau die Situation, die beim Gespräch gegeben ist: Wir bemerken ein zurückliegendes Ereignis und sprechen zugleich darüber. Beim Präteritum fallen dagegen die Betrachtzeit und die Ereigniszeit zusammen und diese liegen gemeinsam vor der Sprechzeit. Das ist genau die Situation, wenn wir gemeinsam die aktuelle Situation des Hier und Jetzt verlassen und die Ereignisse von einem zurückliegenden Punkt aus betrachten.

Bildgeschichte Hunde (Beck/Hofen 1993, 225)

In welcher Situation befindet sich ein Schreiber, der eine Bildergeschichte erzählen sollen? Der erste Schritt besteht aus dem Betrachten der Bilder (siehe Bildgeschichte „Hunde" auf Seite 90). Bildergeschichten sind in ihrer Darstellung auf das Wesentliche beschränkt. Die Figuren und die jeweilige Konstellation sind schematisch und prototypisch skizziert, damit ihre Idee auf einen Blick erfasst werden kann. Dieses schnelle Erfassen macht den besonderen Reiz von Bildergeschichten aus, das sich u. a. in einem flüchtigen Lächeln ausdrückt. Das blitzartige, ganzheitliche Erfassen der Pointe verhindert zugleich die Identifikation mit einer der dargestellten Figuren; Bildergeschichten rezipieren wir als äußere, flüchtige Betrachter.

Der nächste Schritt auf dem Weg zu einer erzählten Bildergeschichte besteht nun darin, die einzelnen Bilder genau zu betrachten. Aus dem flüchtigen Betrachter wird so ein genauer Beobachter. Nicht mehr das Gesamte der Bilderfolge wird in den Blick genommen, sondern das einzelne Bild, ohne dass dadurch der Plot besser verstanden würde. Ganz im Gegenteil: Diese Aufgabe ist so reizvoll wie das Erklären eines Witzes.

Im dritten Schritt schließlich, der eigentlichen Textproduktion, werden die auf den einzelnen Bildern dargestellten Ereignisse nach und nach versprachlicht. Hierbei greifen die Schüler immer wieder auf die Bilder zurück und schreiben auf, was sie gerade wahrnahmen. Die Folge ist eine Aneinanderreihung von Bildbeschreibungen, aber keine Erzählung, wie die beiden folgenden Beispiele zeigen, die zu der Bildgeschichte „Hunde" geschrieben wurden:

Die Hunde	Die drei Hunde
Da sind zwei Hunde.	Die zwei Hunde haben einen
Die wollen einander den Knochen	Knochen gefunden.
(nehmen).	Dort sitzt ein kleiner Hund.
Da kommt der kleine Hund und	Er sieht den Knochen.
holt den Knochen.	Die großen Hunde gehen fort.
Die großen Hunde suchen den	Da ist der kleine Hund hinge
Knochen.	gangen und hat den Knochen
	geholt und ist weggelaufen.
	Da sind die zwei Hunde gekommen
	und haben ihn nicht mehr gefun
	den.
(Dieter, 8 Jahre)	(Karola, 7 Jahre)

Schülertexte Hunde (Beck/Hofen 1993, 226)

Neben der Verwendung der Zeigewörter „da" und „dort", die hier auf die
Bildvorlage verweisen und eben keine zeitliche Aufeinanderfolge markieren, ist vor allem die Tempusverwendung auffällig. Dieter nutzt hier das für
Beschreibungen typische Präsens und teilt so mit, was auf dem Bild zu sehen ist. Karola verwendet zusätzlich das Perfekt: „Die zwei Hunde haben einen Knochen gefunden." Auf diese Weise stellt sie eine Inferenz dar, eine
Schlussfolgerung aus dem Dargestellten. Wenn die Hunde einen Knochen
haben, dann müssen sie ihn zuvor gefunden haben. Das Perfekt zeigt dabei
an, dass Karola die Situation aus dem Hier und Jetzt betrachtet. Eine Versetzung in einen gemeinsamen Vorstellungsraum findet in beiden Fällen
nicht statt; die Szenerie wird nicht aus einem imaginierten Erzählraum betrachtet.

Diese Schreibhaltung ist weniger eine Folge unzulänglicher Erzählfähig-
keit als vielmehr eine Folge der Aufgabenstellung. Denn diese verlangt, dass
der Schreiber die Bilder genau beobachtet, wodurch eine Identifikation, ein
Hineinversetzen in die Situation geradezu verhindert wird. Insofern ist es
konsequent, wenn die Schüler in den entsprechenden Aufgaben ausdrück-
lich angehalten werden, die Bilder genau zu betrachten. Didaktisch mün-
den solche Schreibaufgaben und ihre – aus Lehrersicht – unbefriedigenden
Resultate in Schreibtipps wie: Verwende das Präteritum, gib den Figuren
Namen, finde eine passende Überschrift, benutze die direkte Rede. Solche
Schreibanweisungen widersprechen der Aufgabe immanenter Schreibhaltung: Nicht Imaginieren ist gefragt, sondern Beobachten. Wer schon erzählen kann, dem mag auch in dieser Situation eine Erzählung gelingen, wer es
aber noch nicht kann, der wird es durch Bildergeschichten nicht lernen.

8 Bewertungsverfahren

8.1 Lehrer bewerten, beurteilen, korrigieren

Auf der Grundlage der in Kapitel 6.1 aufgeführten Begriffsdefinitionen
unterscheiden wir zwischen *Aufsatzbewertung* als hermeneutisch-inter-
pretatorischer Seite und *Aufsatzbeurteilung* und -*benotung* als administra-
tiver Seite des Problems. Unter beiden Aspekten ist das Korrekturhandeln
die notwendige, geforderte und in der Institution Schule oftmals als entscheidend verstandene Tätigkeit des Lehrers. Ziel des Korrekturhandelns
muss die kontinuierliche Förderung des Schreiblernprozesses beim Schüler sein, unter Beachtung seiner Lernbedingungen und der Handlungsbe-
dingungen von Lehrern und Schülern in der Institution Schule. Letzteres
hat oft zur Folge, dass die Korrektur für den Lehrer eine ungeliebte Tätig-

keit ist und der Schüler nur um der Note willen schreibt. Außerdem befindet sich der Lehrer in dem ständigen Dilemma zwischen Auslesen und Fördern, zwischen sprachlichem Lehren und Prüfen (vgl. Ivo 1982). Dieser Konflikt lässt sich nicht vollständig lösen. Einige alternative Korrekturkonzepte zeigen aber einen positiven Weg und weisen auf sinnvolle Kompromisse: Baurmann (1996 und 2002) fasst diese alternativen Beurteilungshandlungen des Lehrers unter den Begriff des *fördernden Beurteilens* zusammen. Demgegenüber ist das „bewertend-prüfende Benoten [ist] ein Sonderfall, der durch Reduktionen und Überfrachtungen gekennzeichnet ist. Ziffernnoten sind aus kommunikativer Sicht unangemessen." (Baurmann 2002, 116). In Kap. 11 und 12 wenden wir uns der Problematik des Texte-Benotens noch einmal ausführlich zu.

Förderndes Beurteilen hat das Ziel, aus einem noch nicht gelungenen Text einen gelungenen, besseren zu machen, und ist nach Baurmann der „Kern aller Beurteilungen" (Baurmann 1996, 154): „Im Blick auf den Schreiber ist es der Vorzug dieses Vorgehens, dass beim fördernden Beurteilen keine (vor)schnelle, endgültige Benotung stattfindet, die einen geschriebenen Text abwertet oder gar dessen Urheber verurteilt. Dem Schreiber wird vermittelt, dass er ernst genommen wird und zur weiteren schriftlichen Auseinandersetzung aufgefordert ist. Insgesamt wird auf seine Aktivität und Bereitschaft zum Weiterlernen (Weiterschreiben) gesetzt" (Baurmann 2002, 118).

Schülertexte verstehen – vom Lehrer zum Leser

Mechthild Dehn (1991 und 1996) schlägt eine grundlegend andere Haltung gegenüber Schülertexten, vor allem gegenüber denen von Grundschülern, vor. Sie fordert eine radikale Wendung von der traditionell noch immer im Korrekturhandeln der Lehrer vorhandenen exekutierenden Haltung hin zu einer *natürlichen* Haltung in der Rolle des Lesers. Es geht nicht so sehr um eine Korrektur des Schülertextes, der von vornherein und mit Blick auf rein schulische Stilmerkmale als defizitär und verbesserungswürdig wahrgenommen wird. Vielmehr geht es darum, den Text als solchen, als originär zu respektieren und zu verstehen. Gerade bei Texten, die im kreativen und freien Schreiben entstanden sind, ist eine andere Perspektive auf Schülertexte zu eröffnen und eingefahrene Denk- und Verhaltensmuster der Lehrer müssen aufgeklärt werden (vgl. Dehn 1991, 24). Es geht also um Bewusstmachung von und Reflexion über das Verhältnis des Lehrers zum Schülertext. Um dies zu erreichen, sollten Lehrer miteinander (z. B. im Fachlehrer-Team, in Fachkonferenzen und kollegiumsinterner Fortbildung) ein Experiment durchführen, in dessen Rahmen Lehrer von der Rolle des Korrektors in die des Lesers wechseln. Sie müssten dann ihr Ver-

ständnis von Schülertexten formulieren und so die Texte „wortwörtlich
ernst nehmen – als Leser und Leserin, eben nicht von vornherein aus der
pädagogischen Haltung des Fortgeschrittenen" (Dehn 1991, 40). Verallge-
meinernd lässt sich feststellen, dass im Zuge eines solchen Verstehenspro-
zesses das Textverständnis durch zwei Aspekte determiniert wird. Dies ist
zum einen das „Bewusstsein einer Lesehaltung, die vom Text erzeugt wird"
(ebd. 44) und zum anderen der Nachvollzug der Schreibhaltung, aus der der
Text verfasst worden ist. So werden sowohl ästhetische Kategorien als auch
Textmerkmale, wie Wiederholung, Tempus oder Moduswechsel, in ihrer
Funktionalität und in ihrer Verbindung mit dem Inhalt erkannt. Dadurch
schwenkt die traditionelle, negative Korrekturhaltung gegenüber derartigen Texteigenschaften ins Gegenteil um. Es geht also nicht in erster Linie
um eine Korrektur, sondern um sinnvolles Nachfragen. In den Zuständig-
keitsbereich der Korrektur fallen lediglich orthographische, morphologi-
sche und syntaktische Fehler. Es ist besonders das Bewusstsein von der
durch die oben erwähnten Textmerkmale erzeugten Geschlossenheit der
Schülertexte, das korrigierende Eingriffe verbietet.

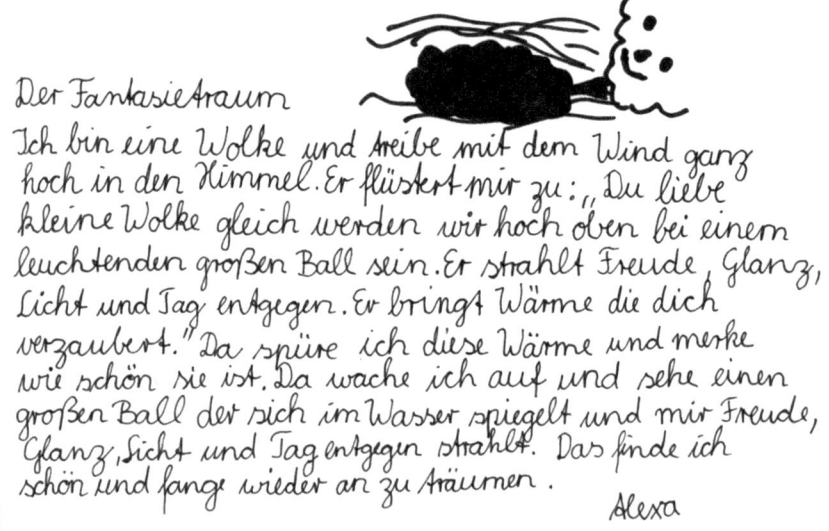

Das Korrekturverhalten hat sich also geändert, ist zu einem lernersensitiven Lesen (Dehn 1996) geworden: Mit dem Ziel, die Schülertexte zu verstehen, ist das Entdecken und Konstruieren von Sinnzusammenhängen notwendig verbunden. Was in der traditionellen Korrektur als fehlerhaft

befunden wird, kann im Zuge des sinnvollen Nachfragens durchaus als berechtigt Anerkennung finden. Maßgeblich für diesen Bewertungsprozess sind der Schülertext und die Richtung, die er vorgibt, und nicht von außen an ihn herangetragene Kriterien inhaltlicher oder sprachlicher Art. Dies erscheint zunächst widersprüchlich zu der von uns vorgestellten Arbeit mit Kriterienkatalogen in Kapitel 7. Tatsächlich ist aber die Forderung und Notwendigkeit, Schülertexte als Texte ernst zu nehmen, die Basis für alle dialogischen, kommunikativen oder mäeutischen Korrekturkonzepte (vgl. unten). Außerdem schließt die hier beschriebene Haltung gegenüber Schülertexten eine Förderung der Schreibkompetenz nicht aus. Sie kann vielmehr individueller und somit effektiver angesetzt werden: „Die Betrachtungsweise, den Schülertext zunächst als LeserIn zu verstehen, hindert nicht, in einem zweiten Schritt als LehrerIn zu bedenken, was das Kind als Nächstes lernen könnte – der Zielvorstellung folgend, das Kind sollte lernen, das in der Schrift auszudrücken, was es meint, und zwar zunehmend differenzierter und komplexer." (Dehn 1991, 49)

Lehrer bewerten im Dialog und als Schreibberater
Ausgehend von der in Hubert Ivos Studie (vgl. Ivo 1982) zum Korrekturhandeln von Lehrern aufgedeckten Kluft zwischen didaktisch-progressivem Selbstanspruch und tatsächlichen Korrekturgewohnheiten schlägt Lange (1999) in seinem Beitrag „Die Laufrichtung ändern" einen neuen Weg der Bewertung von Schülertexten vor. Die veränderten Bewertungsverfahren werden zum einen dem Text und seinem Entstehungsprozess gerecht und nehmen zum anderen den Schüler als schreibendes Individuum ernst. Drei Aspekte stehen hierbei im Vordergrund: (1) das Bewerten als Dialog mit dem Text, (2) das Verständnis des Schülertextes als eines Entwurfs, als eines Zwischenprodukts im Prozess der Textproduktion und (3) die Beratungsfunktion der Bewertung, die einen Dialog mit dem Schüler zur Folge hat.

(1) Bewerten als Dialog mit dem Text
Dieses Verfahren nimmt den von Dehn (1996) geprägten Begriff des *lernersensitiven Lesens* auf. Dieser Ausdruck sollte das Wort *korrigieren* ersetzen, kennzeichnet es doch eine andere Bewertungshaltung gegenüber den Schülertexten. Wie schon Ivo forderte, nimmt der Bewertende nicht eine *exekutive* (Einklage von Normen usw.), sondern eine *mäeutische* (= sokratischer Begriff und meint „ans Licht bringen", was vom Schüler gemeint war) Haltung ein. Bewertungshandeln ist dann eine interpretatorische, d. h. verstehende Arbeit im dialogischen Konzept (vgl. Ivo 1982). Der bewertende Lehrer lässt sich von solchen Fragen leiten wie „Was glaube ich

verstanden zu haben? Was beeindruckt mich? Was erscheint mir ‚fraglich'
bzw. womit habe ich Schwierigkeiten beim Lesen/Hören?" (Lange 1999,
60). Der Schülertext braucht den kooperativen, zum Dialog bereiten Leser,
der bis auf Weiteres unterstellt, dass der Schreiber etwas mitzuteilen hat.
Dies ist eine zutiefst pädagogische und didaktische Grundhaltung. Sie
schaut zuerst auf das Vorhandene und richtet nicht zuerst den Blick auf
Fehler und Mängel. Allerdings hat solcher Leser umgekehrt das Recht, einen Text zu kritisieren, der diese Kooperationsbereitschaft enttäuscht (vgl.
Kap. 6.2).

Sichtbar wird diese Art der Auseinandersetzung mit dem Schülertext anhand der Methode, die Lange „deine Seite – meine Seite" nennt (Lange
1999, 60). Bei allen Texten, die geschrieben werden, bleibt jeweils die dem
Schülertext gegenüberliegende Seite für Randkommentare des Lehrers frei.
So wird der Eingriff in den Schülertext vermieden (vgl. das Beispiel einer negativ korrigierten Klassenarbeit weiter unten) und die Achtung vor dem
Schüler als Textschreiber dokumentiert. Die Randkommentare sind die Ergebnisse des kooperativen und dialogischen Leseprozesses.

Die Überprüfung der Einhaltung sprachlicher Normen, wie orthographischer und grammatischer Fehler, wird nur nach vorheriger Ankündigung
vorgenommen. Und dies auch nur dann, wenn das zu Überprüfende auch
vorher im Unterricht erarbeitet und abgesichert ist. Andernfalls regiert der
Rotstift und gerade der am ehesten betroffene schwache Schüler wird ent-
mutigt (vgl. Kap. 7).

Der abschließende Kommentar unter der Schülerarbeit soll ebenfalls alle Zeichen eines Dialogs mit dem Schüler tragen. Ivo (1982) und in Folge viele andere Didaktiker (z. B. Reuschling 1995; Merkelbach 1986, 1993) verstehen den Kommentar als Text des Lehrers, den dieser als Leser in seiner
Antwort auf den Schülertext gibt. Der erwartete Grad der Ausdrücklichkeit
der Antwort des Lehrers richtet sich nach Schüleralter, Lernsituation,
Schreibaufgabe mit vereinbarten Kriterien zur Produktion der jeweiligen
Textart usw. Die folgenden Maximen zur Kommentarerstellung sind in Anlehnung an Ivo von Lehrern in vielen unserer Fortbildungsveranstaltungen
zum Thema formuliert worden:

Maximen zur Herstellung des Kommentars
- Sprich den Schüler persönlich an.
- Beginne möglichst mit einer positiven Anmerkung (jedoch nicht prinzi-
  piell). Ermutige den Schüler.
- Teile dem Schreiber dein Textverständnis mit.
- Teile dem Schreiber mit, was der Text ausgelöst hat.
- Lege dem Schreiber deine Verstehensschwierigkeiten dar.

- Gib deiner Antwort die Form einer subjektiven Aussage.
- Begründe deine Werturteile.
- Dein Kommentar muss je nach Alter des Schülers verständlich sein.
- Gib dem Schreiber Lernangebote/Lernanregungen zur Überarbeitung seines Textes.
- Bewerte den Schreiber in der Breite seiner persönlichen Leistungen.
- Informiere die Eltern über Ziel und Art des Kommentars und der Kriterien.

Wichtig ist, dass der Lehrer im Prozess des Korrigierens oder besser des *lernersensitiven Lesens* allen Auffälligkeiten nachgeht und diese *für sich* begründet und typisiert. Aus diesem Spektrum möglicher Lernthemen wählt er drei bis fünf maximal aus. Zu diesen formuliert er für den Schüler verständlich und motivierend Lernangebote. In einer so verstandenen „Hebammen-Funktion" weist der Lehrer durch gezielte Fragen oder Lernanregungen auf die je spezifischen Auffälligkeiten und Missverständnisse des Textes hin. Der Lehrer integriert sich so als Schreibexperte und eine Art Lektor in den Schreib- und Revisionsprozess der Schüler.

(2) Schülertext als Entwurf
Aus der Sicht des Schreibexperten/Lektors und des Textproduktionsprozesses stellen *alle* Schülertexte (in der Schule entstandene Texte, Haus- und Prüfungsarbeiten) Entwürfe und keine Endprodukte dar. Um den Texten auch im Bewusstsein der Schüler zu ihrer Berechtigung als überarbeitungswürdige Entwürfe zu verhelfen, müssen Aufgabenstellung und Unterricht entsprechend gestaltet sein. Die Schreibaufgabe soll nicht einer punktuellen und abschließenden Leistungsüberprüfung dienen, sondern sie ist in das Unterrichtsgeschehen integriert. Sie führt schon im Unterricht Begonnenes fort und initiiert weitere Unterrichts- bzw. Lernschritte. Schüler müssen ihre Texte über viel längere Zeiträume hinweg bearbeiten können. Dies gilt auch für die Zeit, die während einer Klassenarbeit zur Verfügung steht. So kann ein konstruktiver Kommentar auch als Zwischenschritt nach dem Schreiben verstanden werden, bevor er bewertet und benotet wird (Abraham/Launer 1999). Eine in den Randbemerkungen und dem Kommentar empfohlene Weiterarbeit oder Überarbeitung am Text erscheint somit sinnvoll und einleuchtend.

Jedoch: Wie muss ein Kommentar geschrieben sein, damit er Grundschülern, vor allem jungen Grundschülern, einleuchtet, verständlich ist? Häufig steht der Lehrer vor der kaum lösbaren Aufgabe, einen Kommentar sowohl im Sinne eines prüfenden Beurteilens als auch einer Benotung mehrfach adressieren zu müssen: an das Kind, die Grundschule, die Eltern, die Schulverwaltung usw. (Baurmann 2002, 120).

Das folgende Beispiel (1. Klassenarbeit im 5. Schuljahr, September 2000) einer negativ durchgeführten Korrektur einschließlich Kommentar verdeutlicht einerseits noch einmal die Komplexität der Aufgabe für den Lehrer, aber auch das entmutigende, exekutive Verfahren für den Schüler. Alle bisher von uns diskutierten Vorschläge für das Bewertungsverfahren wenden sich in diesem Beispiel ins Negative und Destruktive:

Klassenarbeit Nr. 1   **25. September 2000**

Lies dir den folgenden Anfang der Geschichte genau durch und schreibe dann deren Fortsetzung. Du musst dem Text auch eine Überschrift geben!

Eine Unheimliche Nacht   ℟

In den letzten Sommerferien war ich eingeladen, einige Tage auf einem alten Schloss zu verbringen. Nach langer Fahrt mündete die Straße in ein enges Tal. In der Ferne auf einem hohen Berg mitten im Wald sah ich das alte, geheimnisvolle Schloss.
Nachdem ich endlich angekommen war, klopfte ich zaghaft an das Tor. – Nach einer Weile hörte ich Hundegebell und leise, schlurfende Schritte. Langsam und knarrend öffnete sich das Tor, und vor mir stand ein alter, kleiner Mann mit zwei furchterregenden Hunden.
Er führte mich zu dem Grafen, der mich begrüßte und mir anschließend das ganze Schloss zeigte – bis auf eine Tür, die verriegelt war. In der Nacht stand ich leise auf und schlich mich, von Neugier gepackt, zu der geheimnisvollen Tür.

Ich fersuchte ~~die cool~~ sie auf   ℟
zu ziehen, weil ich so neugierig
war, aber es ging nicht. Da
dachte ich an zu Hause, meine
Mutter versteckte den Keller –
Schlüssel immer im Bücherregal.
Da ~~so~~ ging ich zur Bibiluteg und   Wth ℟
suchte dort nach den Schlüssel.   Wth
Als ich ein Buch heraus holte,
öfnete sich eine geheime Tür!   ℟
Ich lief hinein, ~~dort drienen.~~   Wth ℟   Ein Raum?
                                                     Ein Schrank?

RR befanden sich Hamer, Knoplauch,
Kreuze, und ein Spa spitzer
An der Wand, auf dem Boden? R R R Holz Pfal, Am ende des ganges
Wh befand sich ein großer Schlüssel,
ich sagte: „Das musser sein", und
RR rannte hin. Befor ich ihn schrapen
R konnte, fiel ein Gieter über den
Gr Schlüssel und die Tür schließte sich.
R Ich wußte nicht, was ich tuhen
R sollte, da kam mir einsr ieda. Ich
s.o. nahm einen Hamer und schlug
s.o. Wh Wh ein Loch ins Gieter und nahm
R den Schlüssel, An der Tür wahr
RR ein Schlos, ich steckte ihn reihn
Wh R und die Tür öfnete sich.
Mit demselben Schlüssel? Wh Ich rannte zu der geheimnis-
vollen Tür und machte sie auf.
unklar Wh Z Da sah ich erstaunt den Grafen,
R Wh R denn Alten Mann, da erkannt
RR ich, das der Batler des Grafen ein
Woran erkanntest du das? R Wampier und der Graf ein böser
s.o. Zauberer wahr.
Wh Wh s.o. Da sah der Wampier mich und
Wh Wh rannte zu mir, da lief ich sofort

zu dem gehaimen Tür und Gr Dort warst du doch gerade?
& ging hinein. Da wurde er onmechtig Wh R Wer?
da tötete ich ihn mit dem Pfal, Wh s.o. Hattest du den mitgenommen?
da ging ich zum Zauberer und sah Wh Wh
einen Kanister foler explosiefen RRR
Gas, da zog ich einen stender R unklar!
weg, ich rannte aus dem
Schloss raus und explodirde und R Wh Danach explodierst du?
wur fooh, das ich nicht dort drin R
war.

230 | 9,1 %

An vielen Stellen fehlt die Einteilung des Textes in Sätze; bis auf einen kurzen Satz fehlt die wörtliche Rede; an vielen Stellen deiner Geschichte bleiben beim Leser Fragen offen.

ausreichend

Ein Weg aus diesem Dilemma ist, einerseits die Benotung auf das unbedingt Nötige zu reduzieren und andererseits entsprechende Freiräume für Alternativen auch im prüfenden Bewerten zu nutzen (vgl. Kap. 11 und 12).

(3) Schreibberatung
Einen anderer Weg weist die Schreibberatung. Jede Bewertung, zu welchem Ziel auch immer, hat eine *Beratungsfunktion*, die einen Dialog mit dem Schüler zur Folge hat. Der Bewertende versteht sich als *Erstleser*, der entweder schriftlich in den Randkommentaren oder mündlich in einer Art *Textberatung* kommentierend und fördernd den Schreibprozess begleitet. Wichtig unter beiden Aspekten sind positive Spiegelungen; Unstimmigkeiten oder Unklarheiten werden in Form von Nachfragen formuliert. Ein exekutives Aburteilen eines defizitären Schülertextes (vgl. Beispiel oben) wird also vermieden, sodass der Bewertende dem Schüler als Individuum und auch sich selbst gerecht wird. Bei jungen und leistungsschwachen Grundschülern und je nach Lernsituation ist eine mündliche und schriftliche Textberatung angezeigt. Mit den Schülern gemeinsam erarbeitete Kriterienkataloge bieten eine gute Möglichkeit, den Schülern schnell und doch hinreichend differenziert eine Rückmeldung über ihren Text zu geben. Viele der aufgeführten Einzelkriterien lassen sich nach dem ersten Leseeindruck (= globale Gesamtbewertung) problemlos einschätzen; bei anderen reicht ein zusätzlicher Blick in den Text für die Antwort. Und erst in Zweifelsfällen wird eine intensive Lektüre erforderlich, um zu prüfen, wo bestimmte Verstehensprobleme begründet liegen. Diese lassen sich dann im mündlichen Nachfragen beim Schüler bzw. gemeinsam mit ihm lösen.
Zusammen mit konkreten Hinweisen (mündlich und auch schriftlich, z. B. im Randkommentar) für die Überarbeitung oder das Weiterschreiben bilden Kriterienkataloge eine gute Beratungsgrundlage. Sie können dem Lehrer und zunehmend dem Schüler in der Fremd- und Selbstbewertung als Leitfaden für das Auffrischen gelungener und das Benennen noch nicht gelungener Textstellen dienen.

8.2 Schülerselbstbewertung

In zeitgenössischen Unterrichtskonzepten, vor allem aber in der prozessorientierten Schreibdidaktik, wird dem selbstkontrollierten Lernen, also der Schülerselbstbewertung, große Bedeutung zugeschrieben. Wenn Schüler ihre Lernprozesse zunehmend selbst steuern und verantworten sollen, muss ihnen erlaubt sein, bei der Bewertung ihrer Leistung ihre eigene Sicht einzubringen. Dies ist allerdings noch nicht der Regelfall, denn Bewertung ist noch weitgehend ein Monopol der Lehrer (Winter 1996, 34). Schülerselbstbewertung kann sich positiv auf das Lernen und den Lernerfolg auswir-

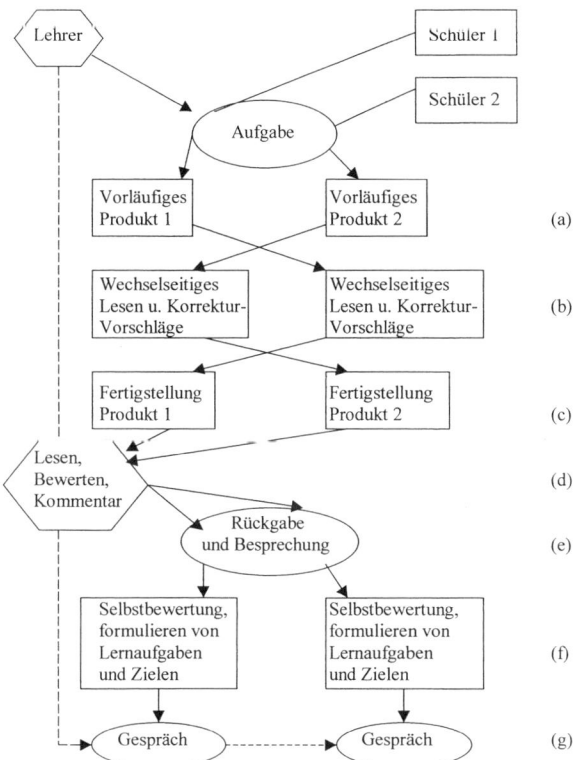

Der Einsatz von Schülerselbst– und –mitbeurteilung im Deutschunterricht (Winter 1996, 35)

ken. Pädagogische Gründe sind das Lernen von Selbstständigkeit, Eigenverantwortung sowie Kritik- und Urteilsfähigkeit. Außerdem leistet die Schülerselbstbewertung einen Beitrag zur so genannten *gerechten Note.* Die Subjektivität kann kontrolliert werden, wenn die Kontrolle der Leistung aus mehreren Perspektiven, vom Lehrer, Schüler und Mitschüler, stattfindet. Auch Fairness spielt eine große Rolle, wenn nur das bewertet wird, was auch wirklich im Unterricht besprochen wurde (Lissmann 1997, 126). Ziel dieses Ansatzes ist es jedoch nicht, Schüler ihre eigenen Noten festsetzen zu lassen. Vielmehr kommt es darauf an, die Schüler zu befähigen, ihren eigenen Lernstand zu erkennen und den Lernprozess selbst zu steuern (Rampillon 1996, 38). Deshalb ist der individuelle Lernstand der Schüler der Bewertungsmaßstab und weniger die Leistung der anderen Mitschüler: Dem Lehrer kommt dabei eine beratende und helfende Funktion zu. Er begleitet und kommentiert den Schreibprozess, steht als Schreibexperte bei der Überarbeitung beratend zur Verfügung und wirkt grundlegend strukturierend durch die Erstellung bzw. gemeinsame Erarbeitung der jeweiligen Kriterienkataloge.

Die Selbstbewertung schriftlicher Leistungen ist immer eng verbunden mit dem Prozess des Überarbeitens. Wie wir schon mehrfach betont haben, geht der Weg des Überarbeitens, besonders bei jungen oder schreibschwachen Schülern, von der Fremdbewertung zur Selbstbewertung. Es hat nur Sinn, die Schüler zur Selbstbewertung ihrer eigenen Texte oder die ihrer Mitschüler anzuhalten, wenn sie die erkannten Probleme oder Schwächen der Texte anschließend auch beheben bzw. bearbeiten können. Das bedeutet, dass der einmal geschriebene Text immer zuerst als Textentwurf betrachtet wird, der nach der Selbst- oder Fremdbearbeitung ein- oder mehrfach überarbeitet wird. Der Verbesserungszirkel von Liebnau (1999) stellt den Idealfall eines solchen Bewertungs- und Überarbeitungsprozesses mit mehreren Stationen der bewertenden Rückmeldung dar (siehe unten). Erst dann gibt der Schüler seinen Text als fertiges Produkt zur endgültigen Beurteilung oder sogar Benotung aus der Hand.

Im Gegensatz zu den herkömmlichen Methoden der Bewertung von Schülertexten steht bei der Schülerselbstbewertung die Makrostruktur eines Textes im Fokus der Behandlung. Anders als bei den üblichen Korrekturen oder Berichtigungen eines Textes, die sich vornehmlich auf lokal begrenzte Sprachphänomene wie Orthographie, Zeichensetzung, Grammatik konzentrieren, sollen die Schüler bei der Schülerselbstbewertung ihren Text als Ganzes ins Auge nehmen. Sie stellen inhaltliche Fragen und begutachten Aufbau, Struktur usw.

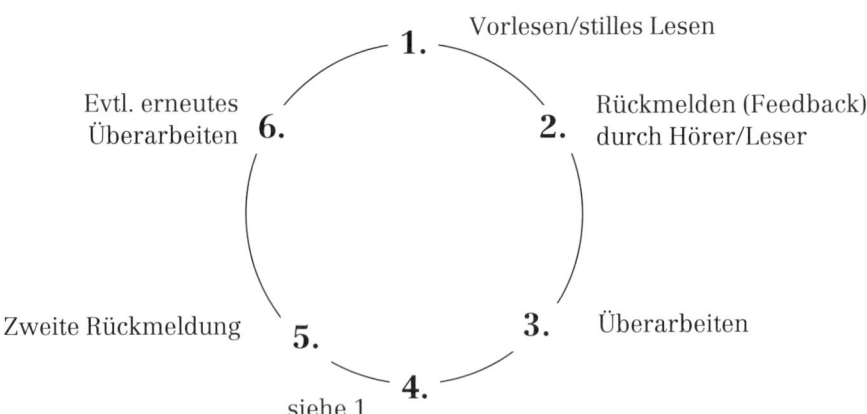

Verbesserungszirkel (Liebnau 1999, 69)

Das Prinzip der Schülerselbstbewertung kann durch unterschiedliche Methoden und Arbeitsformen realisiert werden: Es gibt mündliche und schriftliche Verfahren, kooperative, dialogische und individuelle Formen (vgl. Kap. 11). Die Vorteile der einzelnen Verfahren haben wir an entsprechender Stelle ausführlich beschrieben. Hier sollen nun noch einmal zusammenfassend die wichtigsten *Vorteile/Lernchancen der Schülerselbstbewertung* genannt werden.

Wenn Schüler mit dem System der Schülerselbstbewertung arbeiten, ist die Schreibsituation dem natürlichen Schreibprozess angepasst. Der Schreiber hat die Möglichkeit, seinen Text grundlegend zu überarbeiten. Der Text hatte verschiedene Leser und nicht nur einen und immer den gleichen, nämlich den Lehrer. Dadurch wird dem Schüler langfristig das Gefühl genommen, sich dem Geschmack und dem Stil des Lehrers anpassen zu müssen. Außerdem schätzen die Schüler ab einem bestimmten Alter die Meinung ihrer Mitschüler mehr als die des Lehrers.

Da die Schülerselbstbewertung immer dazu dient, den Text zu optimieren, erkennen die Schüler, dass Bewertung nicht einem Selbstzweck dient, sondern Mittel zum Zweck ist. Bewertung bedeutet Hilfestellung. Empirische Untersuchungen haben gezeigt, dass sich durch Schülerselbstbewertung die Qualität der Überarbeitungen verbessert. Die Schüler arbeiten vermehrt an der Makrostruktur der Texte. Erst wenn die Schüler die Bewertung selbst in die Hand nehmen und wirksame Handlungsschritte zur Verbesserung ihres Textes erfahren, lernen sie, wirklich alle Phasen des Schreibprozesses zu durchlaufen. Bewertung ist dann nicht mehr nur defizit-, sondern entwicklungsorientiert.

Alle kooperativen Formen der Schülerselbstbewertung haben noch einen besonderen Vorteil: Schüler lernen, sachlich über ihre Texte, über Sprachphänomene zu kommunizieren. Dies geschieht ganz konkret. Sie müssen immer Bezug nehmen auf den Text des Mitschülers, auf dessen Schwächen und Stärken. Zudem erhalten die Schüler bei diesem Verfahren einen Einblick in die Arbeiten und Lösungswege ihrer Mitschüler. Dieser Vergleich hilft ihnen, ihre eigene Lösung besser einschätzen und beurteilen zu können (vgl. Kap. 3.4).

Dennoch bringt auch dieser Ansatz Probleme in der praktischen Durchführung mit sich. Die Schüler müssen bestimmte Bedingungen erfüllen, damit die Schülerselbstbewertung sinnvoll durchgeführt werden kann: Sie müssen Grundkenntnisse der Kommunikation über Sprache besitzen; sie müssen im Team arbeiten können; sie müssen den Mitschüler als Hilfe und nicht als Konkurrent akzeptieren lernen; vor allem müssen sie in der Lage sein, Auffälligkeiten im Text zu erkennen, zu bezeichnen und Lösungen zu finden. Diese Reihe der Anforderungen zeigt, dass alle Verfahren der Schülerselbstbewertung einer gründlichen Vorbereitung durch den Lehrer bedürfen. Gerade jungen Grundschülern wird es schwer fallen, Auffälligkeiten im Text zu finden und zu beheben. Zu ihrer Hilfe, aber auch für alle anderen Schüler, sollten deshalb gemeinsam Kriterienkataloge zu entsprechenden Textarten oder Anleitungen zum kreativen Schreiben erstellt werden. So erhalten die Schüler eine Orientierung für einen gelungenen Text einer bestimmten Textart. Ohne Kriterienkataloge und ohne Anleitungen sind die Grundschüler überfordert. Die Kritik könnte zudem unsachlich werden.

Schülerselbstbewertung mag für Lehrer und Schüler zeitaufwändig und arbeitsintensiv sein. Aber sie hat den entscheidenden Vorteil, dass der Schüler nicht nur spezielle Inhalte lernt, sondern auch, sich selbst einzuschätzen, Schwächen zu beheben genauso wie Kritik einzustecken und auszuüben, sachbezogen und vor allem konstruktiv Gespräche zu führen und zu arbeiten. Deshalb halten wir es für ausgesprochen gewinnbringend, Schüler von Anfang an mit den Methoden der Selbstbewertung arbeiten zu lassen.

Texte bearbeiten und überarbeiten

9 Zur Theorie und Praxis des Überarbeitens

9.1 Überarbeiten als Teil des Schreibprozesses

Überarbeiten ist ein wichtiger Bestandteil des Schreibprozesses. Die wenigsten Texte entstehen in einem Zug; die meisten werden mehr oder weniger häufig verändert, eben überarbeitet oder – wie es im englischsprachigen Raum heißt – revidiert. Gute, geübte Schreiber zeichnen sich dadurch aus, dass ihnen ihre Überarbeitungen gelingen, sodass ihre Texte nach der Revision besser sind als davor. Das ist nicht immer so, denn Überarbeitungen können auch zu Verschlechterungen führen. In den Richtlinien und der Aufsatzdidaktik der letzten 20 Jahre nimmt das Überarbeiten aus diesen Gründen einen mehr oder weniger festen Platz ein.

Schreiben ist, wie wir in Kapitel 2.5 gezeigt haben, kein linearer Prozess, sondern ein rekursiver. Das bedeutet, ein Text entsteht nicht in einem einmaligen Gang durch die Phasen Planen – Formulieren – Überarbeiten. Vielmehr springen wir zwischen den einzelnen Teiltätigkeiten hin und her; gelenkt werden wir dabei von einer Steuerungsinstanz, die uns zum Schreibziel führt. Es ist also nicht so, dass das Überarbeiten auf das Ende der Textproduktion beschränkt wäre. Beim Schreiben umfangreicherer Texte entstehen unterschiedliche Zwischenprodukte: erste Stichworte und Notizen, eine vorläufige Gliederung, ein erster Entwurf und irgendwann der als fertig erachtete Text. Alle genannten Teiltätigkeiten und Zwischenprodukte können zum Gegenstand des Überarbeitens werden. In der Planungsphase können wir die Gliederung verändern, in der Formulierungsphase können die Formulierungen revidiert und auch der fertige Text kann noch einmal bearbeitet werden.

Die verbreitete Vorstellung, Texte würden ausschließlich oder auch nur überwiegend am Ende der Formulierungsphase überarbeitet, stimmt – wie wir aus der Schreibforschung wissen – so nicht. Viel verbreiteter ist ein kontinuierliches Überarbeiten, das mit den ersten Überlegungen beginnt und den gesamten Schreibprozess begleitet. Dabei spielen Vorformulierungen im Kopf des Schreibers, nur gedachte Äußerungen eine wichtige Rolle. In einer Untersuchung des Schreibprozesses hat Wrobel (1995) Versuchspersonen gebeten, alles das, was ihnen beim Schreiben gerade durch den Kopf schießt, laut zu sagen. Diese Äußerungen wurden auf Tonbändern aufgezeichnet und gemeinsam mit den Texten verschriftet. Die so entstehenden „Lautes-Denken-Protokolle" sind in der Schreibforschung eine bewährte Methode, um die ansonsten unsichtbaren Denkprozesse teilweise sichtbar zu machen. Aus dieser Untersuchung stammt das folgende Protokoll, das beim Schreiben eines Beschwerdebriefes aufgenommen wurde. Es ist wie folgt zu lesen: Das normal Gedruckte steht für den Text, wie er auf dem Papier erscheint; eingerückt ist alles mündlich Geäußerte; die Vorformulierungen (= Prä-Texte) sind *kursiv* gesetzt; vorgelesener Text ist <u>unterstrichen</u>:

„Vor 4 Wochen haben Sie bei mir eine Waschmaschine angeschlossen. Die Rechnung Nr. 276/88 darüber habe ich bereits beglichen. Der dafür verwendete Laugenschlauch, Kosten 2,55 DM, war nach einer Woche defekt und Sie ersetzten ihn.

> *Eine Woche später (unv.); da es sich hierbei um einen Materialfehler handeln muss, der nicht durch Fehlbedienung/da dieser Fehler im Material liegen muss und nicht durch Fehlbedienung bedingt sein kann,* hm, *sehe ich keine (unv.)* Veranlassung, nee Quatsch; *die darüber erstellte Rechnung dreieinundneunzig, hm, ich seh nicht ein/...;* <u>der dafür verwendete Laugenschlauch war nach einer Woche defekt und Sie ersetzten ihn.</u> Dafür stellten Sie eine

Dafür stellten Sie ~~eine~~ die Rechnung Nr. 391/88 über 78,56 DM aus." (Wrobel 1995, 111)

Wir sehen hier, dass bereits drei Sätze auf dem Papier geschrieben stehen. Dann probiert der Schreiber mehrere Varianten für den Anschlusssatz nacheinander aus, kommentiert diese zwischendurch mit „hm" und „nee Quatsch". Als er so nicht weiterkommt, liest er sich den letzten bereits niedergeschriebenen Satz noch einmal laut vor. Unmittelbar danach produziert er die Formulierung, die er anschließend auch niederschreibt. Hier wird ein Text, bevor er überhaupt auf dem Papier erscheint, mehrfach überarbeitet. Planen, Formulieren und Überarbeiten finden gewissermaßen parallel statt.

Ganz ähnliche Prozesse kann man beobachten, wenn mehrere Schreiber gemeinsam einen Text verfassen, z. B. in einer Schreibkonferenz, aus der das nächste Beispiel stammt. Norin (4. Klasse) schreibt in ihrem Text über einen Prinzen: „Sie sprach: ‚Für was willst du die Vase hergeben?' Der Prinz sprach: ‚(...)'" Ivo kommentiert diese Stelle so: „<u>Der Prinz sprach</u> (betont)/Wieso so oft <u>sprach</u> (betont)? Das ist doch dumm." Johanna schlägt daraufhin folgende Formulierung vor: „*Da fragte die Prinzessin.*" Und Ivo ergänzt: „Also da machen wir dann: ‚*Der Prinz antwortete.*'"

Die Ausführungen zeigen, dass das Überarbeiten ein integraler Bestandteil des Schreibens und in allen Produktionsphasen zu finden ist. Die Vorstellung, Überarbeiten sei gewissermaßen so etwas wie die Schlussredaktion eines Textes, entspricht nicht der Schreibwirklichkeit. Eine solche Sichtweise verkennt die Funktion des Überarbeitens im Schreibprozess auf zweifache Weise. Zum einen werden die zahlreichen Überarbeitungen in Form von Prä-Texten, die parallel zum Planen und Formulieren stattfinden, übersehen. Und zum anderen wird die Bedeutung des Überarbeitens als abschließender Phase überschätzt. Denn die weitaus meisten Revisionen finden sich im laufenden Formulierungsprozess und beziehen sich überwiegend auf die textuelle Oberfläche. Aus seinen Analysen zieht Wrobel folgenden Schluss: „Textrevisionen spielen für den Prozess der Textproduktion eine nur untergeordnete und weitgehend überschätzte Rolle" (Wrobel 1995, 100).

Was bedeutet eine solche realistische Einschätzung für die Schreibdidaktik? Sie relativiert zunächst einmal die Bedeutung des Überarbeitens als eigenständiger Phase des Schreibprozesses und lenkt die Aufmerksamkeit auf das Planen und Formulieren, was auch aus entwicklungslogischer Perspektive angebracht zu sein scheint. Denn die Fähigkeit zum Überarbeiten wird in der Schreibentwicklung erst zu einem relativ späten Zeitpunkt erworben. Ohne gezielte didaktische Maßnahmen überarbeiten Grundschüler ihre Texte nicht; sie unterscheiden noch nicht zwischen Entwurf und Endfassung. Wenn sie doch überarbeiten, dann wegen offensichtlicher Fehler in der Schreibung. Hierfür sind mehrere Gründe verantwortlich. So bedeutet das Schreiben gerade für Anfänger ohne Routine eine erhebliche motorische und kognitive Anstrengung. Diese wird durch den Überarbeitungsprozess zusätzlich gesteigert. Hinzu kommt, dass ihnen die Distanz zum eigenen Text ebenso fehlt wie ein ausreichendes Textmusterwissen, um überhaupt Unzulänglichkeiten erkennen zu können.

9.2 Praxis des Überarbeitens

Begrifflich wird vielfach zwischen Berichtigen oder Korrigieren auf der einen und Überarbeiten auf der anderen Seite unterschieden. Berichtigen und Korrigieren sind Tätigkeiten, die „etwas Fehlerhaftes, Falsches beseitigen und durch das Richtige, Zutreffende ersetzen", wie es im deutschen Universalwörterbuch (2001) heißt. Berichtigen setzt also voraus, dass es ein Richtig und Falsch gibt, dass es verbindliche Normen gibt. Bei Texten sind damit im Wesentlichen die orthographischen, syntaktischen und logischen Regeln gemeint. Hier ist es vielfach gut möglich, eine Äußerung als falsch oder richtig zu bezeichnen. Das Berichtigen oder Korrigieren nimmt in der Grundschule noch relativ viel Zeit und Energie in Anspruch. Allerdings sollte gerade bei der Textproduktion immer bedacht werden, dass auch der Erwerb der Rechtschreibung ein längerer Entwicklungsprozess ist, der bis weit in die Sekundarstufe hineinreicht. Aus diesem Grund haben wir in den Kriterienkatalogen die sprachliche Richtigkeit zwar als Kriterium aufgenommen, aber in ihrer Bedeutung auf das ihr angemessene Maß beschränkt. Konkret heißt das, dass nur die Beachtung der Regeln erwartet werden darf, die schon vermittelt wurden.

Der zweite Begriff, das Überarbeiten, bezieht sich auf die übrigen Aspekte des Textes. In der Regel ist es möglich, über einen Text als Ganzes zu sagen, er sei richtig oder falsch. Texte erscheinen uns als mehr oder weniger gelungen, als mehr oder weniger angemessene Lösung einer kommunikativen Aufgabe. Um die Textqualität in diesem Sinne einschätzen zu können, benötigen wir eine Zielvorstellung, eine Vorstellung davon, wie der Text aussehen soll. An die Stelle der verbindlichen orthographischen Regeln treten hier allgemeine Erwartungen oder Konventionen, wie ein bestimmter Text auszusehen hat. Diese Erwartungen stecken einen gewissen Rahmen ab, der mit jedem Text erneut konkret zu füllen ist. Wir haben einige dieser Erwartungen in Kapitel 7 in Form von Kriterienkatalogen für unterschiedliche Textarten beschrieben.

Entdecken wir beim Schreiben eine Dissonanz zwischen unserem Text und unserer Zielvorstellung, dann haben wir verschiedene Möglichkeiten, diese zu beheben. Wir können, wie es Schreibanfänger oft machen, den Text neu schreiben. Oder wir können versuchen zu ermitteln, welche Textmerkmale dafür verantwortlich sind, um diese dann zu bearbeiten. Zu den häufigsten Überarbeitungsformen gehören (vgl. Becker-Mrotzek 1992):

- *Streichungen:* Es werden ein oder mehrere Wörter bzw. Sätze gestrichen. Größere Textabschnitte werden, wie wir aus der Schreibforschung wissen, nur sehr selten gelöscht (vgl. Perrin 1999).
- *Ergänzungen:* Hierbei werden Wörter oder Sätze ergänzt.
- *Ersetzungen:* Hierbei werden – in der Regel – einzelne Wörter durch andere ersetzt. Das ist dann der Fall, wenn ein gewählter Begriff den Gedanken noch nicht treffend ausdrückt.
- *Umstellungen:* Hierbei werden einzelne Wörter, seltener ganze Sätze umgestellt, d. h. nach vorne oder hinten verschoben. Da solche Umstellungen erhebliche Auswirkungen auf die Textkohärenz, den roten Faden haben, wird hiervon ebenfalls nur selten Gebrauch gemacht.

Wie können nun die bearbeitungsbedürftigen Textstellen aufgespürt und verbessert werden? Hierfür stehen unterschiedliche Verfahren bereit. Wir werden sie hier knapp skizzieren und dann in Kapitel 10 auf den Unterricht bezogen ausführlich vorstellen. Zu den vielleicht wichtigsten didaktischen

Einsichten der Schreibforschung gehört die Erkenntnis, dass es mehrere unterschiedliche, aber gleich geeignete Verfahren des Überarbeitens gibt. Es gibt nicht nur den *einen* richtigen Weg, Texte zu produzieren und zu überarbeiten. Verschiedene Schreibertypen bevorzugen unterschiedliche Strategien. Ganz grob lassen sich zwei Typen unterscheiden: Die einen planen ausführlich und wägen lange im Kopf ab; wenn sie dann etwas niederschreiben, ist das relativ endgültig. Die anderen fangen schnell an zu schreiben, weil sie etwas sehen müssen, überarbeiten ihre Entwürfe dann aber auch intensiv. Da sich Schreibstrategien in der Grundschule erst ausbilden, ist es wichtig, beiden Strategien Raum zu geben und die Schüler nicht auf die selber bevorzugte Strategie festzulegen (vgl. Perrin u.a. 2002).

Die wichtigste und allgemeine Voraussetzung für das Überarbeiten besteht darin, Distanz zum eigenen Text zu schaffen. Dazu muss der Schreiber innehalten und versuchen, den Text mit den Augen eines Lesers wahrzunehmen. Hierzu kann es bereits ausreichen, sich den Text laut vorzulesen (s. u. Kap. 9.3). Distanz entsteht aber auch, wenn der Text eine Weile liegen bleibt oder von jemand anderem (vor-) gelesen wird. Gezielter operieren Verfahren, die den Text systematisch unter bestimmten Aspekten analysieren, also z. B. mithilfe der Kriterienlisten befragen.

Alternativen können durch linguistische Proben ermittelt werden, also durch Streichen, Ersetzen, Ergänzen oder Umstellen. Die neuen Formulierungen können ebenfalls laut ausprobiert werden, bevor sie notiert werden. Dabei sind auch bestimmte schreibtechnische Aspekte zu beachten: So ist es hilfreich, Textentwürfe auf spezielle Papierformate zu schreiben, die genügend Platz für Ergänzungen vorsehen. Außerdem sollten Zeichen für die Korrektur, wie z. B. Streichungen, Umstellungen oder Ergänzungen, vereinbart werden. Zweckmäßig ist es auch, Korrekturen mit dem Bleistift durchzuführen, weil diese dann leichter wieder zu entfernen sind. Das Wichtigste scheint uns aber zu sein, solche Überarbeitungstechniken zu fördern und nicht als unsauberes Schreiben zu sanktionieren. Überarbeitungen im Text sollten als Ausdruck intensiven Schreibens positiv bewertet werden.

Abschließend ein letzter Hinweis: Überarbeitungen in der Grundschule führen nicht immer zu einer Textverbesserung. Dennoch tragen sie zur Entwicklung der literalen Kompetenz bei. Denn sie führen den Schülern immer wieder die Besonderheiten der schriftlichen Kommunikation vor Augen. Sie sensibilisieren für die Möglichkeiten, Texte zu bearbeiten und mit Sprache zu handeln.

9.3 Didaktisch-methodische Realisierung

Revisionen müssen in der Schule geplant und organisiert, können gelehrt und gelernt werden. Bereits Grundschüler nehmen zahlreiche, zum Teil komplexe Revisionen am Text vor. Die Fähigkeit dazu muss „lernersensitiv" (Dehn 1996) aufgebaut werden und ausgehend von Fremdbeurteilungen zu Selbstbeurteilungen führen. Um dies zu erreichen, müssen folgende Bedingungen gegeben und methodische Maßnahmen ergriffen werden:

Distanz zum eigenen Text haben

Dies ist die wichtigste Voraussetzung für das Überarbeiten. Überarbeiten erfordert zwei Tätigkeiten in ständigem Wechsel, nämlich Lesen und Schreiben. Oder anders: Der Schreiber muss innehalten und versuchen, den Text mit den Augen eines Lesers wahrzunehmen. Methodische Maßnahmen dazu sind:

- Den Text laut vorlesen. Denn ganz offensichtlich enthält die Klangstruktur Informationen, die es uns intuitiv erlauben zu sagen, ob der Text angemessen ist oder nicht. Und die Fähigkeit, einen Text aufgrund seiner Klangstruktur zu bewerten, bildet sich bereits sehr früh aus. Typische Äußerungen dafür sind: „Das hört sich komisch an. Das passt irgendwie nicht." Aus diesem Grund sollte das laute Lesen der eigenen Texte einen festen Platz beim Schreiben haben. Geeignete Orte zum lauten Lesen für den einzelnen Schüler sind Flur, Pausenhalle oder -hof, Gruppenraum, Bibliothek. Außerdem sollten Texte in den Kleingruppen der Schreibkonferenzen, der Schreibateliers und der Experten-Teams laut vorgelesen werden.
- Zunächst fremde, von anderen verfasste Texte oder von der Lehrerin bereitgestellte Mustertexte bearbeiten. Diese Basis der revidierenden Tätigkeiten sollte allmählich ausgebaut und auf weitere (fremde und eigene) Texte übertragen werden.
- In den in Kapitel 3.4 und 10 vorgestellten Verfahren lernen die Schüler, die Leserperspektive einzunehmen und den Überarbeitungsprozess in den Schreibprozess zu integrieren. Überarbeiten in seinen unterschiedlichen Qualitätsstufen muss für Grundschüler von Anfang an zum Schreibprozess dazugehören und somit selbstverständlich werden.
- Baurmann (2002, 112) bezeichnet es aus schreibprozessorientierter Sicht als konsequent, Überarbeitungen auch als eigenständige Schreibaufgabe zu sehen. So schlagen die neuen Lehrpläne in Nordrhein-Westfalen und Niedersachsen „Textüberarbeitungen" als Klassenarbeit vor.

Rhythmisierung des Schreibens

Der Gesamtentwurf muss ausreichend gegliedert sein und zeitliche Distanzphasen beinhalten:

- Kurze Schreibzeiten wechseln mit Pausen oder das Schreiben wird überhaupt in Phasen organisiert; es soll nicht alles auf einmal geschrieben werden.
- Erstentwurf innerhalb von ein bis zwei Tagen, dann die Überarbeitung ebenfalls in ein bis zwei Tagen, schließlich die Endfassung.
- Lieber viele kurze als nur wenige lange Texte.
- Eine Schreibaufgabe muss nicht in einem Zug erledigt werden. Der Text kann immer wieder verändert werden.
- Grundsätzlich gilt: Je jünger die Schreiber, desto mehr Zeit brauchen sie für den gesamten Schreibprozess. Dies gilt für das Planen und Formulieren, aber besonders für das Überarbeiten.

Motivation zum Überarbeiten

Überarbeiten hat auch einen emotionalen Aspekt. Es gibt Menschen, die sich nur schwer von ihrem einmal Geschriebenen trennen können oder sich nur ungern noch einmal damit auseinander setzen. Ihnen bereitet das Überarbeiten Unbehagen oder sogar Angst. Deshalb muss die Überarbeitungsfähigkeit behutsam gefördert werden:

- Neben einer echten qualitativen Verbesserung sollten Sinn und Inhalt der Texte möglichst wenig verändert werden. Denn dem Inhalt ihrer Texte sind die Schüler noch am meisten verhaftet: Er macht die Authentizität ihrer Texte aus (vgl. Böttcher 1999, 72). Der Lehrer hat die Pflicht, dem Schüler zu seinem Text zu verhelfen.
- Je wichtiger dem Schüler sein Text ist, desto mehr Sorgfalt wird er auf den gesamten Schreibprozess legen. Somit steigt auch seine Bereitschaft, den Text zu überarbeiten, sei es während oder nach dem Gesamtvorgang der Textproduktion.
- Der Schreibanlass sollte möglichst konkret sein. Bei einem konkreten Adressaten, einer konkreten Intention in einer anregenden Situation ist der Schreiber motiviert, sein Anliegen so gut wie möglich vorzubringen.
- Überarbeitungen ergeben sich zwanglos, wo der Schreiber Eindrücke, Empfindungen, Wahrnehmungen und Vorstellungen mitteilen und mit anderen Texten vergleichen möchte (z. B. Wandzeitung, offener Brief, Schülerzeitung usw.).
- Zwangloses „freies" und „kreatives" Schreiben begünstigt das Überarbeiten. Kreative Texte lösen weniger Überarbeitungen aus, da der Schreiber die freie oder kreative Aufgabe als persönlicher empfindet, sich stärker identifiziert. Er bringt damit seine eigenen Grundmuster und Kriterien stärker ein und wendet sie konsequenter an, die Texte sind in sich schlüssiger und kohärenter (vgl. Fix 1999 und 2000).

Umgang mit Revisionen

Der Umgang mit Revisionen in den einzelnen Jahrgängen der Grundschule ist ein langsamer, zeitaufwändiger und behutsamer Weg. Er führt vom Leichten zum Schweren, von lokalen zu globalen Überarbeitungen, von einzelnen Stufen des Überarbeitens (Weiterschreiben, entdeckendes Neuschreiben) bis zu planvollem Untersuchen und Überarbeiten. Die ersten Fremdbewertungen des Schülers, verbunden mit dem Erlernen der Leserrolle, führen sukzessive zum Überarbeiten der eigenen Texte. Die *Rolle des Lehrers* ist steigend und wechselnd die des Lesers, Beraters, Helfers und auch (!) die des Schreibexperten im Sinne einer „mäeutischen Korrektur" (vgl. Ivo 1982, vgl. Kapitel 9.1 und 11.2).

Die wichtigsten Schritte auf diesem Weg sind hier noch einmal zusammengefasst:

● Zunächst beschränken die Schüler ihre Überarbeitungen auf kalligraphische, orthographische und grammatische Änderungen.

● Allmählich weitet sich der Blick über den Einzelsatz (lokal) hinaus auf Textteile und Zusammenhänge. Gefördert wird dies durch das Einüben der Leserperspektive an Fremdtexten und der damit verbundenen Verfahren (vgl. Kap. 8.1, 10.2).

● „Ausgesuchte Sätze oder Textteile mit Auffälligkeiten eignen sich dazu, wobei inhaltliche Fragen zu einzelnen noch unklaren Textstellen im Vordergrund erster Überarbeitungsversuche stehen" (Baurmann 2002, 112).

Eine weitere sehr effektive und meistens lustvolle Möglichkeit, das Revidieren zu lernen, ist das Schreiben von Texten:

● *zu fremden Texten*: Ein vorhandener Text soll verändert, weitergeschrieben oder umgeformt werden.

● *zu eigenen Texten*: Mithilfe der kreativen Verfahren zum Weiterschreiben werden die Texte weitergeschrieben, umgeformt, auch in andere Textarten, einzelne Teile zum Ausgangspunkt eines neuen Textes genutzt usw. Die Methoden entlasten den Schreiber erheblich.

Gezielter operieren Verfahren, die den Text systematisch unter bestimmten Alternativen analysieren, also mithilfe der Kriterienlisten befragen (vgl. Kap. 10.2). Dies kann spielerisch, aber auch zunehmend systematisch mithilfe der kreativen Verfahren (Kap. 10.3) eingeübt werden. Wichtig ist hier die „Hebammen-Funktion" des Lehrers, der durch gezielte Fragen auf die je spezifischen Auffälligkeiten oder Missverständnisse des Textes hinweist. Der Lehrer integriert sich so als Schreibexperte in den Schreib- und Revisionsprozess der Schüler. Allmählich, aber auf jeden Fall bis zum Ende der Grundschulzeit, sollten die Schüler folgende Grundtechniken beherrschen:

- Textteile streichen und ergänzen
- Zusätze in den vorhandenen Text einspuren
- Wörter und Sätze umstellen
- Sprachproben anwenden: Klangprobe, Umstellprobe, Ersatzprobe, Weglassprobe, Erweiterungsprobe

Je nach Leistungsfähigkeit der Klassen können die zuvor erworbenen Voraussetzungen und Fähigkeiten weiter ausgebaut und verfestigt werden. Insbesondere kommt der kontrollierenden und den Leser mitbedenkenden Leseweise immer stärkere Bedeutung zu, trainiert in den Verfahren der Textlupe, Schreibkonferenzen und Schreibateliers (vgl. Tabelle Kap. 10.1).

Grundmuster für alle Überarbeitungen

Diese betreffen Schüler und Lehrer gleichermaßen.

- Im entdeckenden und planvollen Untersuchen der Schülertexte finden Schüler und Lehrer *Auffälligkeiten*. Bewusst wird der Terminus *Fehler* vermieden. Es geht zunächst nicht um *falsch* oder *richtig, Normverstöße* usw., sondern darum, das *Verbesserungsbedürftige* oder *Überarbeitungswürdige* zu finden.
- Für Lehrer und Schüler gilt: Nicht alle revisionsbedürftigen Textstellen müssen gekennzeichnet, besprochen, kommentiert (vgl. Kap. 8.1) und überarbeitet werden. Ivo konnte (1982) in seiner großen Forschungsstudie zur Aufsatzbewertung nachweisen, dass drei bis fünf Auffälligkeiten in einer sinnvollen Überarbeitung lerneffektiv zu leisten sind. Alles darüber Hinausgehende ist kontraproduktiv.
- Folgende Handlungsschritte sind zu durchlaufen:
  1. Auffälligkeiten (= problematische Textstellen) müssen erkannt werden. Hilfreich dabei ist zunehmend der Vergleich mit den jeweiligen Kriterienkatalogen.
  2. Schwer oder unverständliche Textstellen bzw. Unzulänglichkeiten sind mit inhaltlichen Fragen zu versehen.
  3. Für diese Textstellen werden Lösungs- oder Änderungsvorschläge mithilfe der linguistischen Proben erarbeitet (vgl. Kap. 9.2 und Baurmann 2002, Kap. 6).
- Der Lehrer als Leser der Schülertexte durchläuft ebenfalls diese Schritte. In seiner Hebammen-Funktion (siehe mäeutische Korrektur) verhilft er dem Schüler zu seinem Text und steht ihm beratend und helfend zur Seite.
- Schreibgeübtere oder -sichere Schüler können nach und nach und in kooperativen Verfahren (vgl. Kap. 3.4) wie z. B. Experten-Team ebenfalls begrenzt die Rolle der Schreibexperten einnehmen (vgl. Kritik 10.2).

10 Formen des Bearbeitens und Überarbeitens

In den vorherigen Ausführungen sind wichtige Ergebnisse der Revisions-
forschung und ihre didaktisch-methodischen Konsequenzen beschrieben
worden. Für einen so strukturierten und organisierten Schreiblernprozess
bieten sich in der unterrichtlichen Praxis kreative und kriterienorientierte
Schreibaufgaben und Verfahren an. Wir stellen nur die vor, die von uns im
Grundschulunterricht erprobt und für effektiv befunden wurden. Die didaktisch-methodischen Maßnahmen werden ausführlich beschrieben, the-
oriegeleitet reflektiert, auf ihren intendierten Lerneffekt geprüft und veranschaulicht durch eine exemplarische Auswahl von Schülertexten und
-beiträgen.

10.1 Überblick/Tabelle

Die Tabelle (siehe Seite 115) gibt einen Überblick zu den Schreibaufgaben
in ihrer sozialen Dimension und den von uns ausgewählten kreativen und
kriterienorientierten Verfahren. Der Terminus *Bearbeiten* ist bewusst gewählt, um einerseits die enge Verbindung von Schreiben und Überarbeiten
und andererseits das Weiterschreiben als eine Möglichkeit des bewertenden Reagierens zu betonen. Das mit den Bearbeitungsverfahren angestrebte Revidieren entspricht dem Weiterführen: „Weiterführungen setzen das
schreiben ‚von außen her' fort, nachdem im text fragen und unklarheiten
aufgetaucht, lücken oder mängel erkannt worden sind. Leser und leserinnen schreiben dabei texte anderer weiter, verfassen ggf. zu einer vorlage
parallel- oder gegentexte" (Baurmann 1992, 121). Ob nun die Texte der anderen oder der eigene Text mit solchen Verfahren bearbeitet werden, implizit werden immer Bewertungen vollzogen. Erst mit zunehmender Bewusstheit gegenüber dem bewertenden Handeln und dem Einsatz
unterschiedlicher Verfahren wird die Stufe des Überarbeitens im Sinne eines fördernden Beurteilens erreicht. Und erst dann werden die in Kapitel
9.3 ausgeführten Schritte und die kriterienorientierten Verfahren relevant.

Die **kreativen Bearbeitungsverfahren** sind Textproduktionsverfahren und
gleichzeitig Revisionsverfahren. Die gleiche Methode, die zur Herstellung eines Textes führt, kann auch seine Bearbeitung ermöglichen. Es können Pro-
satexte in lyrische überführt, Textteile aus einem alten Text für die Produktion eines neuen in einem anderen Verfahren (z. B. Rondell) genutzt werden.
Es können Textteile mithilfe der Sprachproben bearbeitet und zu einem neu-
en Text kombiniert werden (vgl. die Beispiele in Kap. 10.2 bis 10.4). So vielfältig wie die Methoden der Initiierung von Schreibprozessen können auch
die Revisionstätigkeiten sein. Die Motivation zur Bearbeitung wird so erhöht

Schreibaufgabe / soziale Dimension	Kreative Verfahren	Kriterienorientierte Verfahren
individuell ● vorgegeben ● selbst gestellt	Planen: ● automatisches Schreiben ● Cluster ● Wörterbörse Weiterschreiben/ Umsetzen/Neufassen: ● Zeilen umbrechen ● Textreduktion ● Rondell	● mit Textelementen operieren (linguistische Proben)
	← Portfolio →	
kooperativ ● produktiv/reaktiv ● mündlich/ schriftlich ● elektronisch ● spielerisch-anschaulich	● „Über-den-Rand-hinaus-schreiben" ● sukzessives Ergänzen von Satzanfängen	● Textlupe (S ⇔ S) ● Experten-Team (S + L) ● Stationenlernen (S ⇔ S/L) ● Schreibateliers (S ⇔ S/L) ● Schreibkonferenzen (S ⇔ S)
dialogisch ● mündlich/ schriftlich ● elektronisch		Textkommentierung ● in Schreibwerkstätten (L ⇔ S) ● im Korrektur-Kommentar des L's als schriftliche Antwort ● mündliche Anregungen und Hinweise (L ⇨ S) ● im bewertenden Gespräch (L ⇨ S) ● in Schreibkonferenzen (S ⇔ S) (S ⇔ L) ● Portfolio (S ⇔ L ⇔ S)

Formen des Bearbeitens und Überarbeitens von Texten

und der Schreiber erheblich entlastet. Bei der Fülle der anfallenden Texte, besonders im kreativen Schreiben, ist dies ein gewichtiger Faktor. Anfangs brauchen die Schreiber noch eine vorgegebene Schreibaufgabe, die anleitende Hinweise zu den Verfahren enthält. Ziel ist es jedoch, dass die Schreiber *(individuell)* oder die Gruppe *(kooperativ)* allmählich selbstbestimmt ihre Verfahren zur weiteren Textbearbeitung wählen, experimentierend an ihren Texten ausprobieren und die so bearbeiteten Texte zum planenden Untersuchen und Überarbeiten ihrer Schreibgruppe *(dialogisch)* vorstellen.

Die aufgeführten **kriterienorientierten Verfahren** haben einen ähnlich motivierenden, teilweise experimentellen und spielerischen Charakter (z. B. Textlupe, Experten-Team usw.). Sie eignen sich daher für alle Schreibaufgaben zu kreativen wie auch anderen Textarten. Die Erstellung und Verwendung von Kriterien und Kriterienkatalogen haben wir ausführlich in Kapitel 6 und 7 beschrieben.

10.2 Kriterienorientierte Verfahren zur Be- und Überarbeitung
Textlupe

Die „Textlupe" ist eines der effektivsten Verfahren beim planvollen Untersuchen und Überarbeiten, auch schon in der Grundschule (vgl. Böttcher/Wagner 1993, 24 ff.). Den Text unter die Lupe zu nehmen, ist ein besonders intensives und komplexes Verfahren, um die Aufmerksamkeit und das kontrollierende Lesen gezielt auf den geschriebenen Text zu richten. Die Schüler arbeiten schriftlich in Kleingruppen (drei bis maximal fünf Schüler) mithilfe eines strukturierten Kommentarbogens (= Textlupe):

Das hat mir besonders gut gefallen.	Hier fällt mir etwas auf! Hier habe ich noch Fragen!	Meine Tipps! Meine Angebote!
....	....	....

„Textlupe" (Böttcher/Wagner 1993, 26)

Jeder Schüler der Tischgruppe erhält den Text eines Mitschülers, am besten in getippter Form, sowie die „Textlupe" und trägt in die Spalten seine Eindrücke und Beobachtungen, Vorschläge und Angebote zur Hilfe bei der Überarbeitung ein. Der Text wird mit der Tabelle so lange weitergereicht, bis mindestens drei Schüler dazu Stellung genommen haben. „Es empfiehlt sich, den Schülern eine Zeitspanne vorzugeben, innerhalb derer ein Text unter die Lupe genommen werden sollte, damit die Zirkulation der Texte in der Gruppe nicht stockt, aber auch als Vorgabe für die Schüler, die tendenziell zu schnell und zu flüchtig arbeiten" (Bobsin 1996, 47).

Die auf Kooperation angelegten Fragen und Impulse beachten die Regeln des Feedbacks: In der ersten Spalte wird die Arbeit zunächst gewürdigt. Die Schüler lernen, das Positive auszusprechen, was wesentlich schwieriger ist, als negative Kritik zu formulieren. In der zweiten Spalte zeigt der Leser sein Interesse. Seine Fragen dokumentieren seine Nähe zum Text. Er notiert, was ihm auffällt, was ihn stört. Spätestens in der dritten Spalte muss er sich ganz intensiv auf den Text einlassen: Er muss konstruktiv tätig werden, Vorschläge auch schriftlich formulieren und damit punktuell in die Rolle des Schreibers wechseln. Die „Textlupe" fordert jeden einzelnen Schüler zur kritischen intensiven Auseinandersetzung mit dem Text des Mitschülers auf. Und umgekehrt treten durch das Rotieren der „Textlupen" nicht nur Text und Leser, sondern auch die Leser untereinander in schriftliche Kommunikation. Die Schüler lernen, besonders intensiv, differenziert und individualisierend Stärken und Schwächen eines fremden Textes zu reflektieren. Dies hilft ihnen bei längerem Training, auch gegenüber dem eigenen Text eine distanziertere Haltung einzunehmen (vgl. Kap. 3.4).

„Das Verfahren hat den Vorzug, dass die schriftlich festgehaltenen Eindrücke und Beobachtungen vor dem weiteren Gespräch über den gelesenen Text durchgesehen werden können und für die weitere Arbeit zur Verfügung stehen. Dafür können einzelne Punkte oder Vorschläge ausgewählt werden. Das können die jeweiligen Schreiberinnen und Schreiber selbst tun, die sich vor allem bestätigt und ermutigt fühlen. Leserinnen und Leser erhalten auf diese Weise die Gelegenheit, ihre Anregungen und Angebote zur Sprache zu bringen. Die Lehrkraft entdeckt günstige Gelegenheiten, den konkret vorliegenden Text zu verbessern, die gesamte Arbeit in den integrativen Unterricht einzubetten oder das gesamte Schreiben gezielt an einem wichtigen Punkt zu fördern" (Baurmann 2002, 109 f.).

Der Lehrer kann sich bei diesem Verfahren weitgehend zurückhalten; er erteilt weder Lob und Kritik, sondern die Arbeit am Text bleibt in allen Phasen sachbezogen. Es empfiehlt sich, vor dem Einsatz der „Textlupe" in der Gruppe an einem Mustertext eine kollektiv erstellte „Textlupe" durchzuführen. So wird für alle das Verfahren deutlich. Die Einarbeitung der Kommentare verantwortet immer der Schreiber!

Unsere Erfahrungen haben gezeigt, dass der Einsatz der „Textlupe" desto gewinnbringender ist, je bewusster den Schülern die Kriterien für einen gelungenen Text werden. Die allmähliche Einführung in der Grundschule und die parallele Arbeit mit Kriterienkatalogen (vgl. Kap. 7) sind letztendlich für eine effektive Textlupenarbeit ab dem 4. Schuljahr unentbehrlich.

Text: von Eva

Das hat mir an dem Text besonders gut gefallen	Hier fällt mir etwas auf. Hier habe ich noch Fragen zum Text.	Hier meine Vorschläge, was du ändern könntest.
Corinna: das du mit ihm gespielt hast	wer Fridolin ist?	Fridolin ist ein Wassertropfen.
Jennifer: Dass du Fridolin wiedergetroffen hast	Woher weiß ist mit ihm zeit?	
Veronika: Daß die Quellen sich getroffen haben	Woher ein Wassertropfen. Woam aus einer Quelle. Zum Schluss. Was passierte dann?	Leser: Ich war ein Wassertropfen... Vorschlag: Es war ein anschdawingender Tag und doch schien...
Elena: Plötzlich war Fridolin neben mir.	Wer ist Fridolin? ist er ein Wassertropfen?	Du wiederholst zu oft die Quelle. Leser: kommen der dritten .. Quelle zweh.
Verena: Wir spielen jeden Tag zusammen.	Wie heißt du? du bist doch auch ein Wassertropfen	Du hast zu oft ich benutzt. schreibe: Ich heiße..
Christian: auf meinem Weg geträumt		Eva und ......

Beispiel für eine „Textlupe" aus einem 3. Schuljahr (Böttcher 1999, 79)

Schreibe auf, was du als Wassertropfen
auf deiner Reise durch die Moldau
erlebt hast.

Ich bin ein Wassertropfen. Komme aus einer Quelle in

den Bergen. Ich bin aus der warmen Quelle gesprungen.

Neben mir war noch eine kalte Quelle. Ich habe lange

auf meinem Weg geträumt, mein Freund Fridulin

wiederzutreffen. Er kommt aus der kalten Quelle. Und ist

auch ein Wassertropfen.

Als ich wieder aufgewacht bin, war plötzlich ein

Riesenstein vor mir. Da erschrak ich sehr. Nun

wurde der Fluß breiter, denn der kalte Fluß

war mit dem warmen Fluß zusammengestoßen.

Da! Plötzlich war Fridolin neben mir. Ich habe mich

sehr gefreut. Wir spielten jeden Tag zusammen.

Nun wurde der Fluß noch breiter und immer

breiter. Der Strom wurde immer schneller und

schneller. Plötzlich mündeten wir im riesigen

Meer. Dort spielten wir bis zum Ende unseres Lebens

Dies ist der überarbeitete Text (Böttcher 1999, 80)

Experten-Team

In der schreibdidaktischen Literatur ist einmal von *Spezialisten* (Fritzsche 1989), ein anderes Mal von *Experten-Team* die Rede. Unterschiede im Verfahren sind nicht auszumachen, höchstens im Grad des Könnens oder der Selbstständigkeit der Schüler. Die Überarbeitung erfolgt in einer Gruppe von drei bis fünf Experten. Jeder Experte bearbeitet den Text im Hinblick auf ein zuvor festgelegtes „Spezialgebiet". Das können allgemeine Spezialgebiete sein wie

● sachlicher Inhalt (Fragen dazu)
● Verständlichkeit
● Wortwahl
● Grammatik, Satzbau
● Rechtschreibung
● Wirkung auf Hörer/Leser

Selbstverständlich können je nach Schreibaufgabe und Textart die Spezialgebiete auch aus den jeweiligen Kriterienkatalogen stammen. Die Kriterien für die Spezialgebiete werden am besten an einem vom Lehrer erstellten Mustertext oder an prägnanten Beispielen zusammengestellt und erarbeitet. Die Textbeispiele werden per Folie präsentiert und besprochen. Danach wird gemeinsam ein Tafelbild zur Textüberarbeitung erstellt.

Mein Stein heißt Zauberstein. <u>Er</u> ist weiß und ein bisschen dunkel. Sein bester Freund ist der Regenbogenfisch. Mit dem bin <u>ich</u> tausendmal geschwommen.

Auf einmal glitzert der Stein wieder und erzählt mir wieder Dinge. **X** Da schwamm wieder mein kleiner Freund her…
X Was erzählt der Stein?

Mein Stein sieht schön aus. Der heißt Pipo. Der sieht schön aus. Der kommt aus Italien. Der ist sehr alt.

Mustertext auf Folie (Schneider-Alken 1999, 156 f., Böttcher 1999, 77)

Die „Experten" sitzen um einen Tisch und haben – auf eine jeweils anders farbige Karte geschrieben – ihre jeweiligen Kriterien vor sich liegen. Bearbeitet wird immer ein fremder Text, der vorgelesen und bewertet wird:

● Wiederholen sich die Wörter?
● Wer erzählt?
● Kann man noch etwas ergänzen?

Wortwiederholungen?	Wer erzählt?	Kann man noch etwas ergänzen?
Beispiel: *und, und, und* *bis, bis, bis* *Der Stein, Der Stein...*	*Beispiel: <u>Der Stein</u>* *heißt Pipo. <u>Ich</u> bin alt.* *1. Du erzählst über den* *Stein: Der Stein* *heißt Pipo. Er ist...* *2. Der Stein erzählt* *selbst: Ich heiße Pi-* *po. Ich bin...* *3. Du erzählst über den* *Stein, dann erzählt* *der Stein. Mein* *Stein heißt Pipo. Er* *erzählt...*	*Beispiel:* *Er hat viel gesehen.* *Frage:* *Was hat er gesehen?*
Tipp: Kreise die Wörter ein!	*Tipp:* Unterstreiche die Stellen im Text!	*Tipp:* Mache in den Text ein Kreuzchen!

Beispiel für ein Tafelbild zur gemeinsamen Textüberarbeitung

Dieses Verfahren lässt sich ergänzend in anderen Verfahren einsetzen: z. B. „Über den Rand hinaus schreiben", Schreibatelier, Schreibkonferenzen. Eine weitere Variante des Expertenverfahrens ist veröffentlicht in Baurmann/Ludwig (1996, 19). Daraus auf der nächsten Seite ein kleiner Auszug:

Entschuldigungsbrief von Angela an Stefan (beide 4. Kl.)

Lieber Stefan,

als ich aus Wut gegen dein Rad getreten habe und das Katzenauge getroffen habe und es rausgesprungen war, da dachte ich, es wäre noch ganz, weil ich eigentlich ganz leicht zugetreten habe. Aber zu meinem Bedauern war es kaputt. Innerlich dachte ich: „Das haste jetzt davon!", weil ich total sauer war. Aber trotzdem hatte ich Angst, ich weiß auch nicht, warum. Aber du willst sicher wissen, warum ich gegen dein Rad getreten habe. Also, ich fang mal an: Ich habe gegen dein Rad getreten, weil du nur mit deinem Rad angegeben hast und weil du auch immer der Beste sein willst. Ich war auch wütend, weil du mit deinem Scheißfußball angibst. Ich hoffe, du hast mich verstanden.

Angela

Über diesen Text kam es zu folgendem Gespräch (S = Schüler; A = Angela, die Schreiberin;):

S: Ich finde da ganz viele Stellen so gut ... wie die Angela geschrieben hat: *Das haste jetzt davon.* Als ob's ihr so richtig von Herzen kommt.

S: Also ich finde ... die Angela müsste das *Scheiß-* vorm *Fußball* weglassen. Nämlich wenn er jetzt gerade Fußbälle gern hat, dann ist das irgendwie 'ne kleine Beleidigung für ihn ...

S: Vielleicht merkt man durch das *Scheiß-*, dass die Angela das nicht mag, Fußball.

S: Ich wollt' dazu sagen, bei *deinem Scheißfußball*, da macht se den Stefan noch wütender.

S: Mir ist aufgefallen, dass die Angela gar nichts von Entschuldigung in den Brief reingeschrieben hat ... Vielleicht könnte sie das so in der Art ausdrücken: *Deine dich um Vergebung bittende Angela.* So 'was in der Art.

[...]

A: Ja, ich werde schon 'n paar *(Vorschläge)* annehmen. Ich weiß zwar noch nicht welche, aber das mit dem *Scheißfußball*, das möchte ich lassen. Ich weiß auch nicht, warum, aber – weil es gefällt ihm zwar, aber mir gefällt es nicht.

Stationenbetrieb

Der Stationenbetrieb ist ein geeignetes Verfahren, um in die Textüberarbeitung einzuführen. Zugrunde liegt das Prinzip der „Isolierung der Schwierigkeiten" (Wedel-Wolff 1997, 4), das die komplexe Handlung der Textrevision auf überschaubare Teilschritte reduziert. An gezielt ausgewählten Fremdtexten lernen die Schüler unterschiedliche Überarbeitungsaspekte und -strategien kennen. Die Fremdtexte sind dabei so auszuwählen, dass jeweils ein Aspekt besonders auffällig ist und damit in die Aufmerksamkeit der Schüler rückt. Anhand der ausgewählten Beispieltexte sollen die Schüler einerseits für inhaltliche, sprachliche oder stilistische Probleme sensibilisiert werden und andererseits auch Verfahren zu ihrer Bearbeitung kennen lernen.

Hierfür eignet sich in besonderer Weise der Stationenbetrieb. Denn an jeder Station kann gezielt ein bestimmter, vom Lehrer ausgewählter und geplanter Aspekt bearbeitet werden, ohne die Gesamtheit der Revision aus den Augen zu verlieren. Schritt für Schritt können die Schüler einzelne Textaspekte bearbeiten, ohne einen Text schon vollständig überarbeiten zu müssen. Das entspricht der Studie von Ivo (1982), die zeigt, dass mehr als drei bis fünf Aspekte nicht sinnvoll zu überarbeiten sind. Die Stationen können sehr gut in Partnerarbeit durchlaufen werden. Neben dem sprachlichen fördert der Stationenbetrieb auch das soziale Lernen, weil es den Schülern Kooperation, Hilfsbereitschaft und Rücksichtnahme abverlangt. Zudem kommt es dem Bewegungsdrang der Kinder entgegen. Des Weiteren ist eine innere Differenzierung leicht zu realisieren, indem nicht jeder Schüler alle Stationen durcharbeiten muss.

Beispiel für einen Stationenbetrieb „Textüberarbeitung"
Textgrundlage für den folgenden Stationenbetrieb bilden fantastische Geschichten, von Schülern zu einer Fantasiereise verfasst. Die für die einzelnen Stationen passenden Schülertexte werden abgetippt und gezielt verändert, sodass der jeweilige Überarbeitungsaspekt besonders deutlich zutage tritt. Zusätzlich können – als Differenzierungsmaßnahme – die entsprechenden Aspekte durch typographische Markierungen (unterstreichen, fett, kursiv) im Text hervorgehoben werden. So wird die komplexe Anforderung reduziert, weil das Identifizieren der zu überarbeitenden Textstellen erleichtert wird. Die Aufgabe reduziert sich dann weitgehend auf das Lösen eines Textproblems. Das Lösen selbst besteht seinerseits aus mehreren Teilhandlungen, denn es müssen „Lösungsmöglichkeiten gefunden, geprüft und bewertet werden", bevor man sich für eine bestimmte Revision entscheidet (Baurmann 2002, 92 f.). Zur weiteren Differenzierung können an den Stationen mehrere Texte mit unterschiedlichem Schwierigkeitsgrad ausgelegt werden.

Station 1: Wortwiederholungen vermeiden
Wenn sich Wortwiederholungen nicht aus stilistischen, sondern aus Mangel an Formulierungsalternativen anhäufen, leidet die Textqualität. Das ist bei vielen Texten von Grundschülern der Fall. In dem ausgewählten Textbeispiel sollen Ausdrücke wie „total", „echt" und „sagen" durch treffendere

Ausdrücke ersetzt werden. Zur Differenzierung können entsprechende Wörterlisten ausgelegt werden. Diese Aufgabe kann gut an einem Computer bearbeitet werden. Denn das Löschen und Neuschreiben mit einem Textverarbeitungsprogramm ist für viele Schüler attraktiver als die handschriftliche Bearbeitung.

Textvorlage A: Einfach ein Traumland

Als ich mit dem Raumschiff auf dem Planeten landete, hatte ich totale Angst. Meine Beine schlotterten, meine Zähne klapperten und mein Gesicht war leichenblass. Jetzt ging ich Schritt für Schritt aus dem Raumschiff und betrat eine große und mächtige Wiese mit gut duftendem Gras. Ich ging weiter und sah die schönsten Tiere, viel schöner als auf meiner heiß geliebten Erde.

Nun kam ich an einen glitzernden silbernen See. Ein Vogel flog auf mich zu. Da wunderte ich mich total, denn alle übrigen Tiere lebten in Gruppen. Er erzählte mir unter anderem, dass ihn keiner mehr mochte und dass er „Piepsi" hieß. Die Vogelart, zu der er gehörte, sei eine Smaragdvogelart. Er tat mir echt leid. Da, plötzlich hörte ich eine andere Stimme. Die Stimme sagte: „Bitte helft mir!" Jetzt drehten wir uns um. Wir sahen einen Delfin. Er sagte: „Ich habe eine schreckliche Krankheit. Davon werde ich sterben, wenn ihr mir nicht helft. Bitte, ihr müsst auf den weißen Berg und den mächtigen Magier um Hilfe bitten. Ich würde euch um den Planeten der Tiere danken." Wir wollten ihm helfen, also wanderten wir los. Der Weg war nicht schwer, deshalb kamen wir total schnell an und fanden den Magier. Er sagte uns, wie wir dem Delfin helfen konnten: „Ihr müsst etwas von dem Smaragd abbrechen und ihn in viele Teile zerteilen. Dann müsst ihr das Gras von der Wiese klein schnetzeln und mit dem Smaragd vermischen. Mit dieser Paste müsst ihr den Delfin dann einschmieren." Wir sagten: „Danke!" Sofort liefen wir los und suchten uns die Zutaten zusammen. Wir machten, was der Magier uns gesagt hatte, und rieben den Delfin ein. Nach wenigen Stunden ging es ihm wieder gut. Ich war echt glücklich, dass es dem Delfin wieder gut ging ...

Aufgabe: Überlege dir, wie du die Wörter durch treffendere Ausdrücke ersetzen kannst. Wenn du noch andere Wörter im Text ersetzen möchtest, kannst du sie mit der Löschtaste löschen und neue Wörter einfügen. Markiere dann die neuen Wörter **„fett"**, damit der Leser weiß, welche Wörter du ersetzt hast.

Textvorlage B: Die freche Katze
 Als Vorlage dient in diesem Fall kein Schülertext, sondern ein fertiges Arbeitsblatt (Baurmann 1984, 32 ff.). Die Häufung der Konjunktion „und" ist durch die Textgliederung gut zu erkennen.

> Aufgabe: Suche im Text das Wort „und". Unterstreiche es überall im Text.
> Entscheide, es stehen zu lassen, zu streichen oder ein anderes Wort dafür zu nehmen.

Vorlage	Schülerbearbeitung
Jutta hatte eine Katze und die war frech.	Jutta hatte eine Katze und die war frech.
Und einmal ging Jutta spielen.	~~Und~~ Einmal ging Jutta spielen.
Und sie sagte zu ihrer Katze:	~~Und~~Sie sagte zu ihrer Katze:
„Flori, geh nicht ans Aquarium, sonst geht es dir schlecht!"	„Flori, geh nicht ans Aquarium, sonst geht es dir schlecht!"
Und die Katze kümmerte sich nicht darum.	~~Und~~ Doch die Katze kümmerte sich nicht darum.
Und sie schlich zum Aquarium und langte mit der Pfote hinein.	~~Und~~ Sie schlich zum Aquarium und langte mit der Pfote hinein.
Sie tastete und tastete nach dem Goldfisch.	Sie tastete und tastete nach dem Goldfisch.
Da! Plötzlich fiel das Fischglas um.	Da! Plötzlich fiel das Fischglas um.
Jutta, die das gehört hatte, lief schnell herbei.	Jutta, die das gehört hatte, lief schnell herbei.
Sie erschrak, als sie das umgestürzte Aquarium sah.	Sie erschrak, als sie das umgestürzte Aquarium sah.
Und dann schimpfte Jutta mit der Katze und sagte: „Raus mit dir!"	~~Und~~ Dann schimpfte Jutta mit der Katze und sagte: „Raus mit dir!"
und hob den Fisch auf.	~~und~~ Sie hob den Fisch auf.
Im Fischglas war nur noch wenig Wasser.	Im Fischglas war nur noch wenig Wasser.
Jutta ging in die Küche und holte Wasser.	Jutta ging in die Küche und holte Wasser.
und war böse auf die Katze	~~und~~ Sie war böse auf die Katze
und füllte das Aquarium nach	und füllte das Aquarium nach
und setzte den Fisch wieder hinein.	und setzte den Fisch wieder hinein.

Station 2: Adjektive ergänzen

Adjektive haben die Funktion, Nomen näher zu beschreiben. Dadurch werden Texte lebendiger und anschaulicher. Hierzu dient die folgende Station. Neben der inhaltlichen enthält die Station auch eine grammatikalische Aufgabe, nämlich die Flexion der Adjektive in Übereinstimmung mit dem jeweiligen Nomen zu bringen.

Textvorlage

... Als Vero und ich die Augen aufmachten, erschraken wir. Wir waren auf einem anderen Planeten und in einer anderen Zeit gelandet. Ein Riesenmeerschweinchen mit Schokoladenohren und _____ Flügeln stand vor uns! Wir schrien laut und wollten weglaufen, als das Meerschweinchen plötzlich mit tiefer Stimme rief: „Habt keine Angst, ich tue euch nichts." Ehrlich gesagt kann ich euch vor den_____Schmunzelmonstern retten."
„Vor den_____Schmunzelmonstern? Was ist das denn?", fragte Vero. „Das sind die Möchtegern-Herrscher des Schlaraffenlandes." Schlaraffenland? Tatsächlich: Als ich zu den_____Bäumen guckte, sah ich _____Paradiesäpfel, die ich alle in meine Schultasche packte. Dann biss mir das Meerschweinchen plötzlich in meinen Pullover und setzte mich auf seinen Rücken, auf dem Vero schon saß. Es hob die_____Flügel und sauste los. Es flog an_____Seen und_____Stränden vorbei, was schön, romantisch und lustig zugleich war. Dann fragte es uns, ob wir zu den_____Schmunzelmonstern fliegen sollten. Wir nickten. Als wir dort ankamen, war es stockdunkel, denn diese Monster wohnten in der Zukunft des Schlaraffenlandes. Auf einmal kamen sie und lachten. Sie wollten uns angreifen, aber ich nahm mir einen spitzen Strohalm und stach in des Monsters_____Po. Es schrie sehr laut und wurde plötzlich zu einem_____Bonbon. Vero und das Meerschweinchen machten das Gleiche bei allen anderen Monstern, bis schließlich alle zu einem_____Bonbon wurden. Da sagte das Meerschweinchen: „Ihr habt alle einen Wunsch frei." Vero und ich wünschten uns beide das Gleiche: Wir wollten wieder nach Hause fliegen. Wir sprangen auf den _____Rücken des Meerschweinchens und flogen nach Hause, wo uns Vero schon freudig erwartete. Sie fragte uns: „Wo wart ihr? Was war los?" Wir erzählten Vero alles und sie schwor, dass sie nächstes Mal auch mitkommen wollte.

Aufgabe: Überlege dir, welche Adjektive du in die Lücken einsetzen möchtest. So kannst du den Text lustiger, geheimnisvoller, gruseliger oder spannender gestalten. Viel Spaß!

Station 3: Einen Text ausbauen

Als Textvorlage dient eine Geschichte, deren Hauptteil sehr kurz und wenig spannend ist. Durch entsprechende Einfügungen soll der Hauptteil der Geschichte spannender gestaltet werden.

Textvorlage

Ich stieg aus meinem Raumschiff aus und sah viele kleine und große Tiere. Plötzlich sah ich vor mir ein Tor aus Blumen. Als ich hindurch ging, hoppelte ein kleiner brauner Hase auf mich zu. Er war aus Schokolade und hatte lange Ohren. Der Hase hoppelte aus der Tür und zog mich mit hinaus. *Als wir draußen waren, zeigte er mir sein Land. Es war wunderschön. Zusammen erlebten wir viele Abenteuer. Eines Tages flogen ich und der Hase mit einem Ballon über dieses Wunderland. Plötzlich, als wir so flogen, fiel mir ein, dass ich wieder nach Hause musste.* Da mein Raumschiff nicht mehr da war, zeigte mir der Hase eine kleine, runde Rakete, mit der ich nach Hause flog.

> Aufgabe: Lies dir die Geschichte durch. Dann überlege dir, wie man den Hauptteil der Geschichte spannender schreiben kann. Füge ihn in die Geschichte ein. Überlege dir, was in der Geschichte noch fehlt, und setze es ein.

Schülerergebnis

Plötzlich sah ich ein wunderschönes Land aus Schokolade. Es gab alle Sorten von ihr: weiße, schwarze, Vollmilchschokolade, Bitterschokolade, braune, gefleckte, süße Bioschokolade und Schokoladenkekse. Sogar das Gras und die Flüsse waren aus Schokolade. Wir erlebten viele Abenteuer, obwohl der Hase nicht sprechen konnte. Die Zähne putzten wir uns mit Schokoladenbürsten und Schokoladenzahnpaste. Plötzlich merkte ich, dass ich nach Hause musste.

Station 4: Einen Text anschaulicher schreiben

Texte von Grundschülern enthalten oftmals Äußerungen, die einen komplexen Sachverhalt (Ort, Handlung, Figur) nur andeuten, ohne diesen auszuführen. Hier bietet es sich an, einen Beispieltext an den entsprechenden Stellen mit Fragezeichen zu versehen und die Schüler so darauf aufmerksam zu machen. Die Schüler haben die Aufgabe zu überlegen, welche Fragen die Leser sich hier wohl stellen könnten.

Textvorlage: **Das Pferd**

Vor ein paar Jahren flog ich mit einem Raumschiff auf den Tier-Planeten. Alle Tiere waren dort glücklich. Auf diesem Planeten war alles viel schöner als hier auf der Erde.

???

Ich fand einen guten Freund, nämlich ein sprechendes Pferd. Es hieß Tornado und war das schönste Pferd der Welt und des Planeten.

???

Eines Tages ritten wir zu einem See, der wunderschön war. Plötzlich kam ein Frosch herausgesprungen und wir erschraken.

Danach ritten wir in einen Wald und das Pferd sagte: „Das ist ein Zauberwald. Hier leben Hexen und Feen. Aber keine Angst, hier gibt es keine bösen Hexen."

Daraufhin sagte ich: „Jetzt bin ich aber erleichtert."

???

Jetzt musste ich aber wieder nach Hause. Ich stieg in das Raumschiff und flog zur Erde und nahm das Pferd mit.

???

Ich hatte das Pferd, bis es starb. Nach seinem Tod war ich sehr traurig. Und jetzt habe ich ein neues, aber das kann nicht reden ... leider.

Aufgabe: Überlege, welche Fragen der Leser an den markierten Textstellen haben kann, und füge sie ein. Fallen dir keine ein, dann versuche, die Fragen unten den Textstellen zuzuordnen. Kannst du die Geschichte jetzt so ergänzen, dass der Leser keine Fragen mehr hat? Viel Spaß!

- Wollte das Pferd denn mit auf die Erde? Wo lebte es auf der Erde?
- Wie sah der Zauberwald aus?
- Wie sah das Pferd aus?
- Wie sah es denn auf dem Planeten aus?

Station 5: Wörtliche Rede einsetzen

Vorlage ist ein Schülertext, in den ein Gespräch – hier: zwischen einem Einhorn und dem Ich-Erzähler – eingefügt werden soll. Die recht anspruchsvolle Aufgabe beinhaltet mehrere Schwierigkeiten: Zum einen müssen die Schüler inhaltlich überlegen, wovon das Gespräch handelt und wie es sich in den übrigen Textfluss einfügen könnte. Zum anderen müssen sie auch auf die korrekte Zeichensetzung achten, die bei der wörtlichen Rede komplex ist. Zuletzt muss in dem Gespräch auch deutlich werden, wer spricht. Hierzu dienen Rede-einleitende Äußerungen wie: „Daraufhin antwortete ich: ...".

Textvorlage: Meine Begegnung mit einem Einhorn
Eines Tages, im Sommer, kam ich auf einem Spaziergang zu einer wunderschönen Blumenwiese. Am anderen Ende der Wiese stand ein großes Haus.

Dort ging ich ganz neugierig hinüber. Von allen Seiten schien so ein ungewöhnlich helles Licht, aber das Licht war auch irgendwie wunderbar und geheimnisvoll. Wie verzaubert ging ich einfach durch die Lichtwand und siehe da: Ich stand vor einem wunderschönen Raumschiff. Ich stieg hinein und landete auf einem fremden Planeten. Verwundert sah ich mich auf dem fremden Planeten um. Überall liefen seltsame Tiere herum. Doch dann fiel mein Blick auf ein wunderschönes Einhorn mit einer langen, goldenen Mähne. Ganz vorsichtig ging ich auf das Tier zu. Das Einhorn war gar nicht scheu. Es warf mir sofort einen freundlichen Blick zu.

Aufgabe: Füge hier ein Gespräch (= wörtliche Rede) ein.

Daraufhin streichelte ich ein wenig das Einhorn und wir wurden schnell Freunde. Dann ritt ich auf ihm zum Nachbarplaneten, der „Schlaraffenland-Planet" genannt wurde. Dort flog mir das Essen in den Mund, und das Spielzeug hing an den Bäumen. Von dort ging es weiter zum nächsten Planeten. Dort platschten riesige Wasserfälle in wunderschöne Seen. Ich legte mich auf eine Wiese und schlief ein. Als ich wieder aufwachte, lag ich auf meiner Blumenwiese.

Aufgabe: Durch das Einfügen einer wörtlichen Rede kann die Geschichte viel lebendiger werden. Überlege dir ein Gespräch, das zwischen dir und dem Einhorn stattgefunden haben könnte. Schreibe es auf. Achte auf das Setzen der Redezeichen und darauf, wer spricht!

Schülerergebnis
„Hallo, ich heiße Laura. Wie heißt du?", fragte ich. „Ich heiße Silberstern", antwortete das Einhorn. „Silberstern, wo bin ich hier?", fragte ich. „Du bist auf dem Planenten Sternensilber", sagte das Einhorn. „Ich erzähle dir mal, wie ich hierhin gekommen bin", flüsterte ich. „Also, …", erzählte ich.

Station 6: Satzzeichen einsetzen
In selbst verfassten Texten von Grundschülern fehlen häufig noch die Satzzeichen, vor allem auch die Satzschlusszeichen.

Textvorlage: Mein geheimer Freund
Eines Tages flog ein Raumschiff über mir ein greller Strahl biemte mich ins Raumschiff und sofort wurde mir eine Karte in die Hand gedrückt
   plötzlich biemte mich der Strahl auf den Planeten der Pferde sofort kam mir ein schwarzer Hengst entgegen und sein Fell glänzte in der Sonne er hieß Ivan schnell wurden wir Freunde wir galoppierten über Wiesen und

Wälder und hatten viel Spaß eines Tages verliebte sich Ivan in eine weiße Stute, aber es stellte sich heraus, dass sie ein Hengst war Ein anderes Mal waren wir am Strand, da stupste mich Ivan dann ins Wasser auf einmal hörte ich eine Stimme sagen: Aufstehen, Corinna.

Das war meine Mutter da dachte ich: Schade! Es war doch nur ein Traum dann zog ich mich an, aß etwas und ging zur Schule in der 3. Stunde hatten wir Mathe mit Frau Schneider sie redete und redete … Ich schlief ein und in meinem Traum erinnerte ich mich an all die schönen Dinge, die ich mit Ivan erlebt hatte.

> Aufgabe: Setze die fehlenden Punkte in den Text ein. Beachte: Am Anfang eines Satzes schreiben wir_____.

Station 7: Zeitformen einhalten

In vielen Texten von Grundschülern finden sich unmotivierte Wechsel des Tempus. Die Aufgabe an dieser Station besteht darin, Verben in einer abweichenden Zeitform umzuformen. In dem vorliegenden Erzähltext findet sich ein unmotivierter Wechsel von Präsens und Präteritum. Die Schüler haben die Aufgabe, die Verben in der falschen Zeitform zu entdecken und sie dann erst in die richtige Zeit zu setzen. Zur Differenzierung können alle oder einige umzuformende Verben markiert werden.

Textvorlage: **Der Astropingostern**
Vor langer Zeit <u>spiele</u> ich in unserem Garten, als plötzlich ein riesiges Raumschiff direkt neben mir landet. Alle Türen und Fenster des Raumschiffes waren offen. Nachdem ich mich von meinem ersten Schrecken erholt hatte, betrat ich das Raumschiff und <u>habe</u> dabei gar keine Angst. Plötzlich schlossen sich alle Fenster und Türen und das Raumschiff <u>hebt</u> ab. Nach kurzem Flug landete das Raumschiff auf einem fremden Stern. Dann öffnen sich alle Fenster und Türen wieder, sodass ich das Raumschiff verlassen konnte.

Kaum war ich aus dem Raumschiff heraus, <u>hat</u> mich ein kleines, nettes Wesen an die Hand <u>genommen</u> und <u>gesagt</u>: „Ich bin ein Astropingo und wer bist Du?" Dann <u>habe</u> ich <u>geantwortet</u>: „Ich heiße Marcel Beier und komme von dem Planeten Erde." Auf dem fremden Stern hat es mir sofort gut gefallen. Der Stern war mit lauter verschiedenen grünen und blaugrünen Pflanzen bewachsen. Die Astropingos <u>haben</u>, wie bei uns viele Affen, in den Baumkronen <u>geschlafen</u>. Umweltverschmutzung wie bei uns auf der Erde gab es überhaupt nicht. Als ich auf die Uhr sah, <u>bemerke</u> ich plötzlich, dass es schon sehr spät war. Ich sagte meinem lieben Freund, dass ich nun dringend nach Hause müsste, weil sich meine Eltern sonst große Sorgen machten.

„Oh, wie schade", sagte der Astropingo bekümmert, „ich hätte mich so sehr gefreut, wenn du noch länger geblieben wärest. Wenn du Lust hast, schicken wir dir morgen wieder ein Raumschiff und dann können wir wieder miteinander spielen." Ich fand, dass das eine sehr gute Idee war. Wir haben uns dann verabschiedet und das Raumschiff hat mich dann nach Hause gebracht.

Aufgabe: Nanu! Hier hat jemand die Zeit nicht eingehalten. Streiche die Verben in der falschen Zeit durch und schreibe sie in der richtigen Zeit darüber. Du kannst die falschen Verben auch überkleben. Wenn du die falsche Zeit nicht herausfindest, dann nimm dir das leichtere Blatt mit der Feder. Dort sind einige Verben, die du in der Zeit ändern musst, schon unterstrichen.

Anregungen für den Stationenbetrieb

● Für die Arbeit an den Stationen ist es hilfreich, jeden Stationentisch mit einem Schülerwörterbuch auszustatten. Das übt die Arbeit mit Wörterbüchern und macht so manche Nachfrage zu Grammatik oder Orthographie überflüssig.

● Das Markieren der zu bearbeitenden Textstellen ist für die Schüler eine große Hilfe, auf die sie vor allem zu Beginn noch angewiesen sind. Allerdings sollte die Schwierigkeit mit zunehmender Übung auch steigen.

● Stationen, die von den Schülern gemieden werden oder besondere Schwierigkeiten bereiten, können Aufschluss über Unsicherheiten und Probleme geben.

● Der zeitliche Aufwand für das Erstellen und die Durchführung eines Stationenbetriebs ist am Anfang relativ hoch. Allerdings kann das einmal erarbeitete Material sukzessive ergänzt und immer wieder verwendet werden. Man kann es ebenso gut in der Wochenplanarbeit einsetzen

Schreibkonferenzen

„Schreibkonferenzen stellen demnach ein Verfahren dar, einen selbst verfassten Text einer kleinen kritischen Öffentlichkeit zur Diskussion zu präsentieren, um aus den Reaktionen der Teilnehmer Hinweise für eine eventuelle Überarbeitung des Textes zu erhalten. Unter professionellen Schreibern sind Schreibkonferenzen ein ganz selbstverständlich praktiziertes Verfahren (...). Eingeführt in die didaktische Diskussion (...) wurde dieses Verfahren Anfang der Achtzigerjahre in England von einer Lehrer- und Forschergruppe um Donald Graves (1983)."
So definiert Gudrun Spitta (1992, 13) das Konzept der Schreibkonferenz. Es sieht vor, dass die Schüler zunächst im Rahmen von festen Schreibzeiten, etwa als Bestandteil der Wochenplanarbeit, regelmäßig freie Texte verfassen, d. h. ohne thematische Vorgabe schreiben. Themenfindung und Text-

produktion finden individuell statt. Den so entstandenen Textentwurf bespricht der Verfasser mit zwei Mitschülern in einer Schreibkonferenz; hier werden inhaltliche, stilistische und orthographische Aspekte des Textes bearbeitet. Danach überarbeitet der Verfasser seinen *Textentwurf* und reicht ihn der Lehrerin für eine weitere Korrektur ein, bei Spitta *Endredaktion* genannt. Anschließend fertigt der Verfasser eine *Reinschrift* seines Textes auf Schmuckbögen an. Den Abschluss bildet die *Veröffentlichung* entweder in einer Vorlesestunde in der Klasse oder in Form einer Publikation, z. B. als Klassenzeitung.

Im Zentrum des Konzepts von Spitta steht die Verbindung von freiem Schreiben und Überarbeiten in der Kleingruppe. Nicht vorgegebene Aufsätze werden in Schreibkonferenzen überarbeitet, sondern Texte, die nach der Idee des freien Schreibens individuell produziert wurden. Spitta begründet diese Kombination von freiem Schreiben und Überarbeiten mit der reformpädagogischen Überlegung auf der einen und den Ergebnissen der Schreibforschung (vgl. Kap. 2.5) auf der anderen Seite. Die Schüler sollen auf diese Weise erfahren, dass Schreiben so etwas wie ein Problemlösungsprozess ist.

Werfen wir einen Blick in die Praxis und beobachten Schüler in Schreibkonferenzen. Im folgenden Beispiel bearbeitet Martin (Ma) gemeinsam mit Jochen (Jo) und Nick (Ni) seinen Bericht über die zurückliegende Klassenfahrt, der in der monatlichen Klassenzeitung veröffentlicht werden soll. An einer Stelle seines Textes heißt es:

„Die Schule und ich sind endlich in Altona. Wir gehen in die Burg. Es ist erstaunlich, wie die Burg alt ist. Wir sind überall hingegangen, aber noch nicht in den Kerker. Sechs Kinder und ich sind ein paar Stufen gegangen. Es war dunkel in dem Kerker, aber man konnte was sehen. Es sah aus wie ein Skelett auf dem Boden. Und alle Kinder und ich sind weggegangen. Alle sind ins Zimmer gegangen, um sich umzuziehen, weil wir eine Nachtwanderung gemacht haben."

Hierzu geben Jochen und Nick folgenden Kommentar:

Jo: Wir sind doch morgens um 11 Uhr angekommen. Wir
1
Jo: können uns doch nicht um 12 Uhr mittags umziehen und
2
Jo: ins Bett gehen.
Ma: Ja, aber • ich hab ja geschrieben:
3

Ni;	Jaja.
Jo:	*Wir sind überall*
Ma: *Wir sind überall hingegangen.*	

4

Jo: *hingegangen.* Da wars aber immer noch nicht abends. • •

5

| Ni: Doch. | Doch, dann nach/nachher hatten wir bis zum |
| Jo: | Nee. |

6

Ni: Abend freie Zeit. Über freie Zeit kann man nicht viel

7

| Ni: berichten. | So, aber/ |
| Jo: | <u>Freie Zeit</u> stimmt doch gar nicht. Wir haben |

8

Ni:	Ja.
Jo: doch das <u>Burg</u>museum noch besichtigt.	
Ma:	Ja, aber ich <u>hab</u> ja

9

Ni:	Ja/ • ja
Jo:	Wir gehen in die Burg.
Ma: hier geschrieben: • •	*Wir sind überall <u>hingegangen</u>.*

10

| Ni: genau. So, Jochen, du kannst jetzt <u>nicht</u> • die/die |
| Jo: | Ach, so |

11

| Ni: Geschichte jetzt noch <u>verlängern</u>. Das geht nicht. |
| Jo: | Jaaa. | Na |

12

Jo: gut, schreiben wir das hin.

14

Schreibkonferenz Martin

Jochen kritisiert, dass die dargestellte Ereignisfolge nicht mit der Wirklichkeit übereinstimme; damit verletze sie eine wesentliche Bedingung von Erzählungen und Berichten, die in ihrer Reihenfolge der Wirklichkeit folgen. Martin weist in den Flächen 3/4 die Kritik unter Hinweis auf seine Aussage: „Wir sind überall hingegangen" zurück. Jochen widerspricht in den Flächen 4/5 diesem Argument jedoch seinerseits, weil es den Zeitsprung zwischen Mittag und Abend nicht erkläre. Daraufhin schaltet sich Nick in den Flächen 6 bis 8 in die Diskussion ein und erklärt, dass sie den Nachmittag zur freien Verfügung gehabt hätten, über den daher nicht viel zu berichten

sei. Jochen weist diese Erklärung unter Hinweis auf den Besuch des Burg-
museums erneut zurück (Flächen 8/9). Daraufhin verweist Martin erneut
auf den Satz „Wir sind überall hingegangen" (Flächen 9/10). Darin wird er
von Nick unterstützt, der in den Flächen 11/12 das Ansinnen von Jochen,
den Text zu verlängern, explizit zurückweist. Am Ende erklärt sich auch Jochen mit dem Text einverstanden: „Na gut, schreiben wir das hin."

Das Beispiel liefert eine Erklärung für die in der Praxis recht häufige Beobachtung, dass sich Überarbeitungen – auch in Schreibkonferenzen – weit
gehend auf sprachliche Oberflächenphänomene beschränken. Änderungen
betreffen ganz überwiegend die Orthographie, die Bearbeitung einzelner
Wörter, vor allem das Vermeiden von Wiederholungen, sowie die Verein-
heitlichung des Tempus (Zeitformen). Tiefer gehende Änderungen, etwa
das Umstellen von Sätzen oder gar Abschnitten, bilden die absolute Ausnahme. Denn die mündliche Erklärung, dass der Satz *„Wir sind überall hingegangen"* alle Aktivitäten des Nachmittags umfasse, macht es Jochen möglich, die dargestellte Ereignisfolge sinnvoll zu interpretieren. Ohne den Text
zu verändern, versteht er nun, wie Martin ihn gemeint hat. Damit tritt eine
mündliche Erklärung an die Stelle der schriftlichen Revision. Unter der
Hand verliert damit die mündliche Kommunikation ihren instrumentellen
Charakter und wird zu einem eigenen Handlungsrahmen: vom Revidieren
eines Textes zum Herstellen von Verständigung. Damit setzt sich dieser ur-
sprüngliche Zweck von Diskursen gegen den spezifischen Zweck in Schreibkonferenzen durch. Insofern entspricht die Überarbeitung in solchen Fällen noch eher dem mündlichen Reparieren als dem schriftlichen
Revidieren. Ein sprachlicher Mangel wird dort bearbeitet, wo er auftritt.

Bei dem Beispiel handelt es sich nicht um einen singulären, sondern um
einen typischen Fall. Das belegen auch die Beispiele von Gisela Reuschling
(1995 und 1996), die ebenfalls zeigen, dass Schüler mit dem Überarbeiten
von Texten vielfach noch überfordert sind. Neben dem bereits erwähnten
haben sie auch ein Diagnoseproblem. Schüler gewinnen zwar sehr schnell
einen intuitiven Eindruck, ob sie einen Text verstehen oder spannend finden. Sie sind aber nur sehr begrenzt in der Lage, ihren Eindruck auf die
sprachliche Struktur zu beziehen. Entsprechend groß sind die Probleme,
für (intuitiv) erkannte Mängel des Textes Veränderungsvorschläge zu erarbeiten.

Ein weiteres Problem, nämlich das Festhalten und Umsetzen von beab-
sichtigten Änderungen im Text, zeigt das folgende Beispiel aus der gleichen
Schreibkonferenz:

N	Mm, Mm • Wir/wir drehen das jetzt einfach um. *Herr Lammert/*
Kom.N	(verneinend)
1	

NVK.N	(Markiert durch Einkreisen in seinem Text die umzudrehende
J	Nein! Umdrehen kannstes aber nicht, weil das <u>dafür</u> viel zu <u>lang</u>
NVK.J	(Beugt sich über Nicks Text und beobachtet ihn beim Schreiben –
Kom J.	(Spricht genervt)
NVK.M	(Schaut zu Nick und beobachtet ihn beim Schreiben ---------------
2	

N	*Erzählt und/*
NVK.N	Textstelle ---
J	ist!
NVK.J	--)
M	Wir können doch schreiben: *Auf dem Boden* ((5 s))
NVK.M	------)
3	

N	So, und/und <u>das</u> drehen wir jetzt um. So: <u>*Ich habe mich an Herrn*</u>
NVK.N	----)
NVK.J	(Markiert in seinem eigenen Text die umzukehrende
M	( )
NVK.M	(Schaut zu, wie Jochen schreibt-----------------------------
4	

N.	*Lammerts Jacke festgehalten.* Da/Das ist dann der Schluss von •
NVK.J	Textstelle---
NVK.M	--
5	

N	dem Satz (sein), weil Herr Lammert hat ja nicht im Haus ne
NVK.J	--
NVK.M	--
6	

N	<u>Jacke</u> an. So, a/a/*Am* <u>*nächsten*</u> *Tag*
J	Hä? Warte, ich bin doch noch
NVK.J	-----------------------------)
NVK.M	--------------------)
7	

N	So, • ach/*Am/*
J	gar nicht fertig, jetzt. Ach, Nick, mach <u>du</u> das
NVK.J	(Wirft den Stift hin,
8	

N	A/also/
J	mal, ich begreife das jetzt nicht, Mann! Mach du jetzt! Du
NVK.J	Arbeitshilfe fällt vom Tisch) (Wirft den Stift
Kom.J	(aggressiv)

9

N	Ich les das jetzt ma/
NVK.N	(Richtet sich auf, nimmt seinen Zettel in
J	drehst das auch um! Du hast das/ • dreh/Du
NVK.J	noch mal, schiebt Zettel zu Nick.) (Haut Hand auf Tisch.
Kom.J	(aggressiv)

10

N	Ok. *Herr Lammert hat/*
NVK.N	die Hand)
J	drehst das jetzt um! Nicht ich! Umdrehen sollst du das!
NVK.J	Zeigt mit dem Finger auf den Text) (Schaut auf Nicks Text--------
Kom.J	(laut und befehlend)

11

N	Ja, ich hab/ Ja, ich hab
Kom.N	(macht beruhigende Handbewegung in Richtung Jochen)
J	Du sollst nicht erzählen. Du sollst etwas machen!
NVK.J	-----------------------) (schiebt seinen Text etwas zu Nick hin und
M	(Wir können
NVK.M	(Beugt sich

12

N	jetzt dies hier nach unten gesetzt.
J	Ja, dreh das für mich um!
NVK.J	zeigt ihm die Stelle) (haut mit der Hand auf den Tisch)
M	ja auch fragen!)
NVK.M	zu Jochen und Nick herüber ---

13

	(Schreibt etwas in Jochens Text---------------
J	Ich kann das nicht! Jetzt mach!
M	Ja, wir können das ja auch ein/ auf ein/ auf
NVK.M	--

14

N	So, jetzt das
NVK.N	----------------------)
J	Ja, toll ((4 s))
M	ein Blatt machen • •
NVK.M	--)

15

N 16	Umgedrehte. Und jetzt erzählen wir es auch umgedreht: *Herr*
N 17	*Lammert* (. . .)

Schreibkonferenz Martin „Umdrehen"

Das Beispiel veranschaulicht eindrucksvoll die technischen Schwierigkeiten, mit denen Grundschüler bei größeren Revisionen zu kämpfen haben. Der Schüler sieht sich hier nicht in der Lage, einen Textausschnitt um einen oder zwei Sätze nach vorne zu verschieben. Schwierig ist es auch, wenn jeder Konferenzteilnehmer ein eigenes Exemplar des Textentwurfs hat. Denn dann müssen alle die Änderungen in der gleichen Weise festhalten.

Daraus leiten wir die Empfehlung ab, Schreibkonferenzen grundsätzlich in ein umfassenderes Konzept zur Förderung der Planungs- und Überarbeitungsfähigkeit von Grundschülern zu integrieren. Die Vorstellung, die Überarbeitungskompetenz vor allem durch die gemeinsame Textrevision in Kleingruppen zu fördern, greift unseres Erachtens zu kurz. Sie unterschätzt systematisch die kognitiven Erfordernisse, die das Überarbeiten – nicht nur für Schreibanfänger – bedeuten. Authentische Rückmeldungen, so wichtig sie für die Motivation sind, reichen alleine nicht aus, um Überarbeiten zu lernen. Wir schließen uns hier der These von Reuschling an:

„Um das Überarbeitungsverhalten der Kinder so zu fördern, dass Textphänomene in angemessener Weise und auf allen Ebenen des Textes – also auch Phänomene der Textstruktur, des Textaufbaus, der Textsorte – zum Inhalt von Überarbeitungsinteresse und -strategien werden können, bedarf es gezielter Anregungen der Lehrenden unter Beachtung der Prinzipien des Konzepts einer so genannten mäeutischen Korrektur" (ebd. 1995, 150). Mit mäeutischer Korrektur ist ein Verfahren gemeint, bei der die Lehrenden durch gezielte Fragen zum Text die Schüler auf deren je spezifische Qualität hinweisen (vgl. Kap. 8.1). Die Lehrer sind mithin stärker als in dem Konzept von Spitta gefordert, in den Konferenzen mitzuarbeiten und so die Schüler in ihren Überarbeitungsprozessen zu unterstützen. Für die Bearbeitung der oben genannten technischen Probleme beim Festhalten von Änderungsabsichten schlagen wir vor, immer wieder gezielt Techniken des Überarbeitens (Kap. 10.2, 10.3, 10.4,12) zu vermitteln.

10.3 Kreative Verfahren zur Bearbeitung

Um das Überarbeiten von Texten einzuüben, muss in der Klasse ein Handlungskontext geschaffen werden, der zum Überarbeiten anregt. Eine Möglichkeit ist der Einsatz „kreativer Bearbeitungsverfahren", die – ähnlich den kreativen Schreibarrangements – einen experimentellen, spielerischen

Charakter haben. Die Motivation zur Textbearbeitung wird so erhöht. Es handelt sich bei diesen Bearbeitungsverfahren um „Textproduktionsverfahren und gleichzeitig Revisionsverfahren" (Böttcher 1999, 73). Die Methoden, die Schreibprozesse initiieren, können auch zur Revision von Texten genutzt werden. Je selbstverständlicher mit den Bearbeitungsverfahren im Unterricht gearbeitet wird, desto eher wählen die Schüler im weiteren Unterrichtsverlauf auch selbstständig das für ihren Text passende Bearbeitungsverfahren aus.

Zeilenumbrechen

Bei diesem sowohl gestalterischen als auch revidierenden Produktionsverfahren geht es um das Umwandeln eines Prosatextes in eine Versanordnung. Diese ergibt sich durch das Umordnen der Zeilen des Prosatextes in freie Verse und/oder in Strophen. Jede Verszeile stellt eine Sinneinheit dar, sodass die Form der Anordnung ein bestimmtes Verständnis des Textes ausdrückt, ihn gewissermaßen interpretiert (Waldmann 1988, 15). Das Verfahren eignet sich zur Überarbeitung, da der Text durch die Verseinteilung automatisch inhaltlich akzentuiert und aussagekräftiger gestaltet wird. Durch die unterschiedliche Länge der Zeilen erfolgt unwillkürlich ein nachdrücklicheres, betonteres Lesen. Beim Zeilenumbrechen werden oft unbewusst linguistische Operationen wie das *Weglassen*, das *Umstellen*, das *Ersetzen* oder das *Ergänzen* von Wortmaterial durchgeführt. Diese operationalen Verfahren können daraufhin bewusst im Unterricht thematisiert und ihre Anwendung geübt werden, stellen sie doch beim Überarbeiten von Texten eine wichtige Hilfe dar (Baurmann 2002, 111).

Das Verfahren Zeilenumbrechen in einer 4. Klasse

Die zu bearbeitenden Texte entstehen innerhalb eines projektorientierten Unterrichtes zum Thema „Wasser". Die Schüler malen zu einer meditativen Musik ein „Zauberwasser" und schreiben anschließend zu ihrem Zauberwasser einen Text von höchstens sechs Sätzen (Schneider-Alken 1999, 163). Um das Verfahren einzuführen, wird das Gedicht von Wenzel Wolff eingesetzt, da es die Schüler zunächst für die rhythmische Struktur von lyrischen Texten sensibilisiert (siehe S. 139).

Automatisch entsteht ein Gespräch, das die Merkmale von Gedichten und ihre Unterschiede zu Prosatexten behandelt. Festgehalten wird, dass sich ein Gedicht nicht unbedingt reimen muss, sondern auch durch eine bewusste visuelle Anordnung der Wörter entstehen kann. Der Prozess des Zeilenumbruchs wird daraufhin über das Zerschneiden und das veränderte Zusammenlegen bzw. -kleben von Schülertexten eingeführt. Schüler ma-

Ein Satz

Ein Satz, den man so schreibt, ist kein Gedicht.

Ein Satz,
den man so schreibt,
wird ein Gedicht.

Ein Satz,
den man
so
schreibt,
ist ein Gedicht –

so ein Gedicht   *Wenzel Wolff*

chen gute Erfahrungen mit dem Legen der Wörter in mehreren Endfassungen, weil sie so nicht nur rein kognitiv, sondern auch praktisch handelnd tätig werden können. Die als geeignet ausgewählte Textversion wird dann aufgeklebt.

Zusätzlich erhalten die Schüler ein Blatt mit leeren Kästchen, in die durch Ergänzungsoperationen neue Wörter geschrieben und beim Erlegen ihres Gedichts eingefügt werden können. Die Vorgehensweise beim Verfahren „Zeilenumbrechen" wird anhand einer vorbereiteten Folie besprochen, die zur Vergewisserung die ganze Stunde über an der Wand projiziert bleibt:

Ich träume mir ein Wasser...
1. Zerschneide deinen Text und lege ihn wieder richtig zusammen.
2. Überlege, welche Wörter dir ganz wichtig sind.
3. Versuche, aus diesen Wörtern ein Gedicht zu legen.
4. Du kannst auch Wörter vertauschen oder neue hinzufügen.
5. Jetzt klebe dein Gedicht auf das leere Blatt.

Die Schüler zerschneiden daraufhin ihre gedruckten Texte und probieren mehrere Fassungen aus. Können sich Schüler zunächst nicht entscheiden, wird ihnen z. B. eine Überschrift oder ein erster Satz vorgeschlagen. Anschließend „erlegen" sie ihr Gedicht, als würden sie einer Spur folgen. Daraus ergeben sich Gespräche über Sprache und fast wie nebenbei werden die operationalen Verfahren (s. o.) durchgeführt.

Ich zaubere mir ein Wasser ...

Mein	Sommerwasser	ist	mit	allen	frohen	Farben	gemalt.	Es	ist
so	bunt	wie	die	Wiesen	und	macht	froh.	Leider	weiß	man
nicht	viel,	weil	viele	Quellen	vom	Sommerwasser	verstopft	sind.

Severin

Ergebnisse

Unter den Schülern kristallisieren sich schnell verschiedene Vorgehenswei-
sen heraus. Am Beispiel von Severin erkennt man, dass er zur Revision seines Textes automatisch die Weglass-, Ergänzungs- und Umstelloperation
angewandt hat. So wie bei den meisten Schülertexten gewinnt man den Eindruck, dass hier bereits nach einem gewissen Rhythmus gearbeitet wird.
Beim Ausprobieren verschiedener Gedichtversionen lesen sich die Schüler
ihre Texte laut vor, sodass hier auch automatisch auf die Klangprobe zurückgegriffen wird. Am Ende der Unterrichtseinheit tragen die Schüler frei-
willig ihre Gedichte im Klassenverband vor. Dabei wird gleichzeitig die Betonung beim Lesen geübt, um den Kontrast zu dem Prosatext deutlich
hervorzuheben. Spätestens an dieser Stelle fallen die Texte auf, die keinen
klaren Rhythmus erkennen lassen, und können erneut thematisiert werden.

Textreduktion

Bei diesem Schreibverfahren geht es um das „Verdichten" eines literarischen oder selbst verfassten Textes. Die Schüler unterstreichen in einem vorgegebenen oder selbst ausgewählten Text *Kernwörter* oder auch *Kernwortgruppen*, in denen sich ihrem Empfinden nach der Sinn des Textes konzentriert. Die ausgewählten Kernwörter werden gesondert aufgeschrieben und können als „verdichteter Text" stehen bleiben (Böttcher 1999, 59). Ebenso kann aber mit Hilfe der Kernwörter ein ganz neuer Text produziert werden. Die Schwierigkeit dieses Verfahrens liegt in der Konzentration auf das Wesentliche. Automatisch wird ein wiederholtes Lesen der Vorlage erforderlich, bevor die Schüler endgültig die Kernwörter einkreisen. Der Vorteil des intensiven Lesens ist, dass die Schüler sich unbewusst dem Sprachrhythmus und dem Wortschatz der Vorlage anpassen. Arbeitet man mit literarischen Vorlagen, so bietet es sich also an, den Schülern sprachlich anspruchsvolle Texte vorzulegen, sei es in Form von Lyrik oder Prosa. Nicht nur sprachlich, sondern auch inhaltlich bietet dieses Verfahren eine Hilfe zur Produktion eigener Texte. So können die Schüler beim Lesen der Vorlagen auf Gedanken stoßen, die ihnen vielleicht vertraut sind, ihnen aber ohne die Arbeit am Text nicht eingefallen wären.

Durchführung des Verfahrens „Textreduktion" an literarischen Vorlagen

Die Arbeit an literarischen Vorlagen bietet sich besonders gut zur *Einführung* des Verfahrens „Textreduktion" an. Das folgende Unterrichtsbeispiel kann am Anfang des 4. Schuljahres im Religionsunterricht zum Thema „Schöpfung" durchgeführt werden. Zu Beginn sollen sich die Schüler Gedanken über die Entstehung unserer Welt machen und einen kurzen Text dazu verfassen. Um sie gedanklich und sprachlich anzuregen, dienen zwei Gedichte zunächst als Gesprächs-, später als Schreibanlass.

Erde *von Rosemarie Künzler-Behncke*
Ich weiß, dass die Erde um die Sonne kreist,
dass die Erde manchmal bebt
und dass Naturvölker Erde essen.
Ich wohne zu ebener Erde,
kann mit beiden Beinen fest auf der Erde stehen
und schlafe am liebsten auf der blanken Erde.
Wenn ich was Dummes gemacht habe,
möchte ich vor Scham in die Erde sinken.
Ich armer Erdenkloß!
Aber wenn ich glücklich bin,
habe ich den Himmel auf Erden.

Was mein Vater sagt *von Rosemarie Künzler-Behncke*
Mein Vater sagt: Die Erde entstand vor Millionen von Jahren aus Gasen
und Staub.
Ich kann mich nur wundern.
Wie kann die Erde dann so groß und schön sein?
Aber mein Vater sagt: Die Erde ist nur ein winziges Teilchen in einem
unermesslichen Universum.
Und wo zum Himmel kommt das Universum her?
Mein Vater sagt: Die Erde ist der einzige Planet, auf dem Leben möglich
ist, weil wir eine Schicht aus Luft, Wasser und Boden haben.
Es fing alles ganz wunderbar an:
Zuerst entwickelten sich kleine Pflanzen und kleine Tiere, dann immer
größere und zuletzt die Menschen.
Meine Mutter sagt: Vielleicht sind wir Menschen der erste Fehler der Natur.
Aber das kann ich nicht glauben.
Mein großer Bruder sagt: Alles hat mit einem großen Knall angefangen
und könnte leicht mit einem großen Knall aufhören.
Der spinnt ja!

Beide Gedichte werden im Sitzkreis zunächst nur vorgelesen. Die Schüler berichten daraufhin über ihre eigenen Vorstellungen hinsichtlich der Entstehung der Welt. Anschließend sucht sich jeder Schüler ein Gedicht aus und
bearbeitet es mithilfe des Verfahrens „Textreduktion". Sie kreisen fünf bis
zehn Wörter, die ihren Vorstellungen am nächsten kommen, ein und schreiben mit ihrer Hilfe einen Text zur Entstehung der Welt. Die im Gedicht ein-
gekreisten Wörter sollen die Schüler in ihren eigenen Texten unterstreichen.
Der Beispieltext „Erde" verdeutlicht, wie die im Gedicht vorformulierten
Gedanken als Hilfe für die eigene Textproduktion genutzt werden können.
In dem Schülertext wird insbesondere die Anlehnung an den Sprachrhythmus des Gedichtes deutlich.

> Wie ist die Erde enststanden?
> Ich weiß, dass es einen Erdknallbal
> gab. Ein kleines Stück. Aber ist
> zur Erde geworoden. Seizt dem
> beben Naturvölker auf der Erde.
> Ich weiß auch, dass über dem
> Himmel die Erde um die Sonne
> kreist.

Durchführung des Verfahrens „Textreduktion" zur Bearbeitung eigener Texte

Zu Anfang eines 3. Schuljahres haben die Schüler innerhalb einer Unterrichtsreihe zum Thema „Verwandlungen" eigene Texte geschrieben. Ausgangspunkt ist zunächst die Verwandlung von Gegenständen, bevor dann im weiteren Verlauf „Ich-Verwandlungen" thematisiert werden. Für die Verwandlung von Gegenständen dient als Anregung die Bildergeschichte „Der wunderbare Luftballon".

Die Bilder veranschaulichen, wie wandlungsfähig der Luftballon ist. Sie dienen nicht als Vorlage für das Schreiben einer Bildergeschichte, sondern vielmehr als Bildstimulus, angedeutet durch die Leerstelle. Die Aufgabe ist, nicht mehr als eine Seite zu schreiben, damit die anschließende Überarbeitung durch das Verfahren „Textreduktion" überschaubar bleibt.

Ähnlich wie bei dem Verfahren „Zeilenumbrechen" bietet es sich auch bei diesem Verfahren an, die Kernwörter auszuschneiden oder auf gesonderte Zettel zu schreiben, um mit ihnen sprachlich operieren zu können. Automatisch werden dabei wieder unbewusst die linguistischen Operationen durchgeführt.

Der wunderbare Luftballon

Über den Rand hinaus schreiben

Hierbei handelt es sich um ein kooperatives und kreatives Revisions- und Textproduktionsverfahren (Böttcher/Wagner 1993, 25). Bei der Anwendung als Revisionsverfahren ermittelt eine Schülergruppe in einem Text diejenigen Textstellen, die beim Leser noch Fragen offen lassen und entsprechend ergänzt werden müssen. Der Text wird also als ein *Text mit Leerstellen* begriffen, die man ergänzen muss (Ingendahl 1991). Nachdem die zu ergänzenden Textstellen von den Gruppenmitgliedern ermittelt worden sind, werden sie mit Nummern markiert. Jeder in der Gruppe wählt sich nun eine Zahl aus und formuliert zu dieser Textstelle einen Verbesserungsvorschlag. Der Übersicht halber kann man den Text in DIN-A1-Format auf ein großes Plakat kleben. So bleibt genügend Platz für das Kleben der Ziffern und das Formulieren der Vorschläge. Das Verfahren regt die *reproduktive* und *produktive* Auseinandersetzung mit dem Text an (Böttcher 1999, 77). Durch erneutes Lesen des Textes ermitteln und korrigieren die Schüler einerseits Unklarheiten, Auffälligkeiten oder Fehler, andererseits produzieren sie neue Textvorschläge. Die Schüler übernehmen die Rolle von so genannten *Textdetektiven*, die erst die vorhandenen Leerstellen *aufspüren* müssen, um sie dann zu bearbeiten. Automatisch wird innerhalb der Gruppen ein Austausch über Textinhalt, Textstruktur und Sprache angeregt. Die Vorschläge der Schüler werden um den Originaltext geklebt oder geschrieben und anschließend vorgelesen. Der Autor entscheidet schließlich, ob die Verbesserungsvorschläge ganz, teilweise oder gar nicht umgesetzt werden.

Durchführung des Verfahrens „Über den Rand hinaus schreiben"

Im Rahmen einer Unterrichtseinheit „Schreiben von Hexentexten" (2. Schuljahr) (vgl. Kap. 12.2) schreibt jeder Schüler einen oder mehrere Texte über die Reiseabenteuer der „Hexe Lillifee" und bearbeitet diese in einer Gruppe. Da das Bearbeiten von Texten in diesem Alter noch eine große Herausforderung darstellt, lenkt das Ausfüllen eines „Expertenbogens" (vgl. S.179/180) die Arbeit und regt das Gespräch über die Texte an. Der Bogen bezieht sich inhaltlich auf die zuvor festgelegten Schreibkriterien. Natürlich können die Schüler über die noch sehr lenkenden Fragestellungen hinaus Vorschläge in die Texte einfügen. Mithilfe eines auf Folie gedruckten Schülertextes (siehe Seite 145 oben) werden das Verfahren „Über den Rand hinaus schreiben" sowie der „Expertenbogen" im Klassenverband besprochen.

Die Auswertung des von den Schülern ausgefüllten Expertenbogens ergibt folgende Ergänzungen, die auf der Folie für alle sichtbar eingetragen werden.

Hexe Lillifee auf größtem Abenteuer   von Efi

Lillifee sah das wunderschöne Meer in Griechenland. ❶ Darin hat sie ganz viele Fische gesehen. Sie wollte auch mal schwimmen können, also hat sie das mal versucht. Brüllifix hat sie gewarnt, aber sie ist trotzdem reingesprungen. Aber die konnte nicht schwimmen. Aber was war das? Ein Delfin! Er saß neben einer ganz großen Muschel. Die Hexe konnte nicht mehr die Luft anhalten, aber ❷ der Delfin hat das Ganze mitbekommen und hat sie zum Glück noch gerettet ❸.

Punkt 1: *Sie sah dort einen Strand mit weißem Sand, vielen Muscheln und*
             vielen Möwen.
Punkt 2: *… sie fing an zu fuchteln. Der Delfin…*
Punkt 3: *Der Delfin hat sie zum Besen gebracht und sie flog nach Hause.*
Die Schüler schließen sich daraufhin in Zweier- oder Dreiergruppen zusammen. Jeder Schüler hat seinen abgetippten Text, einen Expertenbogen sowie Klebepunkte zum Ermitteln der „Leerstellen" vor sich liegen. Der Text eines jeden Gruppenmitgliedes wird in der Überarbeitungsgruppe beurteilt und bearbeitet. Beim Schreiben einer Endfassung kann der jeweilige Schüler sich dann entscheiden, ob und wie er die Verbesserungsvorschläge umsetzen will.

Da jeder Schülertext bearbeitet werden soll, werden die Texte nicht in DIN-A1-Format auf einem Poster vorgestellt, sondern abgetippt im DIN-A4-Format. Dabei erweist es sich als vorteilhaft, die Schülertexte mindestens zweizeilig abzutippen, damit die Schüler für das Einfügen der Klebepunkte genügend Platz haben. Die Ergänzungen können sie auf das Textblatt oder auch auf die Rückseite schreiben. Als zusätzliche Hilfe können in unvollständigen Sätzen die Leerstellen markiert werden. Die Schüler setzen beim Überarbeiten automatisch fehlende Wörter ein. Für das Überarbeiten bietet sich der Computer an.

Ergebnisse

In dieser Altersstufe stellt das Verfahren für die Schüler noch eine sehr hohe Herausforderung dar, zumal sie nicht nur an Fremdtexten, sondern auch an ihren eigenen Texten arbeiten. Dementsprechend kommt es auch noch vor, dass

- Leerstellen im Text richtig erkannt und mit Klebepunkten und Ziffern markiert werden, die nötigen Ergänzungen aber fehlen,
- Leerstellen erkannt und entsprechende Ergänzungen an passenden Textstellen erarbeitet werden, diese sich aber sprachlich und inhaltlich nicht in den übrigen Text einfügen,

● Leerstellen im Text übersehen oder ungeeignete Leerstellen für Ergänzungen ermittelt werden.

Nicht nur inhaltlich, auch organisatorisch muss einiges bewältigt werden. So können sich viele Schüler nicht einigen, welcher Text zuerst überarbeitet wird. Hat man sich auf einen Text geeinigt, kann es vorkommen, dass Schüler dieselbe Leerstelle in einem Text bearbeiten wollen. Eine Unterstützung durch die Lehrerin ist also bei manchen Gruppen anfangs noch erforderlich. Die Verbesserungsvorschläge werden teilweise mit Mitschülern abgesprochen, was akzeptabel ist. Sehr hilfreich ist der „Expertenbogen", an den sich die Schüler halten können.

Eine erneute Durchsicht der Texte ist vor dem Schreiben der Endfassung unbedingt erforderlich, da die Ergänzungen oft noch korrigiert werden müssen. Auch können daraufhin in Einzelgesprächen Schwierigkeiten besprochen werden oder noch weitere inhaltliche Anregungen erfolgen. Trotz der großen Herausforderung regt das Überarbeitungsverfahren schon in dieser Altersstufe wertvolle Gespräche über Texte an und fordert die Schüler unwillkürlich zu Stellungnahmen heraus. Die Schüler werden für die Überarbeitung bereits sensibilisiert und erhalten eine wertvolle Basis für die weitere Arbeit am Text.

Rondell

Das Rondell ist eine sehr alte lyrische Form, die sich gerade durch ihre Struktur sehr für die Erstellung und Bearbeitung durch junge Schreiber eignet, besonders aber durch Schreibanfänger und schreibschwache Schüler. Schülern gelingt es besonders gut, gerade diese Form mit eigener Sprache, Freude an der Wiederholung und dem spezifischen Klang dieses Musters auszugestalten. Benutzt werden vorgegebene, selbst gefundene, aus eigenen oder literarischen Texten ausgewählte Zeilen; es muss kein vollständiger Satz sein. Die Schüler arbeiten mit einem Arbeitsblatt entsprechend der Anleitung. Die grafische Kennzeichnung ist dabei eine große Erleichterung.

Zum Zweck der Bearbeitung im Sinne einer Umformung des eigenen Textes (z. B. erzählender Text in lyrischen) sucht der Schüler aus diesem eine Zeile aus, die ihm besonders gut gefällt oder wichtig ist. Dies ist die erste Zeile des Rondells, in Zeile 4 und 7 wiederholt, steht schon fast die Hälfte des Gedichts. Zeile 2 wird frei assoziiert oder ebenfalls aus dem eigenen Text gewählt und in Zeile 8 wiederholt. Die Zeilen 3, 5 und 6 finden die Schüler fast schon mit sportlichem Eifer.

Um das Verfahren einzuüben, kann zuerst an einem literarischen Text geübt werden. Wichtig ist, dass die Schüler nicht nur Gelegenheit haben, ihre beiden Textrevisionen der Klassengemeinschaft oder Schreibgruppe vorzustellen, sondern auch die Unterschiede der bearbeiteten Texte. So fin-

Ein Rondell ist ein Gedicht aus acht Zeilen, wobei die Zeilen 1, 4 und 7 gleich sind und ebenso die Zeilen 2 und 8 übereinstimmen.

Anweisung:
1. Schreibe einen Satz, der dir am besten gefällt. Fang damit dein Rondell an und schreibe diesen Satz auch in die Zeilen 4 und 7.
2. Lies die erste Zeile noch einmal durch. Was fällt dir alles ein, wenn du das liest? Schreib jetzt deine Einfälle zu Zeile 1 auf. Das wird Zeile 2 deines Rondells. Schreibe diese Zeile 2 auch in Zeile 8.
3. Jetzt ergänze – auch wieder durch viele Gedanken und Einfälle – die übrigen Zeilen (3, 5 und 6). Die Zeichen am Rand helfen dir.

➢ 1 _____
● 2 _____
☐ 3 _____
➢ 4 _____
☐ 5 _____
☐ 6 _____
➢ 7 _____
● 8 _____

Ein Rondell schreiben (Böttcher 1999, 62–63 und 103–104)

det ein Wechsel und Austausch zwischen schriftlichem Erarbeiten und mündlichem Kommentieren/Bewerten statt. Das Verfahren trainiert vor allem die Weiterarbeit an ausgewählten eigenen Textsequenzen und schärft den Blick für positive Leistungen.

10.4 Schreibatelier

Schreibateliers stellen ein Verfahren dar, authentische Textarten als Werkzeuge für die eigene Textproduktion zu nutzen. Es wird an einer Unterrichtsreihe zur Textart „Rezept" vorgestellt, die im 1. Halbjahr eines 3. Schuljahres erprobt wurde. Ziel der Reihe ist es, gemeinsam mit den Schülern Rezepte zu lesen, zu analysieren und zu verfassen, um so die typischen Merkmale dieser Textart zunächst kennen zu lernen und sie dann selber zu nutzen. Organisiert wird die Analyse- und Schreibarbeit in so genannten „Ateliers", wie sie Schneuwly (1995) vorgestellt hat (vgl. Kap. 3.2).

In der Arbeit an Textarten sieht Schneuwly den zentralen Gegenstand des Aufsatzunterrichtes. Schreibenlernen bedeutet für ihn das Aneignen sprachlicher Werkzeuge, die durch die Textarten bereitgestellt werden. Es werden Lernsituationen geschaffen, in denen die sprachlichen Merkmale einer Textart systematisch erarbeitet werden können. Durch die Bearbeitung präzise formulierter sprachlich-kommunikativer Aufgaben entwickelt sich sukzessive die Fähigkeit zur Produktion dieser Textart (Schneuwly 1995, 119). Im Laufe des Unterrichts werden mit den Schülern zudem Schreibkriterien dafür erarbeitet, wann eine Lösung als gelungen gelten soll. Das gemeinsame Entwickeln und Offenlegen der Schreibkriterien schafft für Schreiber und Beurteiler eine hohe Zieltransparenz, sodass die Textproduktion und das Bewerten für Schüler und Lehrer nachvollziehbar werden. Der gemeinsamen Reflexion von Schülertexten und authentischen Texten kommt daher eine große Bedeutung zu. Organisiert wird die Textarbeit in „Schreibateliers". Jedes Atelier ist mit der Erarbeitung bestimmter Texteigenschaften beschäftigt. Für die Schüler gibt es verpflichtende und frei wählbare Ateliers.

Der Einstieg in die Arbeit an der Textart „Rezept"

Zu Beginn der Unterrichtsreihe bringen die Schüler eigene Kinderkochbücher und Lieblingsrezepte mit. Die Rezeptsammlung bietet den Schülern Gelegenheit, von eigenen Koch- und Backerfahrungen zu erzählen und einzelne Rezepte vorzustellen. Bringt auch die Lehrerin Kinderkochbücher mit und stellt sie vor, ergibt sich die Möglichkeit, die Auswahl der Bücher für die folgende Textarbeit zu steuern.

Als Einstieg in die Reihe dient ein Rezept, das sehr übersichtlich ist und ohne viel Aufwand im Klassenraum praktisch durchgeführt werden kann.

Straßenampel-Brote (nach Trippler 1995)

Du brauchst:
1 Scheibe Toastbrot
etwas Quark
1 Banane
2 Weintrauben
Aprikosenmarmelade
Erdbeermarmelade

1. Wasche die Weintrauben.
2. Schneide die Scheibe Brot in zwei Hälften.
3. Streiche Quark auf beide Hälften.
4. Schäle die Banane.
5. Schneide die Banane in runde Scheiben, sechs Scheiben reichen.
6. Streiche auf die Bananenscheiben etwas Quark.
7. Lege auf jedes Brot untereinander drei bestrichene Bananenscheiben.
8. Halbiere eine Weintraube.
9. Lege auf die untere Bananenscheibe die Hälfte einer Weintraube, tupfe mit einem Löffel auf die mittlere etwas Aprikosenmarmelade und auf die obere Erdbeermarmelade.

Den Schülern ist das vollständige Rezept zunächst nicht bekannt. Sie werden auf sieben Schreibateliers verteilt, die jeweils ein bestimmtes Textmerkmal zu bearbeiten haben. Um die Schüler hierfür zu sensibilisieren, erhalten sie manipulierte Ampelbrot-Rezepte, die sie revidieren sollen. Das zu bearbeitende Textmerkmal ist so stark verfälscht worden, dass die praktische Durchführung erschwert ist und die Schüler das fehlende oder veränderte Merkmal leicht identifizieren können. Neben der fehlerhaften Rezeptvorlage liegen jeder Gruppe ein Aufgabenblatt mit Arbeitsanweisungen sowie mehrere Kinderkochbücher vor. Je nach Klassenstufe und Leistungsstand bieten sich auch andere, offenere Verfahrensweisen an.

Der Vorteil dieser Vorgehensweise besteht für die Lehrperson darin, dass sie sich intensiv mit den einzelnen Textmerkmalen und den daraus zu entwickelnden Beurteilungskriterien auseinander setzt. Schon bei der Manipulation der Rezepte findet ein ständiger Wechsel von Rezeption und Produktion statt. Das hat zur Folge, dass die Schreibaufgabe sehr viel umsichtiger und bedachter formuliert wird. So zeigt sich bei der Auswahl der Rezeptvorlagen etwa, dass die Kochbücher keinesfalls einheitlich verfasst sind. Schwierigkeiten bereitet beispielsweise die Auswahl einheitlicher syntaktischer Formen, die Grundlage der Textarbeit sein sollen. Am häufigsten tritt die Infinitivkonstruktion („Kartoffeln schälen") oder die Aufforderungsform (Imperativ) („Schäle die Kartoffeln") in Rezepten auf, häufig werden aber auch verschiedene syntaktische Formen nebeneinander verwendet.

Rezept „Brot und Brötchen" (Oski & Oski 1995,7 f.)

1. In eine große Schüssel <u>gebe ich</u> Mehl und Salz. Die kleine Hefe <u>zerbröckle ich</u> in kleine Stücke und <u>streue</u> sie über das Mehl. (…)

4. <u>Knete</u> den Teig mit deinen Handballen tüchtig durch, bis er weich und elastisch ist. Das dauert etwa 10 Minuten.

5. Der Teig darf nicht mehr am Tisch kleben, sonst <u>musst du</u> noch etwas Mehl darüber stäuben und kurz weiterkneten. (…)

7. Nun <u>legt ihr</u> jeden Teigteil in eine warm ausgespülte, getrocknete Schüssel. (…) (Herv. v. Verf.)

Solche Textbeispiele sollten – auch wenn sie eher selten auftreten – zu Beginn der Atelierarbeit gemieden werden, weil sie die Schüler verunsichern. In einem späteren Stadium können sie aber durchaus eingesetzt werden, um die Funktion unterschiedlicher syntaktischer Formen in Rezepten zu untersuchen. Für die Textarbeit dieser Unterrichtsreihe wird der Imperativ ausgewählt, weil er die Aufforderung sprachlich direkter ausdrückt als der Infinitiv und zudem oft schon im Unterricht behandelt wurde.

Die Textmerkmale, die in den Ateliers bearbeitet werden, beziehen sich auf den Inhalt, die Sprache und die äußere Gestaltung (= Aufbau) von Rezepten. Jede Schülergruppe probiert das Rezept anhand der fehlerhaften Anleitung zunächst einmal aus. Damit die Schüler sich trotzdem die einzelnen Arbeitsschritte erschließen können, liegt eine Bildfolge des Vorgangs bereit, die bei Unsicherheit eingesehen werden kann. Die Bilder helfen zugleich bei der Identifizierung der sprachlichen Defizite. Sie sollen aber nur im Notfall genutzt werden, um zu vermeiden, dass die Schüler sich ausschließlich an den Bildern orientieren und den Text vernachlässigen. An jedem Tisch liegen Kinderkochbücher aus, die das Erkennen und das Bearbeiten der fehlerhaften Textmerkmale unterstützen. So findet in den einzelnen Ateliers ein ständiger Wechsel zwischen dem Lesen der Rezepte, der eigenen „Kocherfahrung" sowie der Textbearbeitung statt. Das ermöglicht den Schülern, Sinn und Zweck der Textmerkmale einzusehen.

Die Schwierigkeitsgrade der einzelnen Ateliers können durch die Aufgabenstellungen variiert werden. Für die Schüler ist das ihnen zugeteilte Atelier verpflichtend; haben sie ihre Arbeit beendet, können sie ein weiteres frei wählen. Sind die Schüler erst mal in der Atelierarbeit geübt, können auch mehrere Schreibateliers verpflichtend sein.

Im Atelier 1 fehlen die Überschrift sowie die Zutatenliste.

Atelier 1

1. Wasche die Weintrauben.
2. Schneide die Scheibe Brot in zwei Hälften.
3. Streiche Quark auf beide Hälften.
4. Schäle die Banane.
5. Schneide die Banane in runde Scheiben. Sechs Scheiben reichen.
6. Streiche auf die Bananenscheiben etwas Quark.
7. Lege drei bestrichene Bananenscheiben untereinander auf jedes Brot.
8. Halbiere eine Weintraube.
9. Lege auf die untere Bananenscheibe die Hälfte einer Weintraube, tupfe mit einem Löffel auf die mittlere etwas Aprikosenmarmelade und auf die obere etwas Erdbeermarmelade.

Aufgabenzettel Atelier 1

1. Probiert, nach eurem Rezept ein „Straßenampel-Brot" herzustellen.
2. Lest euch zum Vergleich in den Rezeptbüchern zwei oder drei Rezepte durch.
3. Was fehlt in eurem Rezept? _____
4. Tragt auf eurem Rezeptzettel die fehlenden Angaben ein.

Name: _____

Im Atelier 2 liegt ist die Reihenfolge der Arbeitsschritte vertauscht.

Atelier 2
„Straßenampel-Brote"

Du brauchst:
1 Scheibe Toastbrot
etwas Quark
1 Banane
Weintrauben
Aprikosenmarmelade
Erdbeermarmelade

1. Wasche die Weintrauben.
2. Streiche Quark auf beide Hälften.
3. Schneide die Scheibe Brot in zwei Hälften.
4. Streiche auf die Bananenscheiben etwas Quark.
5. Schneide die Banane in runde Scheiben. Sechs Scheiben reichen.
6. Lege auf die untere Bananenscheibe die Hälfte einer Weintraube, tupfe mit einem Löffel auf die mittlere etwas Aprikosenmarmelade und auf die obere etwas Erdbeermarmelade.
7. Lege drei bestrichene Bananenscheiben untereinander auf jedes Brot.
8. Halbiere eine Weintraube.
9. Schäle die Banane.

Aufgabenzettel Atelier 2
1. Probiert, nach eurem Rezept ein „Straßenampel-Brot" herzustellen.
2. Lest euch zum Vergleich in den Rezeptbüchern zwei oder drei Rezepte durch.
3. Was stimmt in eurem Rezept nicht? _____
4. Verbessert euer Rezept auf eurem Rezeptzettel.
   Name: _____

Der Text in Atelier 3 enthält einerseits zahlreiche Redundanzen und andererseits unvollständige Anweisungen.

Atelier 3
„Straßenampel-Brote"

Du brauchst:
1 Scheibe Toastbrot
etwas Quark
1 Banane
Weintrauben
Aprikosenmarmelade
Erdbeermarmelade

1. Du nimmst die Weintrauben. Aber bitte pass auf, dass sie dir nicht runterfallen. Lege sie auch nicht irgendwo in der Klasse ab. Schau auch nicht aus dem Fenster. Gehe mit den Weintrauben direkt zu dem Wasserhahn. Drehe ihn nicht zu, sondern auf. Wasche die Weintrauben.
2. In zwei Hälften.

3. Besorge dir den Quark. Am besten stellst du ihn auf deinen Tisch und beobachtest ihn erst einmal, ob er richtig gut steht. Frag ihn doch mal. Streiche den Quark auf beide Hälften.
4. Ist die Banane auch krumm? Nimm nur krumme Bananen. Schäle die Banane.
5. Schneide die Banane.
6. Streiche etwas Quark
7. Wenn du dir die Bananenhälften nimmst, musst du aufpassen, dass sie dir niemand aus der Hand isst. Also schau dich um, ob dich auch keiner beobachtet. Lege drei bestrichene Bananenscheiben untereinander auf jedes Brot.
8. Nimm dir heimlich eine Weintraube und beobachte dabei wieder deine Umgebung. Halbiere eine Weintraube.
9. Lege auf die untere Bananenscheibe die Hälfte einer Weintraube, tupfe mit einem Löffel auf die mittlere etwas Aprikosenmarmelade und auf die obere etwas Erdbeermarmelade.

Aufgabenzettel Atelier 3
1. Probiert, nach eurem Rezept ein „Straßenampel-Brot" herzustellen.
2. Lest euch zum Vergleich in den Rezeptbüchern zwei oder drei Rezepte durch.
3. Was ist anders in eurem Rezept? _____
4. Verbessert euer Rezept auf eurem Rezeptzettel. Textstellen, die nicht passen, könnt ihr wegstreichen. Fehlende Informationen könnt ihr dazu schreiben.
   Name: _____

Der Text in Atelier 4 verwendet unzutreffende Fachausdrücke.

Atelier 4
„Straßenampel-Brote"

Du brauchst:
   1 Scheibe Toastbrot
   etwas Quark
   1 Banane
   Weintrauben
   Aprikosenmarmelade
   Erdbeermarmelade

1. Schrubbe das Obst.
2. Säge die Scheibe Brot durch.
3. Streue Quark auf beide Hälften.
4. Rupfe die Banane.
5. Zerhacke die Banane in runde Teile. Sechs Teile reichen.
6. Schütte auf die Sachen etwas Quark.
7. Schmeiße drei bestrichene Bananenscheiben irgendwo auf jedes Brot.
8. Zerreiße eine Weintraube.
9. Schmiere auf die untere Bananenscheibe die Hälfte einer Weintraube, schütte mit einem Löffel auf die mittlere etwas Aprikosenmarmelade und auf die obere etwas Erdbeermarmelade.

Aufgabenzettel Atelier 4
1. Probiert, nach eurem Rezept ein „Straßenampel-Brot" herzustellen.
2. Lest euch zum Vergleich in den Rezeptbüchern zwei oder drei Rezepte durch.
3. Was stimmt in eurem Rezept nicht? _____
4. Verbessert euer Rezept auf eurem Rezeptzettel. Diese Wörter helfen euch:
   Wasche, Weintraube, in zwei Hälften, schäle, schneide, Scheiben, streiche, Bananenscheiben, lege, untereinander, halbiere, tupfe.
   Name: _____

In Atelier 5 ist der Text syntaktisch nicht wohlgeordnet und daher unverständlich.

Atelier 5
„Straßenampel-Brote"

Du brauchst:
   1 Scheibe Toastbrot
   etwas Quark
   1 Banane
   Weintrauben
   Aprikosenmarmelade
   Erdbeermarmelade

1. die Weintrauben Wasche
2. in zwei Hälften die Schreibe Brot schneide
3. Quark auf beide Hälften Streiche

4. dic Banano schäle
5. Schneide in runde Scheiben die Banane, sechs Scheiben reichen
6. auf die Bananenscheiben etwas Quark Streiche
7. untereinander auf jedes Brot Lege bestrichene Bananenscheiben drei
8. eine Weintraube Halbiere
9. die Hälfte einer Weintraube Lege auf die untere Bananenscheibe, auf die mittlere etwas Aprikosenmarmelade tupfe mit einem Löffel auf die obere Erdbeermarmelade

---

Aufgabenzettel Atelier 5
1. Probiert, nach eurem Rezept ein „Straßenampel-Brot" herzustellen.
2. Lest euch zum Vergleich in den Rezeptbüchern zwei oder drei Rezepte durch.
3. Was stimmt in eurem Rezept nicht? Tipp: Achte auf die Satzenden.
   _____
4. Verbessert euer Rezept auf eurem Rezeptzettel.
   Name:_____

Im Text des Ateliers 6 werden anstelle von Handlungsanweisungen Aussagesätze verwendet.

Atelier 6
„Straßenampel-Brote"

Du brauchst:
   1 Scheibe Toastbrot
   etwas Quark
   1 Banane
   Weintrauben
   Aprikosenmarmelade
   Erdbeermarmelade

1. Frau Conradi wäscht die Weintrauben.
2. Ihre Tochter schneidet die Scheibe Brot in zwei Hälften.
3. Herr Conradi streicht Quark auf beide Hälften.
4. Sie schält die Banane.
5. Der Bruder schneidet die Banane in runde Scheiben. Sechs Scheiben reichen.

6. Die Oma streicht auf die Bananenscheiben etwas Quark.
7. Ich lege drei bestrichene Bananenscheiben untereinander auf jedes Brot.
8. Wir halbieren eine Weintraube.
9. Das Baby legt auf die untere Bananenscheibe die Hälfte einer Weintraube, auf die mittlere tupft es etwas Aprikosenmarmelade und auf die obere etwas Erdbeermarmelade.

Aufgabenzettel Atelier 6
1. Probiert, nach eurem Rezept ein „Straßenampel-Brot" herzustellen.
2. Lest euch zum Vergleich in den Rezeptbüchern zwei oder drei Rezepte durch.
3. Was stimmt in eurem Rezept nicht? _____
4. Verbessert euer Rezept auf eurem Rezeptzettel.
   Name: _____

Der Text in Atelier 7 entspricht in seinem Layout und seiner Struktur nicht dem Rezeptmuster.

Atelier 7
„Straßenampel-Brote"
Du brauchst 1 Scheibe Toastbrot, 1 Schälchen Quark, 1 Banane, Weintrauben, Aprikosenmarmelade, Erdbeermarmelade. Wasche die Weintrauben. Schneide die Scheibe Brot in zwei Hälften. Streiche Quark auf beide Hälften. Schäle die Banane. Schneide die Banane in runde Scheiben. Sechs Scheiben reichen. Streiche auf die Bananenhälften etwas Quark. Lege drei bestrichene Bananenscheiben untereinander auf jedes Brot. Halbiere eine Weintraube. Lege auf die untere Bananenscheibe die Hälfte einer Weintraube tupfe mit einem Löffel auf die mittlere etwas Aprikosenmarmelade und auf die obere etwas Erdbeermarmelade.

Aufgabenzettel Atelier 7
1. Probiert, nach eurem Rezept ein „Straßenampel-Brot" herzustellen.
2. Lest euch zum Vergleich in den Rezeptbüchern zwei oder drei Rezepte durch.
3. Was ist in eurem Rezept anders? _____
4. Verbessert euer Rezept auf einem neuen Rezeptzettel.
   Name: _____

Ergebnisse der Atelierarbeit
Die Schwachstellen der jeweiligen Rezeptvorlagen wurden von den Schülern beim Herstellen der Brote schnell erkannt. Allerdings stellen die Verbesserungen hohe sprachliche Anforderungen an die Schüler, die zu einem regen Austausch führen. Häufiger musste die Lehrerin unterstützend eingreifen, indem sie auf entsprechende Textstellen in den Kochbüchern verwies. Die Bearbeitung der Rezeptvorlagen führte zu einer Anbahnung der eigenen Schreibfähigkeiten. Erst durch mehrmaliges Lesen fiel z. B. den Schülern aus Atelier 6 auf, dass in Rezepten überwiegend der Imperativ oder der Infinitiv verwendet wird. Auch verbesserten die Schüler – angeregt durch die Lektüre – die manipulierten Rezepte über die intendierten Schwachstellen hinaus. Atelier 1 fügte beispielsweise eine „Geräteliste" hinzu („Stelle bereit"). Auch der Zusatz „Ihr dürft essen!" stammt aus der Arbeit mit den bereitgestellten Rezeptbüchern (vgl. S. 158). Die Ateliers 1, 4 und 6 hielten die Zutatenliste für ungenau und verbesserten sie. Atelier 7 benötigte viel Zeit zum Ausschneiden, Zuordnen und Kleben der verschiedenen Abbildungen und Textstücke. Ebenso ergänzten sie eine Abbildung zum Halbieren der Weintraube.
   Die Schüler des Ateliers 1 formulierten folgende Kritik: *„Es fehlt der Zutatenzettel. Es fehlt das Bild wie das rezept ausiht wenn es fertig ist. Es fehlt was man Bereitstellen soll."* Die Überarbeitung sieht so aus, wie auf S. 158 gezeigt.
Im Anschluss an die Atelierarbeit werden alle Gruppenergebnisse im Sitzkreis besprochen. Um eine Überforderung zu vermeiden, sollte die anspruchsvolle Besprechung der Texte auf mehrere Stunden verteilt werden. Jede Gruppe stellt zunächst das manipulierte Rezept vor, dann ihre Erfahrungen bei der praktischen Umsetzung und schließlich ihre Überarbeitung. Noch vorhandene Unzulänglichkeiten werden hier gemeinsam bearbeitet. Nach jeder Präsentation einer Atelierarbeit werden die hieraus abzuleitenden Textkriterien formuliert, die zunächst an die Tafel geheftet und später in den Kriterienkatalog übernommen werden (vgl. Kap. 7.2).

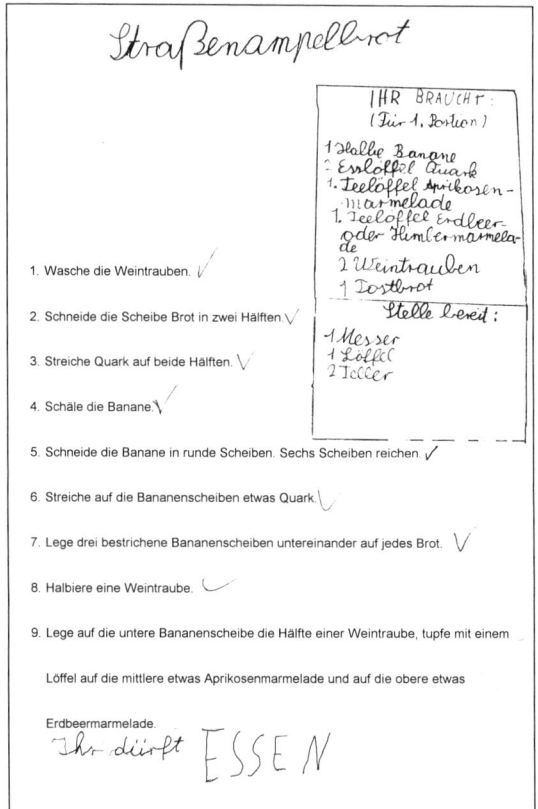

Folgende Kriterien wurden so gemeinsam mit den Schülern erarbeitet:

- Überschrift
- Zutaten (Du brauchst...)
- richtige Reihenfolge
- Schritte sachlich richtig und ausführlich
- abgegrenzte, verständliche Sätze (Satzzeichen!!)
- treffende Ausdrücke
- Aufforderungsform/Du-Form
- Zutaten untereinander
- Text gut lesbar und übersichtlich
- Bilder und Schritte müssen passen

Ein wichtiger Diskussionspunkt ist auch hier die Frage, wie die Anweisungen zu formulieren sind. Denn in vielen Rezeptbüchern werden der Imperativ und der Aussagesatz in der zweiten Person Singular im Wechsel verwendet.

> 1. Du schmierst die Backform innen dünn mit Butter oder Margarine ein.
>   Dann <u>streust du</u> das Paniermehl hinein und <u>schüttelst</u> die Form leicht.
> 2. <u>Gib</u> Margarine oder Butter und Zucker in die Rührschüssel. <u>Verrüh-</u>
>   <u>re</u> beides mit dem Handrührgerät (Stufe 2). (Herv. v. Verf.)

Hennis Kinder-Backbuch (2000, 15)

In der vorgestellten Reihe wurden beide Formen in den Kriterienkatalog aufgenommen. Zusätzlich kann auch die Infinitivkonstruktion aufgenommen werden. Unter Beachtung der gemeinsam erarbeiteten Kriterien wird dann im Klassenverband ein vollständiges Ampelbrot-Rezept erarbeitet und an die Tafel geschrieben. Die Schüler übertragen es auf ihre Arbeitsblätter, auf denen die Bildfolge schon vorgegeben ist:

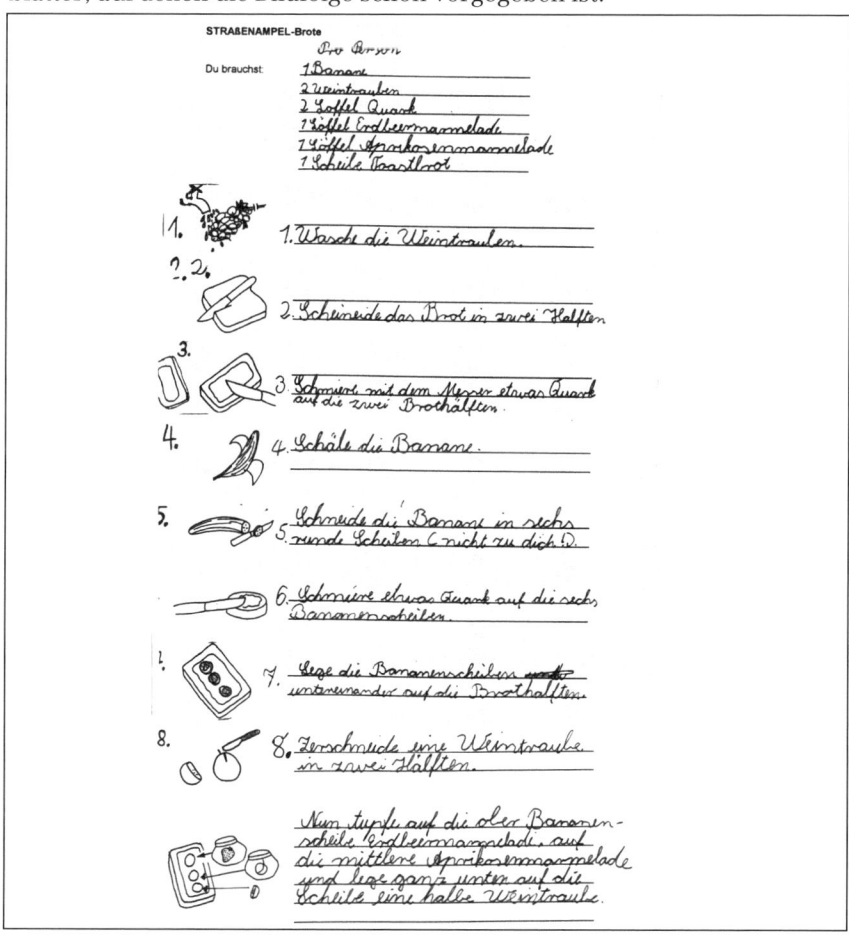

Fortführung der Unterrichtsreihe

Nachdem die Arbeit in Schreibateliers eingeführt und die Merkmale der Textart *Rezept* erarbeitet worden sind, werden weitere Rezepte erarbeitet. Das geschieht in einer Folge von vier aufeinander folgenden Schritten: Rezeptlektüre – Zubereitung – Rezept schreiben – Rezept überarbeiten. Wir zeigen als Beispiel das Rezept „Fächer-Kartoffeln". Im ersten Schritt wird das Rezept vorgestellt und gemeinsam besprochen. Das Rezept hängt für alle sichtbar vergrößert an der Tafel.

Fächer-Kartoffeln

Du brauchst für 2 Personen:
8 gleich große Kartoffeln
50 Gramm Butter
Salz und Pfeffer
50 Gramm geriebenen
Emmentaler Käse

Stelle bereit:
1 scharfes Messer
1 Kartoffelschäler,
1 Topf, 1 Auflaufform,
1 Pinsel
Teller, Besteck

1. Schäle die Kartoffeln. Wasche sie unter kaltem Wasser. Schneide sie so ein, dass sie unten noch zusammenhängen.
2. Lasse die Butter in einem kleinen Topf flüssig werden.
3. Lege die Kartoffeln in eine flache Auflaufform. Bestreiche sie mit der Hälfte der Butter.
4. Würze die Kartoffeln mit Salz und Pfeffer. Dann lasse sie im Backofen bei 250 Grad 15 Minuten lang backen.
5. Bestreiche mit der restlichen Butter die Kartoffeln. Bestreue sie nun mit dem Emmentaler. Lasse sie nochmals bei 250 Grad 15 Minuten backen. Fertig!

Zunächst werden die einzelnen Schritte anhand des Rezepts besprochen. Die Schüler erhalten so Gelegenheit, Fachausdrücke (z. B. Auflaufform) oder unverständliche Textstellen (z. B. „Bestreiche sie mit der Hälfte der Butter") zu erfragen. Dadurch werden genau die Fachausdrücke und Formulierungen verwendet, die später bei der Produktion der eigenen Rezepte benötigt werden. Zugleich können die von den Schülern wieder erkannten Kriterien aufgegriffen werden.

Der zweite Schritt besteht aus der praktischen Zubereitung des Rezepts „Fächer-Kartoffeln". Die Klasse arbeitet dabei in Gruppen. Die Schüler werden immer wieder dazu angehalten, das Rezept genau zu lesen. Denn oberflächliches Lesen führt zu fehlerhaften Ausführungen und entsprechenden Kochresultaten. Zugleich wird so die Aufmerksamkeit immer wieder darauf gelenkt, wie wichtig verständliche Rezepte für das Gelingen der Mahlzeiten sind.

Der dritte Schritt besteht in der Produktion eines eigenen Rezepts. Als Hilfsmittel erhalten die Schüler die Liste mit den abgebildeten Zubereitungsschritten (s. o.), die Kriterienliste (s. u.) sowie eine Liste mit Fachausdrücken und Vorformulierungen (zur Differenzierung) (s. u.).

Bewertung deines Rezepts

Dimension	Kriterium	Grad		
		1 ☺	0,5 ☺	0 ☹
Sprache	1. Du hast die Satzzeichen richtig verwendet.			
	2. Du hast klare und verständliche Sätze formuliert.			
	3. Du hast treffende Ausdrücke (Fachausdrücke) verwendet.			
	4. Du hast die Aufforderungsform/ Du-Form beibehalten.			
Inhalt	5. Du hast eine passende Überschrift gewählt.			
	6. Du hast alle Zutaten und Arbeitsschritte genannt.			
	7. Du hast alle Arbeitsschritte richtig dargestellt.			
Aufbau – äußere Form	8. Du hast deinen Text in der richtigen Textform (Rezept) geschrieben.			
	9. Du hast die Zutaten untereinander geschrieben.			
	10. Du hast alle Schritte in der richtigen Reihenfolge aufgeschrieben und mit Zahlen markiert.			
	11. Du hast die einzelnen Schritte richtig den Abbildungen zugeordnet.			
	12. Du hast deinen Text besonders übersichtlich gestaltet.			

Kriterienliste „Kochrezept"

FÄCHER-KARTOFFELN
Diese Wörter helfen dir beim Schreiben des Rezepts:

2 Personen
1 Kilogramm Kartoffeln, 50 Gramm Butter, Salz und Pfeffer, 50 Gramm
geriebener Emmentaler Käse.

1. schälen, waschen, einschneiden, unten zusammenhängen
2. Topf, flüssig werden
3. flache Auflaufform legen, bestreichen
4. würzen, bei 250 Grad 15 Minuten backen
5. mit restlicher Butter bestreichen, bestreuen, backen

Formulierungshinweise Kochrezept

Wenn die Rezepte fertig sind, lesen sich die Schüler in Kleingruppen ihre
Texte gegenseitig laut vor. Das laute Lesen schafft Distanz zum eigenen
Text, weil die Schreiber nun ihren Text auch selber hören. Zusätzlich erhalten sie von Zuhörern Hinweise auf unverständliche Textstellen. Die anschließende Überarbeitung der Rezepte kann unterschiedlich organisiert
werden. Variante A sieht vor, dass nun mehrere Schreibateliers gebildet
werden, in denen jeweils die Texte von allen Schülern unter einem speziellen Gesichtspunkt überarbeitet werden. Die Schüler teilen sich auf die
Schreibateliers auf. Alle geben ihre Texte ab, die dann von einem Atelier
zum anderen wandern. Hier werden die Texte zunächst gemeinsam analy-
siert. Daraufhin machen die Schüler Vorschläge für die Überarbeitung. Die
Vorschläge werden mit Bleistift in den Text hinein oder auf einem gesonderten Blatt notiert.

Variante B sieht vor, dass die fertigen Texte zunächst von der Lehrperson mithilfe des Kriterienkatalogs beurteilt werden. Anschließend wählen
sich die Schüler jeweils ein oder maximal zwei Schreibateliers aus, und gehen mit ihrem Text und dem ausgefüllten Kriterienkatalog dorthin. Gemeinsam mit den Experten überarbeiten sie ihren Text. Organisatorisch ist
es dafür erforderlich, dass sich die Mitglieder der einzelnen Ateliers jeweils
in zwei Gruppen aufteilen; zunächst geht die eine Hälfte in die ausgewählten Ateliers zur Textüberarbeitung, dann entsprechend die andere Hälfte.
Dieses Verfahren setzt neben Arbeitsdisziplin eine gewisse Übung im Umgang mit Schreibateliers voraus. Folgende Schreibateliers bieten sich für
die Überarbeitung von Rezepten in beiden Varianten an:

Atelier 1: Rechtschreibung und Zeichensetzung:
Hier werden Orthographie und Zeichensetzung überprüft.

Atelier 2: Sprachlicher Ausdruck, Wortwahl:
Hier wird untersucht, ob die Fachausdrücke richtig verwendet werden. Stehen die Fachausdrücke an der richtigen Stelle?

Atelier 3: Sprachlicher Ausdruck, Satzbau:
Sind alle Sätze klar und verständlich formuliert? Wird die Aufforderungsform einheitlich verwendet?

Atelier 4: Aufbau, Überschrift und Zutatenliste:
Hier wird geprüft, ob eine Überschrift vorhanden ist und ob diese passt. Außerdem wird die Zutatenliste auf Vollständigkeit und Richtigkeit überprüft.

Atelier 5: Aufbau, Reihenfolge und Abbildungen:
Hier wird geprüft, ob die einzelnen Zubereitungsschritte in der richtigen Reihenfolge aufgeführt und den richtigen Abbildungen zugeordnet sind.

Atelier 6: Gestaltung:
Hier wird geprüft, ob die Gesamtgestaltung gelungen ist. Ist der Text übersichtlich gegliedert? Ist die Schrift groß genug? Sind Abbildungen und Text eindeutig zugeordnet?

Wenn in jedem Atelier vier bis fünf Schüler mitarbeiten, dann sind auf diese Weise 24 bis 30 Schüler beschäftigt. Einzelne Ateliers können zusammengelegt werden, z. B. Atelier 2 und 3 zum Atelier Verständlichkeit, oder ausdifferenziert, etwa Atelier 1 in Orthographie und Zeichensetzung.

Erfahrungen

Bei der Erprobung zeigten sich die Schüler während der gesamten Unterrichtsreihe hoch motiviert. Sehr vorteilhaft war der beständige Wechsel von praktischer und theoretischer Arbeit, von Textrezeption und Textproduktion, der wesentlich zu einer Auflockerung beitrug. Die Aufgabe, das Rezept „Fächer-Kartoffeln" entsprechend der Kriterienliste aufzuschreiben, stellte – entgegen der Erwartung – eine erhebliche Anforderung an die Schüler. Immer wieder wurden einzelne Aspekte nicht beachtet, sei es, dass die Zutatenliste unvollständig, einzelne Zubereitungsschritte nicht ausführlich oder die Anordnung unübersichtlich gestaltet war. Auch die durchgängige Verwendung einer Aufforderungsform sowie das Beachten der richtigen Reihenfolge stellen eine besondere Herausforderung dar. Der Gebrauch von Fachwörtern fällt insbesondere bei den Tätigkeiten noch schwer, wie die häufige Verwendung des Archeterms „tun" zeigt: „Tu die Kartoffeln in die Auflaufform" oder „Tu Wasser über die Kartoffeln".

Als Vorteil erwies es sich, dass mehr als ein Rezept geschrieben wurde. Die Unzulänglichkeiten des ersten Rezepts, die in der Besprechung thematisiert und in der Überarbeitung behoben wurden, fanden beim Schreiben des zweiten besondere Beachtung. Die Textproduktion regte durchaus die Kreativität der Schüler an; sie integrierten eigene Ideen in die Rezeptgestaltung und hielten sich keineswegs sklavisch an das vorgegebene Textmuster. Vielmehr war es so, dass das Muster die Schüler von bestimmten Planungsaufgaben, etwa zum Aufbau, entlastete und so Aufmerksamkeit freisetzte für kreative Aktivitäten.

10.5 Überarbeiten in elektronischer Schreibumgebung

Das Überarbeiten mithilfe von Textverarbeitungsprogrammen stellt im Verhältnis zu den anderen kein eigenes Verfahren dar. Es setzt vielmehr den Computer gezielt als Schreibwerkzeug ein und nutzt seine technischen Möglichkeiten für das Überarbeiten. Wie bereits erwähnt, hängt die geringe Bereitschaft zur Textüberarbeitung auch damit zusammen, dass das erneute Abschreiben als anstrengend und wenig reizvoll gilt. Vor allem längere Texte erfordern bei der handschriftlichen Überarbeitung auch bei nur wenigen Änderungen einen erheblichen Zeitaufwand, der in keinem sinnvollen Verhältnis zum Ertrag steht. Hier bietet der Computer eine Alternative. Er kann im Rahmen der verschiedenen Überarbeitungsverfahren eingesetzt werden, insbesondere bei einem Teil der kreativen Verfahren, beim Portfolio sowie in den Schreibateliers. Die folgenden Überlegungen beruhen auf der Beobachtung von Grundschülern bei der Textproduktion am Computer.

Software

Als Textverarbeitungsprogramm ist kein spezielles Programm für Schüler nötig. Sinnvoller ist es, ein gängiges Programm aus einem Office-Paket zu nutzen. Neben den weit verbreiteten Produkten von Microsoft gibt es für Schulen sehr ähnliche Pakete auch von StarOffice. Die darin enthaltenen Programme sind mit denen von Microsoft nicht nur weitgehend kompatibel, sondern in ihrer Oberfläche auch fast identisch. Auf diese Weise ist sichergestellt, dass die Schüler nicht zu Hause oder in der weiterführenden Schule mit unterschiedlichen Programmen arbeiten. Zudem stellt die Beherrschung für die meisten Schüler kein Problem dar. Entweder sie kennen die Programme bereits oder sie arbeiten sich sehr schnell ein.

Durch die Fenster-Technik der modernen Software sind die meisten Funktionen intuitiv zugänglich. Dennoch bietet es sich an, über die Funktion „Anpassen" im Fenster „Extras" den Bildschirm an Bedürfnisse der

Schüler anzupassen und nur die Symbole für die erforderlichen Werkzeuge anzuzeigen. Grundlage können die Leisten „Standard" und „Format" sein. Für die Textproduktion müssen die folgenden Funktionen bekannt sein:

- Umschalten zwischen Groß- und Kleinbuchstaben (Umschalttaste).
- Text markieren: Mit gedrückter Maustaste den Cursor über die Textstelle am Bildschirm bewegen. Diese Funktion ist die Voraussetzung für jede weitere Form der Bearbeitung.
- Text ausschneiden und einfügen: Markierten Text entweder mit gedrückter Maustaste oder mittels der entsprechenden Symbole verschieben.
- Zeichen formatieren: Markierten Zeichen (vom Einzelzeichen bis zum gesamten Text) können über die Symbole eine bestimmte Schriftart, eine bestimmte Auszeichnung (**fett**, *kursiv*, <u>unterstrichen</u>, ~~durchgestrichen~~ usw.) und eine bestimmte Schriftgröße zugewiesen werden.
- Absätze formatieren: Markierte Absätze können über die Fenster „Format", „Absatz" beispielsweise eingerückt oder unterschiedlich ausgerichtet werden (links- bzw. rechtsbündig, mittig oder im Block).
- Dokumente formatieren: Das gesamte Dokument kann über die Fenster „Format", „Dokument" in seinem Gesamtlayout bestimmt werden, etwa die Breite des Seitenrandes oder die Platzierung von Kopfzeilen.
- Text speichern: Über die Fenster „Datei", „Speichern" wird festgelegt, in welchem Order die Texte gespeichert werden. Hier empfiehlt sich, von Beginn an für jeden Schüler einen eigenen Ordner anzulegen und die Dateien nach Möglichkeit zusätzlich auf externen Speichermedien zu sichern (Disketten, Zipdrive, CD). Das regelmäßige und selbstständige Sichern der Textdateien ist eine unverzichtbare Voraussetzung, um Datenverluste (= Motivationsverlust) zu vermeiden.

Insbesondere am Anfang kann es öfter vorkommen, dass einzelne Schüler bei der Überarbeitung versehentlich Textstellen löschen. Daher empfiehlt es sich, vor der Überarbeitung Sicherungskopien anzulegen. Die genannten Funktionen sollten zu Beginn der Arbeit mit dem PC gemeinsam erarbeitet und zunächst an überschaubaren Texten ausprobiert werden.

Textbearbeitung mit dem PC

Layout: Wenn Schüler ihre Texte am PC schreiben, dann legen sie in der Regel viel Wert auf die Textgestaltung. Die Vielzahl an Schrifttypen und sonstigen Gestaltungsmöglichkeiten werden von den meisten intensiv genutzt, so dass – zumindest zu Beginn – eine erhebliche Zeit für das Ausprobieren verwendet wird. Die Schüler scheinen relativ genaue Vorstellungen davon zu haben, welche Schrifttype, -farbe und -größe zu ihrem Text passt. Didaktisch ist es sicherlich sinnvoll, diesen Gestaltungswillen produktiv zu nutzen und den Einstieg in die Textverarbeitung am PC etwa mit dem kreativen Schreiben zu verbinden. Hier kann an kurzen, ausdrucksstarken Texten mit den Möglichkeiten der Textverarbeitung experimentiert werden. In jedem Fall sollten die Erfahrungen und Ergebnisse aber im Klassenverband reflektiert werden, um beispielsweise Maximen für die Textgestaltung festzuhalten. Weniger motivierend ist es wahrscheinlich, solche Experimente zu untersagen.

Rechtschreibkontrolle: Eine wichtige Frage ist auch der Einsatz der Rechtschreibkontrolle. Ist sie eingeschaltet, dann werden automatisch alle dem Programm unbekannten Wörter rot unterschlängelt. Hier hat sich gezeigt, dass das die Schüler erheblich ablenkt, weil sie viel Energie darauf verwenden, ihre echten und vermeintlichen Fehler zu verbessern. Das kann die Textproduktion bisweilen gänzlich behindern. Denn es gibt immer wieder Wörter, die das Programm nicht kennt. Um die Unterschlängelung zu beseitigen, muss das unbekannte Wort erst dem Wörterbuch hinzugefügt werden, eine Prozedur, die die meisten Schüler nicht beherrschen. Es empfiehlt sich daher, den Umgang mit der Rechtschreibkontrolle zunächst im Rahmen einer eigenen Unterrichtseinheit zur Orthographie einzuführen. Bei der Textproduktion sollte sie dann nur in den gesonderten Korrekturdurchgängen eingesetzt werden.

Ausdruck: Zu entscheiden ist ebenfalls, wie die Überarbeitung durchgeführt werden soll. Prinzipiell besteht die Möglichkeit, den gesamten Text am Bildschirm fertig zu stellen und lediglich die Endfassung auszudrucken. Das ist jedoch nicht zu empfehlen, weil der Bildschirm immer nur einen kleinen Ausschnitt zeigt und deswegen der Überblick fehlt. Stattdessen sollte der Text zunächst ausgedruckt werden. Dabei ist darauf zu achten, dass sich der Ausdruck für die Überarbeitung eignet. So sollte genügend Platz für Ergänzungen vorhanden sein; dazu ist ein mindestens zweizeiliger Zeilenabstand und ein Seitenrand von etwa fünf Zentimetern zu wählen. Auf diese Weise können Ergänzungen sowohl zwischen den Zeilen als auch am Rand notiert werden. Damit sich der Text nicht auf zu viele Seiten verteilt, sollte die Schriftgröße 12 Punkt nicht überschreiten.

Texte benoten

11 Die Not mit der Note

„Kinder und Jugendliche leisten vieles. Das herkömmliche System der Leistungsbeurteilung aber – das Urteil mit einer Zahl – bringt Schülerinnen und Schüler auf
einen Nenner: Die Person wird auf eine Zahl gebracht, auf die Note, die Zensur.
‚Noten nehmen der Schülerleistung auf hintergründige Weise die Würde, das Gesicht‘, formuliert Rupert Vierlinger" (Hecker 2001, 22).

Diese negative Einschätzung der Notengebung wird von fast allen Pädago-
gen und Fachdidaktikern geteilt (exemplarisch sei hier auf einige verwie-
sen: Bambach/Bartnitzky/v. Ilsemann/Otto 1996; Bartnitzky/Portmann
1992; Baurmann 1996, 2002; Böttcher/Brosch/Schneider 1999; Bräuer
1998; Vierlinger 1999; Winter 1996).

Betrachtet man die einzelnen Bundesländer und Schulformen, ergibt sich
ein unterschiedliches Bild der Beurteilungsformen: Ziffernzensuren, Punk-
tesysteme, verbale Beurteilungen, Kommentare zu Noten, Gutachten usw.
Dieser überkommenen *produktorientierten Leistungskontrolle* liegt meist
die normierte *Klassenarbeit* zugrunde, geschrieben von allen Schülern zur
gleichen Zeit, ausgerichtet auf ein Ergebnis mit Rangzuteilung und in der
Funktion der Auslese für die weitere Schullaufbahn und zur Vergabe von Zu-
kunftschancen.

Demgegenüber betont die von allen befürwortete *prozessorientierte Leis-
tungskontrolle* die individuelle Lernausgangslage und Leistung des Kindes.
Sein *Lernweg* und seine *Lernentwicklung* werden mit anderen Formen der
Beurteilung angeregt, begleitet, gefördert und dokumentiert (vgl. Hecker
2001, 22). So sieht z. B. das Land Nordrhein-Westfalen für die ersten beiden
Schuljahre statt Noten Berichtzeugnisse bzw. Lernentwicklungsberichte
vor. Ab dem dritten Schuljahr können die Eltern entscheiden, ob Note und
Bericht oder nur Bericht, ab dem vierten. Schuljahr gilt dann das kommen-
tierte Ziffernzeugnis (vgl. Bartnitzky/Portmann 1992; Bartnitzky 1999).

Warnend und ernüchternd muss allerdings gesagt werden, dass eine blo-
ße Änderung der Mitteilungsform (z. B. Ersatz der Noten im Berichtzeugnis)
die Probleme alleine nicht löst. Bartnitzky schreibt in seinen zehn Thesen
zur Leistungsbeurteilung in der Grundschule (1999, 37):

„Die gegenwärtigen Berichtzeugnisse spiegeln ein breites qualitatives Spektrum. Hier finden sich normative Zeugnisse, Quasi-Noten-Zeugnisse, die Noten lediglich verbal verschlüsseln, geklonte Zeugnisse, die aus vorgegebenen verbalen Versatzstücken bestehen, neben Zeugnissen, die Lernentwicklungen wiedergeben und Lernperspektiven eröffnen, in denen Kinder sich wieder finden und die den Zusammenhang zu ihrer schulischen Entwicklung und den täglichen Rückmeldungen herstellen. Dieses Spektrum entspricht dem Spektrum an pädagogischer Qualität in der Grundschularbeit. Entwicklungsförderliche Zeugnisse kann nur schreiben, wer eine entwicklungsfördernde Einstellung zu Kindern hat, die auch das pädagogische Handeln prägt.“ Die Form der Beurteilung ist sowohl Ausdruck des dahinter stehenden pädagogischen Konzepts als auch der pädagogischen Haltung des Lehrers. Eine humane Schule „muss weitgehend von der Entwicklungsfunktion bestimmt sein, ohne dass die Steuerungsfunktion störend eingreift. Unter anderem sind dann auch Noten dysfunktional“ (ebd., 138).

Von dieser berechtigten visionären Sicht ist leider die schulische Wirklichkeit noch weit entfernt. Das Beurteilen, vor allem im Deutschunterricht, ist durch die internationalen Vergleichsstudien, siehe PISA, die Diskussion um Standards und Qualitätssicherung neu belebt. Die Forderung nach Vergleichbarkeit und Gütekriterien wie Objektivität, Reliabilität und Validität und damit nach der Note ist wieder aktuell. Wir wollen dieser Diskussion nicht ausweichen, sondern im Sinne unseres vorgestellten Konzepts einige Wege aus dem Dilemma und Freiräume aufzeigen.

11.1 Geschriebenes benoten

Grundsätzlich ist noch einmal festzuhalten, dass beim Beurteilen von Geschriebenem die „Notenfalle“ besonders hart zuschlägt: „Die Ziffernnote kann der Komplexität eines geschriebenen Textes nicht gerecht werden“ (Baurmann 2002, 120). Deshalb muss eine *prozessorientierte Schreibdidaktik* zu einer neuen Beurteilungspraxis gelangen.

Unsere Ausführungen zur Schreibentwicklung, Schreibprozessorientierung, zum Bewerten und fördernden Beurteilen als auch zum Überarbeiten sind folgenden Zielen verpflichtet:

- die schriftsprachlichen Fähigkeiten des einzelnen Schülers entsprechend seiner Schreibentwicklung zu fördern
- aus einem weniger gelungenen einen gelungenen Text zu machen
- den Schülertext als Textentwurf zu sehen
- den Schreibprozess gleichwertig neben das Schreibprodukt zu stellen
- das Beurteilen als dialogischen Akt, als kommunikative Handlung zwischen Schüler – Lehrer/Schreiber – Leser zu begreifen
- von der Fremdbeurteilung allmählich zur Selbstbeurteilung zu kommen

11.2 Didaktischer Einsatz von Kriterienkatalogen beim Benoten

Unabdingbar für ein solches Bewertungskonzept und die gelegentliche Anwendung beim Benoten, wenn nötig auch in Klassenarbeiten, ist das Erstellen von Kriterienkatalogen. Diese sind, wie Baurmann (2002, 137 ff.) ausführt, eine bewährte Möglichkeit, die Objektivität, Reliabilität und Validität von Aufsatzbeurteilungen zu verbessern. Objektiv ist eine Beurteilung oder Messung dann, wenn verschiedene Beurteiler unabhängig voneinander zu demselben Urteil kommen; reliabel (= zuverlässig) ist ein Urteil dann, wenn es bei einer Wiederholung der Messung zu demselben Ergebnis kommt; und valide (gültig) ist ein Urteil dann, wenn eine Messung wirklich das misst, was sie vorgibt zu messen. So zeigt sich beispielsweise, dass die Beurteilung der inhaltlichen Textqualität in starkem Maße von der äußeren Form und orthographischen Richtigkeit abhängt. Derselbe Text wird besser beurteilt, wenn er in sauberer Maschinenschrift und orthographisch korrekt als in einer unsauberen Handschrift vorliegt. Kriterienkataloge können helfen, solche Beurteilungsfehler zu vermeiden.

In Kapitel 7 und 8 haben wir das ausführlich dargestellt und ausgehend von einem *Basiskatalog* für unterschiedliche Textarten *Beispielkataloge* erstellt. Folgende Aspekte sind beim didaktischen Einsatz von Kriterienkatalogen in der Benotung relevant:

Sprachreflexion
Kriterienkataloge können gut gemeinsam mit den Schülern erarbeitet und für neue Schreibaufgaben weiterentwickelt bzw. angepasst werden. Die Erarbeitung und Diskussion von Qualitätskriterien stellt einen hervorragenden Anlass für den Lernbereich „Sprachreflexion" dar. Auf diese Weise ergibt sich immer wieder ein sinnvoller und authentischer Anlass, um über sprachliche und inhaltliche Merkmale von Texten nachzudenken. Das Sprechen über Textmerkmale fördert zugleich die Entwicklung der Sprachbewusstheit, weil immer wieder vom einzelnen Text abstrahiert und verallgemeinert werden muss. Zudem bildet sich so sukzessive ein meta-linguistisches Fachvokabular aus, weil nur so eine sinnvolle Verständigung über Sprache möglich ist. Lerntheoretisch hat das den Vorteil, dass im Gespräch über Textqualität zunächst das Bedürfnis entsteht, bestimmte, wiederkehrende Elemente benennen zu können, bevor dann die entsprechenden grammatischen und sonstigen Kategorien erarbeitet werden. So bilden nicht abstrakte grammatische Termini den Ausgangspunkt einer Grammatikeinheit, sondern konkrete Wissensdefizite.

Zugleich schafft die Erarbeitung von Qualitätskriterien für alle Beteiligten *Transparenz bei der Beurteilung und Benotung von Texten*. Die Schüler wissen, welche Aspekte bedeutsam sind und worauf sie beim Schreiben achten müssen. Transparenz und Nachvollziehbarkeit sind notwendige Bedingungen, um Fremdbeurteilungen und Noten für sich akzeptieren zu können.

Kriterienkatalog als Schreibhilfe

Kriterienkataloge können zugleich auch als Schreibhilfen genutzt werden. Sie stellen gewissermaßen eine Checkliste für Planung und Überarbeitung bereit. In reduzierter oder konzentrierter Form können sie den Schreibprozess anleiten. Sicherlich ist es nicht sinnvoll, den gesamten Schreibprozess an solchen Katalogen zu orientieren. Allerdings kann es hilfreich sein, auf diese Weise bestimmte Aspekte besonders zu fokussieren. Wer Schwierigkeiten hat, seinen Text sinnvoll aufzubauen, kann sich hierzu zwei oder drei Leitfragen formulieren. Oder wer sich oft unverständlich ausdrückt, kann sich eine Liste mit treffenden Begriffen zurechtlegen.

Beim Überarbeiten, d. h. bei der Selbsteinschätzung seines Textes, kann der Schüler ebenfalls versuchen, sich an den Kriterien zu orientieren. In den ersten beiden Schuljahren kann das für die Schüler etwa bedeuten, dass sie lernen, ihren Text noch einmal ganz durchzulesen und sich zu fragen, ob ihr Text wirklich fertig ist. Im dritten und vierten Schuljahr können dann gezielte Prüfaufträge hinzukommen, etwa die Orthographie zu kontrollieren oder zu fragen, ob die Überschrift zum Text passt.

Textberatung

Kriterienkataloge sind eine gute Beratungsgrundlage. Sie können dem Lehrer als Leitfaden für das Auffinden gelungener und noch nicht gelungener Textstellen dienen (ausführlich dazu im Kapitel 9.2). Darüber hinaus sind sie die *Grundlage für die Schnellbeurteilung nach globalem Ersteindruck.* Diese „wird in einem Team von drei bis vier Beurteilerinnen und Beurteilern vorgenommen (Lehrer, Schüler). Jeder Beurteiler liest den Text durch und bewertet ihn sofort. Anschließend werden die Einzelnoten gemittelt. Das Verfahren bietet sich bei Benotungen in Zweifelsfällen an, weist allerdings den Nachteil auf, dass die Aussagen zum Geschriebenen äußerst allgemein ausfallen" (Baurmann 1996, 155).

Benotung

Die im Basiskatalog (vgl. S. 56 f.) genannten Kriterien addieren sich zu zwölf Punkten auf, die sich für Klassenarbeiten gut in ein Notenschema übertragen lassen:

Punkte	Note	Abstufung	
12 – 10	sehr gut	hervorragend	12
		sehr gut	11
		noch sehr gut	10
9 – 7	gut	besonders gut	9
		gut	8
		noch gut	7
6 – 4	befriedigend	voll befriedigend	6
		befriedigend	5
		noch befriedigend	4
3 – 1	ausreichend	voll ausreichend	3
		ausreichend	2
		noch ausreichend	1
0	mangelhaft	nicht ausreichend	

Sollte aus bestimmten Gründen die Anzahl der Kriterien reduziert werden, dann bietet sich eine Reduktion auf acht Kriterien an, weil dann jeweils eine Zweipunktedifferenz einer Notenstufe entspricht.

11.3 Prozessorientiertes Benoten bei Klassenarbeiten

Prüfendes Bewerten, also Benoten, sollte ein Sonderfall des Beurteilens sein. Das heißt: So wenig wie möglich benoten! Bei der vorgeschriebenen Zahl der Klassenarbeiten sollten die Schreibaufgaben

- nicht zu lang und umfangreich sein (vgl. Kriterienkatalog zum Gedicht, Kap. 7.1)
- sich an unterschiedlichen Schreibanforderungen (kognitiv, produktiv, kreativ) orientieren und entsprechend variieren
- aus dem Unterricht erwachsen und in ihm eingebettet sein: „Geprüft wird nur, was auch gelernt worden ist"
- auch als kooperative Textproduktion angeboten werden

Die *Erstschrift* ist immer als *Textentwurf* zu bewerten. Sie soll mit Lernangeboten und Kommentaren des Lehrers versehen werden. Beides soll auf einer Auswahl der zu korrigierenden Auffälligkeiten basieren. Der Schüler sollte ausreichend Zeit und damit Distanz zum Überarbeiten seines Textes bekommen. Erst die überarbeitete *Zweitschrift* oder *Endfassung* soll benotet werden. Die Fähigkeiten des Schülers, seinen Text zu überarbeiten, sollen Teil der Note sein. Oder weitergehend: Die Teilhandlung des Schreibprozesses, das Überarbeiten, wird als Klassenaufsatz gewertet (vgl. Baurmann 2002, 121). In diesem Sinne ist die prüfende Bewertung also besonders *prozessorientiert*, weil so der gesamte Schreibprozess *fördernd-beurteilend* begleitet wird.

11.4 Alternativen zum ‚Klassenaufsatz'

- Den Schülern sollte eine entsprechende Vielfalt von Schreibsituationen mit individueller Schreibzeit und Möglichkeiten der Textentwicklung geboten werden. Also nicht nur die punktuelle „Prüfung" in der Klassenarbeit. Dies gilt vor allem für Texte, die im kreativen Schreiben entstehen, in einer Mischung aus Schreibaufgaben, die an (literarische) Texte und offene Verfahren gebunden sind.

- Jeder Schüler führt eine Textmappe mit den in der Schule erstellten Produkten: Die Auswahl der zu benotenden Texte wird mit dem Schüler gemeinsam vorgenommen oder der Lehrer wählt nur die besten Texte des Kindes aus.

- Es erfolgt ein Gesamturteil (bezogen auf alle in der Schule erstellten und ausgewählten Textprodukte), statt eines Einzelurteils. Noten mit verbaler Kommentierung (vgl. Kap. 9.1) begründen die Bewertung.

12 Das Portfolio

12.1 Die eigenen Stärken veröffentlichen

Für eine prozessorientierte Leistungskontrolle eignet sich in besonderem Maße die Arbeit mit dem Portfolio. Beim Portfolio stützen wir uns auf das Konzept von Bräuer (1998; 2000), das speziell für die Schreibdidaktik entwickelt wurde. Portfolios sind Schreibmappen, in denen der jeweilige Schreiber seine schriftlichen Produkte sammelt. Bräuer unterscheidet zwischen *exemplarischen Portfolios* oder *Produkt-Portfolios*, in denen Endfassungen von Texten gesammelt werden, welche die schriftliche Entwicklung des Schreibers dokumentieren, und *Schreibprozess-Portfolios*, die sowohl Vorarbeiten, Materialien, Kriterienkataloge, erste Entwürfe als auch Endfassungen von Texten beinhalten. So wird der Weg vom ersten Entwurf bis zum fertigen Text transparent (Baurmann 2002, 121). Die Schüler dokumentieren ihren *Werdegang* (Bruner/Schmidinger 2000, 17). Diese Art von Portfolios bietet sich gerade für einen prozessorientierten Schreibunterricht an, da Lernenden und Lehrenden Schreibstrategien sichtbar werden können, die sonst nur im Kopf des Schreibers ablaufen. Jede Endfassung eines Textes wird also auf der Grundlage der Portfolioarbeit betrachtet, sodass die endgültige Schreibleistung nicht punktuell bewertet wird, sondern integraler Bestandteil eines Schreibprojektes wird (Bräuer 1998b, 89).

Für die schulische Arbeit bedeutet dies, die Schüler anzuregen, auf Grund gemeinsamer Vereinbarungen repräsentative Lernergebnisse in Mappen zu sammeln. Dabei entscheiden die Schüler selbst, welche Dokumente sich besonders gut eignen, um ihre Lernentwicklung in Bezug auf vorher gemeinsam festgelegte und für die Schüler einsichtige Beurteilungskriterien oder Lernziele zu dokumentieren. Zu Recht stellt Schwarz (2001, 25) fest, dass es einen Balanceakt bedeutet, den Schülern zum einen eine klare Struktur vorzugeben, ihnen aber zum anderen für eine eigene Auswahl von Arbeitsbeispielen genügend Freiraum zu bieten und sie somit an Beurteilungsprozessen zu beteiligen. Die Portfolio-Beurteilung kann von den Lehrpersonen durch das Ausfüllen von „Beobachtungsprotokollen" erfolgen, die eine vereinfachte Form von Beurteilungskriterien darstellen (Bruner/Schmidinger 2000, 13). Die Schüler selbst können ihre Ergebnisse in Form von „Selbst-Beobachtungsprotokollen" beurteilen (Bruner/Schmidinger 2000, 14).

Ein bedeutendes Anliegen der Arbeit mit Portfolios, das von den Autoren Berning (1998, 2000); Bräuer (1998a, 1998b, 2000); Vierlinger (1999); Schwarz (2001); Baurmann (2002); Böttcher (2002) übereinstimmend angeführt wird, ist, mithilfe von Portfolios die Reflexions- und Beurteilungsfähigkeit der eigenen Leistungen zu stärken. Indem der Schüler selbst die eigenen Leistungen kritisch beurteilt und dann diejenigen auswählt, welche seiner Meinung nach besonders gelungen sind, trifft er eine Vorauswahl, bevor er dem Lehrer das fertige Portfolio vorlegt. Da die Beurteilungskriterien und der Erwartungshorizont im Vorhinein mit den Schülern abgesprochen sind, wirken Portfolios – wie Schwarz sagt – „*als Brücke zwischen Lehren, Lernen und Beurteilung*" (2001, 109). Bräuer geht noch einen Schritt weiter, indem er feststellt, dass der Lehrende und die Lernenden durch die gemeinsame Ausarbeitung der anzuwendenden Beurteilungskriterien zu *Partnern* werden (1998a, 155). Die für den Schüler vorab ersichtlichen Bewertungsmaßstäbe ermöglichen es ihm, bei der Auswahl seiner Arbeiten kritisch zu selektieren und solche Texte auszuwählen, die den Bewertungskriterien seiner Meinung nach in besonderer Weise gerecht werden, und somit ein *Bewusstsein für die eigenen Stärken* zu entwickeln: Was ist mir besonders gut gelungen? Dieses Bewusstsein erachten alle oben erwähnten Autoren als positiv für die Stärkung des Selbstbewusstseins des einzelnen Schülers. Der Prozess des Einschätzens, Reflektierens, Beurteilens und Bewertens verteilt sich auf Lehrer *und* Schüler, Einsicht in das Beurteilen und Akzeptanz der Noten werden für alle Beteiligten erhöht und in einen Lernprozess für alle integriert.

Wir stellen im Folgenden den Bericht einer Lehrerin vor, die das Portfolio-Verfahren in einer 2. Klasse einer Aachener Grundschule realisiert hat. Dokumentiert wird der Weg zu einem Fantasietext zum Thema „Hexen". Die Praxis zeigt die Möglichkeiten, die das Portfolio zum Beurteilen von Schülerleistungen bietet und damit erheblich die punktuelle Benotung von Aufsätzen reduziert.

12.2 Portfolios in einem 2. Schuljahr

Im 2. Schuljahr sind die Schüler im Verfassen von Texten noch nicht so geübt, sodass in dieser Einheit die Vereinbarungen und Vorgaben noch enger gesteckt werden mussten. Auch hatten die Schüler bisher noch keine Erfahrung mit dem Anlegen von Schreibmappen. Da sich die Klasse jedoch seit dem ersten Schuljahr sehr schreibmotiviert zeigte, ermutigte mich das in meinem Vorhaben. Je früher die Schüler an die Portfolioarbeit herangeführt werden, desto leichter kann im 3. Schuljahr – in dem der Schwerpunkt auf der Schreiberziehung liegt – damit weitergearbeitet und neue Freiräume erschlossen werden.

Das Schreiben der Texte war in ein fächerübergreifendes Hexenprojekt eingebettet. Als Fachlehrerin konzentrierte ich mich auf das Schreiben von Hexentexten und beschränkte das Anlegen der Portfolios daher auf das Sammeln von Schreibergebnissen. Ziel dieser Unterrichtseinheit war es, eine Schreibumgebung zu schaffen, die möglichst viele Hilfen zum Schreiben bietet, aber auch viele Möglichkeiten, um eigene Vorstellungen zu realisieren. Die Vereinbarung war, dass jeder Schüler von der ersten Planung bis hin zur Textendfassung alles in einer Mappe sammelt, was bei der Erstellung seines Textes anfällt, d. h., es sollten *Schreibprozess-Portfolios* angelegt werden. Dabei konnten auch Texte, die in der außerschulischen Arbeit entstanden waren, abgeheftet werden. Letzteres gab mir Aufschluss über die Interessen der Schüler. Auch weniger gute Entwürfe sollten in die Mappen geheftet werden. In vielen Klassen muss dafür eine neue *Dokumentationskultur* geschaffen werden, denn bei manchen Schülern herrscht oft noch die Vorstellung, das gute Endprodukt müsse sofort da sein und weniger gute Erstentwürfe seien zu verheimlichen (Bruner/Schmidinger 2000, S. 49).

1. Vorstellen der Hexe „Lillifee"

Die Reihe begann damit, dass ich den Schülern auf einem Plakat die Umrissfigur einer Hexe vorstellte. Die Schüler spekulierten spontan über ein mögliches Aussehen der Hexe und es entstand ein erster Erfahrungsaustausch über das Thema „Hexen". Mit Unterbrechungen las ich den Schülern daraufhin die Geschichte der Hexe Lillifee vor.

Die Geschichte der Hexe Lillifee
Im Hexenland, tief im Wald, lebt die Hexe Lillifee, von der ich euch erzählen möchte. Sie besitzt ein kleines Hexenhäuschen und ab und zu auch einen Raben, den Raben Brüllifix. Brüllifix kann so laut brüllen, dass sämtliche Tiere den Wald verlassen und die Bäume Blätter und Nadeln verlieren. Die Hexe Lillifee wird dann so ärgerlich und zornig, dass sie ihren Raben wegscheucht. Und dann ist sie ganz alleine. Sie vertreibt sich daraufhin die Zeit damit, an die Bäume wieder Blätter und Nadeln zu zaubern. Und nach ein paar Tagen kommt der Rabe meistens wieder zu Lillifee und die beiden sind die besten Freunde. Nun, wie sieht die Hexe Lillifee eigentlich aus? Die einen finden sie hübsch, die anderen hässlich. Die einen sagen, sie habe rotes Haar, die anderen sagen, ihr Haar sei schwarz-rot. Und da Lillifee keinen Spiegel besitzt, weiß sie selbst auch nicht, ob sie so, so oder so aussieht. Am besten, jeder überlegt selber einmal, wie die Hexe aussehen könnte. Auch kann Lillifee sehr viele Dinge. Ihre größte Kunst ist das Kochen. Tja, und mit ihren Augen kann sie so funkeln, dass man sie selbst im dunkelsten Wald erkennen kann. Mit ihrer Nase kann sie _____ , mit ihren Füßen kann sie _____ , mit ihren Händen kann sie _____ , mit ihrer Stimme kann sie _____ _____ .

Nachdem über das Aussehen der Hexe spekuliert wurde, sollten die Schüler die Hexe mit bestimmten Eigenschaften ausstatten. An die entsprechenden Körperteile wurden Papierstreifen geheftet, auf denen die von den Schülern entwickelten Eigenschaften notiert wurden. So konnte die Hexe z. B. mit ihren Armen „fuchteln", mit ihrer Stimme „kreischen", mit ihrer Nase „Gefahren auflauern" usw. Die Schüler sollten die Möglichkeit haben, sich eine Hexe ganz nach ihrem eigenen Bilde zu erschaffen und ihren fantastischen Vorstellungen freien Lauf zu lassen. Das Plakat mit den Hexeneigenschaften blieb während der gesamten Unterrichtseinheit für alle sichtbar hängen. Dann wurde die Geschichte weiter vorgelesen:

Hat die Hexe gute Laune, so gelingt ihr auch das Hexen schon sehr gut. Doch hat sie schlechte Laune, so geht die Hexerei auch mal so richtig schief. Und an einem solchen „Schlechte-Laune-Tag" beginnt eigentlich die Geschichte, die ich euch erzählen möchte.

Schon morgens zwickt Lillifee etwas an ihrer Nase, was meistens Zeichen dafür ist, dass ein besonderer Tag ist. Und da fällt es ihr auch schon ein: Heute ist doch Walpurgisnacht: Alle Hexen treffen sich zum großen Hexentanz am Blocksberg. Oh nein! Und ausgerechnet heute hat sie einen „Schlechte-Laune-Tag". Ihr misslingen alle Hexereien ..., endlich reicht es ihr: Sie schnappt Brüllifix, ihren Besen, und fliegt mit einem ihr bekannten Zauberspruch auf und davon. Und als sie so fliegt und fliegt, beruhigt sie sich wieder. Herrlich, die Welt so von oben zu erblicken. Doch irgendwann packt sie dann doch wieder die Abenteuerlust und sie setzt zur Landung an. Langsam, ganz langsam und sanft landet sie und als sie sich umblickt, da sieht sie ...

2. Entwickeln eigener Vorstellungen zur Hexe und ihrem Landeort

Auf verschiedenen Tischen lagen Bücher und Farbkopien über verschiedene Länder oder Kontinente aus, um den Schülern Schreibanregungen zu bieten, außerdem Bilder über die Antarktis, die Sahara, Venedig, die Türkei, Griechenland usw. Sagte ihnen keines der Angebote zu, so konnten sie einen Ort ihrer Fantasie wählen. Außerdem konnten die Schüler zur nächsten Stunde über das Land ihrer Wahl Material mitbringen. So brachten zwei Schüler türkischer und griechischer Abstammung türkische Musik und griechische Kleidungsstücke mit, andere brachten Sand aus Spanien oder T-Shirts von der Expo 2000 in Hannover mit. Zudem lagen verschiedene Angebote zur Planung der Geschichte vor:

Schreiben eines Akrostichons mit dem Stichwort „Hexe"

Hanofer

Enemene

EXPO 2000

England

Erstellen eines Clusters (bei den Schülern als „Wörterkrake" bekannt)

Malen eines Bildes zu dem Landeort

Es lagen verschiedene Hexenbilder bereit. Kam eine Hexe den Vorstellungen der Schüler nahe, konnten sie es in ihr selbst gemaltes Bild zum Landeort einkleben. Ebenso konnten sie aber auch ihre Hexe selbstständig gestalten. Auch während des Schreibens der Geschichte durften die Schüler auf ein Planungsblatt zurückgreifen und erneut Ideen sammeln, um ein Stocken des Schreibflusses zu vermeiden. Die von den Schülern gesammelten Eigenschaften der Hexe, der Geschichtenanfang, das Materialangebot zu den einzelnen Ländern sowie die verschiedenen Planungsmöglichkeiten boten ihnen Anregungen für Entdeckungen und Erfindungen. Je größer der Freiraum war, etwas entstehen zu lassen desto mehr Ansatzpunkte ergaben sich beim Auswerten der Arbeiten, etwas über die Vorgehensweise und Lernentwicklung der Schüler zu erfahren.

Einen Hexentext schreiben

Die Unterrichtseinheit bot den Schülern eine fiktive Welt, auf die sie sich schreibend einlassen sollten. Sie hatten die Möglichkeit, beim Schreiben ei-

nen realen Ort zu wählen, in dem die Hexe landet (Türkei, Expo 2000 …)
oder aber einen Ort ihrer Fantasie (Geisterschloss, Schlaraffenland). In beiden Fällen sollte die Umgebung Anlass für fantastische Darstellungen bieten, in denen möglichst keine alltäglichen Probleme thematisiert werden
sollten, wie im folgenden Beispiel: „Die Hexe geht einkaufen und fliegt wieder zurück". Vielmehr sollten Erlebnisse geschildert werden, in denen die
zuvor gesammelten Hexeneigenschaften zum Tragen kommen, die Realität
also verändert wird. Wermke spricht in diesem Zusammenhang von „Er-
fahrungsbericht versus Erfindung" (Wermke 1993, 100). Liebnau spricht
von einer „ideenreichen, originellen Nutzung des Rahmens" (Liebnau 1995,
133). Gemeinsam entwickelten wir also folgende Schreibanregungen:

Überschrift
Wo landet sie? Wie sieht es dort aus?

Was passiert der Hexe in dem Land?

Plötzlich … Auf einmal …
Ehe sie sich versah …
Mit ihren Händen …
Ihre Augen …
Weil sie mit ihren Beinen … konnte, …

Kommt die Hexe wieder ins Hexenland zurück?

Die Anregungen hingen sowohl auf einem Plakat für alle sichtbar aus, konnten aber bei Bedarf auch als Arbeitsblatt mit zum Platz genommen und später in die Portfoliomappe geheftet werden. So erhielt man beim Durchsehen
der Mappen eine Rückmeldung über die Berücksichtigung der Schreibanregungen. Während des Schreibens griffen die Schüler u. a. auf die Bücher-
und Bilderangebote sowie in einem Gruppenraum auf die türkische Musik
zurück. War jemand mit einer Geschichte fertig, stand es ihm frei, noch eine Geschichte zu schreiben, ein Bild zu seiner Geschichte zu malen oder etwas anderes zum Thema Hexen zu verfassen (z. B. Hexenreime).

Textüberarbeitung und Selbstbeurteilung
Nachdem jeder Schüler mindestens einen Text beendet hatte, wurden alle
Schülertexte von der Lehrerin abgetippt. Die Mühe des Abtippens lohnt sich
gerade in dieser Altersstufe, da so der Blick auf den Textinhalt gerichtet und
nicht durch eventuelle Grammatik- oder Rechtschreibfehler getrübt wird
(Fahnenstich 1999, 21 f.; vgl. Kap. 7.4). Anschließend wurden die Texte auf

Diskette kopiert und so einigen Schülern für die Überarbeitung am Computer zur Verfügung gestellt.

Anhand eines auf Folie kopierten Schülertextes wurde mit den Schülern das Überarbeitungsverfahren „Über den Rand hinaus schreiben" sowie ein das Verfahren lenkender „Expertenbogen" besprochen (vgl. Kap. 10.2). Die Schüler bildeten Zweier- und Dreiergruppen und bearbeiteten die einzelnen Schülertexte. Hatte ein Schüler mehrere Texte geschrieben, so einigte man sich auf einen zu überarbeitenden Text. Die Überarbeitungen wurden anschließend am Computer in die Texte eingefügt (vgl. Kap.10.5).

Diana + Uta   Textnummer : ✓
                   Text von : Uta

Expertenbogen

Fragen für die Expertengruppe:

Überschrift? (X) Ja   ( ) Nein

Wo landet die Hexe ? *In einer Burck*

Könnt ihr euch vorstellen, wie es dort aussieht?

(X) Ja   ( ) Ein bisschen...   ( ) Nein

Klebt in den Text dort einen Punkt ein, wo man noch etwas mehr zu dem Ort schreiben kann.

Passiert der Hexe etwas?   (X) Ja   ( ) Nein

Das Erlebnis ist „(X) hexenspannend",   ( ) „hexenlustig"

                    ( ) eher normal (könnte uns auch passieren)

Klebt einen Punkt an die Stelle, wo ihr meint, dass man noch etwas mehr zu dem Erlebnis schreiben kann.

Erfährt man, wie die Hexe wieder zurückkommt? (X) Ja

                                               ( ) Nein

Klebt einen Punkt an die Stelle im Text, wo man noch genauer schreiben kann, wie sie zurückkommt oder warum sie bleibt.

Wir wählen den Text_____aus, weil er

Ich habe nur ein Text

Im Anschluss an die Überarbeitung wurde zunächst im Sitzkreis die Unterrichtseinheit besprochen. Die Schüler hatten Gelegenheit, über Erfolge oder Schwierigkeiten, Vorlieben oder Kritik zu sprechen. Nach dieser ersten Rückmeldung bekam jeder Schüler einen Fragebogen, den er für sich beantworten sollte (s. unten).

Der überarbeitete Text sowie der Experten- und Fragebogen (vgl. Legutke/Lortz 2002) wurden auch in die Schreibmappe geheftet. Daraufhin sammelte ich die Mappen ein, machte mir persönliche Notizen und schrieb den

Schülern zu ihren überarbeiteten Texten kleine Kommentare. Mit manchen Schulern führte ich über ihre Ergebnisse Einzelgespräche. So hatte ich die Möglichkeit, nachzufragen oder aber noch konkrete Tipps zu geben. Die Schüler hatten abschließend Gelegenheit, ihre Ergebnisse im Klassenverband vorzustellen, sodass auch von Schülerseite Anregungen kamen.

Ergebnisse der Portfolioarbeit

Das Anlegen der Mappen stellte eine Herausforderung dar, da viele Schüler ihre Ergebnisse nicht konsequent abhefteten und ich daher anfangs viel umheften oder nachheften musste. Der Sinn für Reihenfolge und Ordnung innerhalb der Mappen entwickelte sich erst im Laufe der Unterrichtseinheit immer besser. Das Ordnen von Arbeitsergebnissen selbst organisieren zu können, ist jedoch ganz wichtig, denn die Schüler übernehmen so automatisch mehr Verantwortung für ihre Arbeitsprodukte. Auch auf dem weiteren Lernweg werden sie immer wieder vor diese Anforderungen gestellt.

Die abgehefteten Dokumente gaben viel mehr Aufschluss über das Schreibverhalten der Schüler als punktuell eingesammelte Schülertexte. Es begann mit der Textplanung. In dieser Unterrichtseinheit nutzten einige wenige Schüler gar nicht die Planungsblätter, sondern fingen sofort mit dem Schreiben der Geschichte an. Andere hingegen arbeiteten sogar mit allen drei Planungstechniken, um ihre Geschichte vorzubereiten. Bei einigen Schülern kristallisierte sich in der Planungsphase bereits eine Idee heraus, die in der Geschichte aufgegriffen und vertieft wurde. Es kam auch vereinzelt vor, dass keine der Planungsideen in den Schülertexten aufgegriffen wurde. Letzteres war meist beim Schreiben eines Akrostichons der Fall. Bei den Schülern stand dabei weniger das Sammeln von Schreibideen im Vordergrund als das Finden geeigneter Wörter zum Fertigstellen des Akrostichons. Das zeigte mir wiederum, dass das Akrostichon zur Planung von Texten weniger geeignet scheint. Eine Schülerin nutzte keine der angebotenen Planungstechniken, sondern sie schrieb bereits auf das Planungsblatt einen Teil ihrer Geschichte.

Auch die in den Portfolios gesammelten Texte ließen große Unterschiede im Schreibverhalten der Schüler erkennen. Während sich einige Schüler schreibend in eine Geschichte vertieften und über mehrere Stunden daran arbeiteten, schrieben andere Schüler mehrere Kurzgeschichten. Ich möchte dies an zwei Beispielen verdeutlichen.

Zur Planung seines Textes wählte Thomas ein Akrostichon (vgl. S.176) und griff beim Schreiben der Geschichte sogar auf einzelne Wörter zurück („Expo", „Enemene"). Anhand des Akrostichons könnte man meinen, dass Thomas eine Geschichte über die „Expo" schrieb, in der auch „England" eine Rolle spielte. Thomas schrieb jedoch fünf Kurztexte über die Hexe Lillifee, wobei jeder Text verschiedene Themen behandelte. Repräsentativ möchte ich hier einen Text vorstellen:

Lillifee und die Expo

Lillifee sieht viele Leute und schöne Häuser und Gedränge. Lillifee kommt gar nicht voran. Sie kommt an einen Stand, da sieht sie eine Hexe aus Ton und rote Grütze. „Enemene Teufelsblut und Totenkopf und Krötenbeine."

Thomas heftete in seine Portfoliomappe noch einen selbst gedichteten und auf Computer abgetippten Hexenreim ab. Im Gespräch sagte er mir: „Ich sammle ganz viel, wo die Hexe landen könnte und was sie dort erlebt. Sie landet immer in einer neuen Geschichte." Die Schreibanregungen hatte er nicht in seine Mappe geheftet und auf dem Fragebogen kreuzte er an, nicht auf die Schreibliste (= Schreibanregungen) geschaut zu haben. Die Vielzahl der Texte, der Hexenreim sowie die Ergebnisse des Fragebogens machten deutlich, dass er sehr schreibmotiviert war. Trotz hoher Schreibmotivation hatte er aber noch Schwierigkeiten, eine klare Zielvorstellung für seine Texte zu entwickeln und diese schreibend zu vertiefen. Er schrieb noch stark assoziativ, erkennbar z. B. am Auslassen einzelner Wörter. Beim Auswählen einer Geschichte zum Überarbeiten sowie beim Überarbeiten selbst brauchte er auch Unterstützung (das Beispiel seiner Überarbeitung ist auf S. 183 abgebildet).

> *Lillifee und die Piraten*
>
> Die Piraten suchen einen Schatz und der Schatz ist vergraben. Lillifee hat den Schatz schon gefunden und hat in die Kiste einen Totenkopf..........
> Und die Piraten finden den Schatz und in der Kiste ist der Totenkopf. Und dann gehen sie unter eine Palme und sie lassen ihn im Sand versickern.
> Dann fliegt sie nach Hause und die ~~Geschichte~~..........
>
> 1 Lillifee landet bei den Piraten. (Bei Den Piraten)
>
> 2 man sieht Palmen und blaues meer
>
> 3 sie dann Hövtsie einen Knal und alle fögel da von. mit ihren Beinen Sie konte mit ihren Beinen fliegen

Eine ganz andere Schreibstrategie wird in dem Portfolio von Uta deutlich. Sie plante ihre Geschichte durch Malen eines Bildes. Bereits darauf wurde deutlich, dass sich das Abenteuer der Hexe Lillifee in einer Burg oder einem Schloss abspielt. Dann schrieb sie mit großem Eifer mehrere Stunden an folgender Geschichte:

Das gruselige Schloss

Lillifee landet sanft. Auf einmal knallt es. Vor ihr steht eine große Burg. Lillifee erschreckt. Dann geht sie langsam auf das Tor zu. Mit knarrendem Knall öffnet sich das Tor. In der Burg ist es dunkel und kalt (1) Krach! Ein Stein fällt ab. Lillifee erschreckt. Ups, wie soll sie hier wegkommen? Au ja! Sie sieht eine Drehtür. Vielleicht führt die ja nach draußen? Aber als

sie die Drehtür berührt, kommt ein Skelett aus der Wand. Es kommt näher und näher. Ach ja! Sie kann ja mit den Armen fuchteln und fuchtelt
endlich. Geschafft! Das Skelett ist besiegt. Aber was lauert hier noch auf
sie? Lillifee geht weiter. (2) Au weia! Wo soll sie jetzt lang gehen? Lillifee
überlegt. Am besten sie geht nach links, da ist es nämlich am hellsten. Also geht sie nach links. Langsam hat sie sich an die Kälte und Dunkelheit
gewöhnt. Lillifee erschreckt ganz doll. Plötzlich traut sie ihren Augen
nicht! Genau vor ihr fliegt ein Gespenst. Es flattert weiß durch die Luft
und kreischt „Huhuhu!". Lillifee will weglaufen, aber da schiebt sich eine Wand vor Lillifee. Sie denkt, dahinter komme ich nicht mehr heraus.
Also bleibt Lillifee stehen. Das Gespenst kommt näher und näher. Lillifee
kneift die Augen zu. Eine Weile bleibt es leise. Dann kracht es wieder. Lillifee wagt es nicht, die Augen aufzumachen. Sie sagt einen Zauberspruch
und dann macht sie die Augen wieder auf. Dann geht sie aus dem Gang
wieder raus. Warum Lillifee aus dem Gang wieder rausgeht? Weil in dem
Gang ja die Wand steht. Also geht sie aus dem Gang raus. Dann geht sie
nach rechts. Überall kommen seltsame Geräusche, zum Beispiel so: „Hu-
hu hihihi haha". Da fällt ihr ein: Wo ist Brüllifix? Brüllifix ist der Rabe von
Lillifee. Lillifee ruft und ruft. Ach ja! Sie hat Brüllifix draußen vergessen.
Auweia, hoffentlich ist er nicht weggeflogen. Lillifee ruft ihren Hexen-
besen und hext sich wieder nach draußen. Sie schnappt sich Brüllifix und
fliegt nach Hause. So ein Abenteuer hat sie sich nicht vorgestellt. Da werden die anderen Hexen aber staunen. Als sie zu Hause ankommt, haben
sich die anderen Hexen versammelt. Kein Wunder, sie suchen Lillifee. Als
Lillifee ankommt, muss sie von ihrem Abenteuer erzählen.

Die Frage, ob sie manchmal auf die Schreibkriterien geschaut habe, beant-
wortete Uta auf dem Fragebogen zwar mit „Nein", schrieb aber dazu, auf
das „Hexenblatt" geguckt zu haben (= Plakat mit Eigenschaften der Hexe).
Außer dem Planungsblatt und der Geschichte hatte Uta keine zusätzlichen
Ergebnisse in ihrer Mappe abgeheftet. Im Gegensatz zu Thomas galt Utas
ganzes Interesse ihrer Geschichte. Sie sagte mir beim Schreiben der Geschichte: „Meine Geschichte wird immer spannender, ich habe schon selber vor mir Angst." Auf dem Fragebogen schrieb sie zu der Frage, was ihr
besonders Spaß gemacht habe: „Wenn es spannend wurde." Ihre Ergebnisse zeigten, dass sie auch sehr schreibmotiviert war. Sie entwickelte jedoch schon bei der Planung eine klare Zielvorstellung, die sie beim Schreiben ihrer Geschichte aufgriff und vertiefte. Inhaltlich schuf sie eine
unheimliche Burgwelt mit seltsamen Wesen, in der auch die Eigenschaften
der Hexe Lillifee ihre Funktion haben (Arme fuchteln, zaubern ...). Dabei ge-

lang ihr auch die sprachliche Umsetzung der Schreibidee schon sehr gut ("Es kommt näher und näher ..."). Beim Überarbeiten des Textes ergänzte sie zwei Textstellen (Punkt 1: „Sie geht in die Burg", Punkt 2: „ In dem Gang ist eine Kreuzung.").

Die hier dargestellten Ergebnisse stammen von einer *einführenden Arbeit mit Portfolios* und geben doch schon viele Hinweise zu unterschiedlichen *Schreibstrategien* der Schüler einer Altersklasse. Fraglich ist, ob die hohe Schreibmotivation, die in Thomas' Mappe deutlich wird, auch beim Schreiben einer normierten Klassenarbeit deutlich geworden wäre. So bietet das Anlegen der Mappen den Schülern den Raum für ihre individuellen Fähigkeiten. Führt man diese Arbeitsweise über eine längere Zeit fort, werden viele Arbeitsschritte für die Schüler selbstverständlicher, und man kann Aufgaben und Arbeitsumfeld entsprechend offener gestalten. Durch das regelmäßige Besprechen der in den Schreibdokumenten sichtbar werdenden Schreibstrategien im Einzelgespräch oder im Klassenverband werden auch die *Reflexionsfähigkeit* und das *Bewusstsein* für die eigene Vorgehensweise beim Schreiben geschärft. So stellte ich in dieser Unterrichtseinheit fest, dass einzelne Schüler den *Fragebogen* noch sehr oberflächlich oder sogar gegensätzlich beantworteten. Je selbstverständlicher die Arbeit mit Portfolios wird, desto größer werden auch die Bereitschaft und die Fähigkeit, die eigene Vorgehensweise beim Schreiben wahrzunehmen und zu beurteilen. So sagte mir eine Schülerin während des Schreibprojektes: „Tippe meine Geschichte noch nicht. Ich schreibe jetzt noch eine Geschichte. Vielleicht wird die ja noch schöner."

Ein weiterer Vorteil der Portfolioarbeit ist, dass man durch die intensive Auseinandersetzung mit den Schreibergebnissen der Schüler automatisch auch seine eigene Vorgehensweise bei der Planung und Durchführung von Schreibvorhaben kritisch hinterfragt. Es werden die Schwachstellen in der Planung deutlicher und man kann mit den Ergebnissen konstruktiv weiterarbeiten.

12.3 Benoten mithilfe von Portfolios

Portfolios eignen sich, wie schon gesagt, auch für die Textbenotung. Jeder Schüler legt zu diesem Zweck eine selbst gestaltete Mappe an. Dazu werden folgende Vereinbarungen getroffen:

● Bei der Erarbeitung einer bestimmten Textart wird alles, was beim Planen, Schreiben und Überarbeiten eines Textes verwendet wird, abgeheftet. Möglich ist auch, zum Thema passendes gesammeltes Material abzuheften, z. B. Rezepte aus Kochbüchern. Die überarbeitete Endfassung steht auf einem farbigen Blatt, um sie noch mal hervorzuheben.

- Bei der Erarbeitung einer Textart werden gemeinsam die Kriterien für die spätere Beurteilung entwickelt, die in Form von Kriterienkatalogen Bestandteil des Portfolios sind. Sie können zunächst von den Schülern als Schreibhilfe benutzt und später von den Lehrern bei der Bewertung ausgefüllt werden.
- Zu jeder Textart schreiben die Schüler mindestens zwei Texte, die sich inhaltlich unterscheiden, z. B. ein Rezept zu Pellkartoffeln und eines zu Fächer-Kartoffeln (vgl. Kap. 10.4). Die Schüler entscheiden selbst, welcher Text bewertet werden soll. Das Wissen um die Möglichkeit, bestimmte Texte auswählen zu können, verringert den Schreibdruck und erhöht die Textqualität.
- In einer ersten Beurteilung durch den Lehrer werden orthographische und grammatikalische Fehler korrigiert bzw. ab dem 4. Schuljahr nur markiert. Alle übrigen Textkriterien werden im Beurteilungsbogen eingetragen; dazu können Kommentare geschrieben werden. Über besondere Auffälligkeiten kann zusätzlich mit den Schülern vor der Überarbeitung gesprochen werden.
- Im Anschluss daran erhalten die Schüler ihre Portfolios zur Überarbeitung zurück und wählen den bzw. die Texte zur Benotung aus. Dadurch liegt zwischen dem Verfassen, der Auswahl und dem Überarbeiten des Textes eine Zeitspanne, die die erforderliche Distanz schafft. Die Textendfassung wird in der Schule geschrieben, da die Schüler so Gelegenheit haben, bei Unklarheiten nachzufragen.
- Bei der Benotung der ausgewählten Endfassung(en) werden in die Benotungsbögen Pfeile eingetragen, die die Entwicklungstendenz der Überarbeitung verdeutlichen. Sie zeigen den Schülern, ob sie ihre Texte wirklich verbessert haben. Das kann beispielsweise so aussehen:

Dimension	Kriterium	Grad		
		1 ☺	0,5 ☺	0 ☹
Sprache I Orthographie	1. Du hast die bekannten Rechtschreibregeln richtig verwendet.			
Satzbau	2. Du hast verständliche, einfache Sätze gebildet, aber auch schon Sätze miteinander verbunden.		◄—X	
	3. Du hast unterschiedliche Satzanfänge gewählt.			◄—X
Sprache II Wortwahl	4. Du hast treffende Ausdrücke (spannend, lustig, traurig …) verwendet.	X—►		
Tempus	5. Du hast deinen Text in der für dich passenden Zeitform (Perfekt) formuliert.			◄—X
Wagnis	6. Du hast deine Geschichte so erzählt, dass der Leser sie gerne liest und weiß, was du ihm mitteilen möchtest.		X	
	7. Du hast über dich und deine Gefühle in der Geschichte geschrieben.			◄—X

Überarbeitungsbezogener Kriterienkatalog mit Pfeilen

Erst nach dem Setzen der Pfeile erfolgt nun das *Benoten* der Aufsätze. Die Schüler haben daraufhin die Möglichkeit, die Mappen für einige Tage mit nach Hause zu nehmen und die Ergebnisse mit ihren Eltern durchzusprechen. Auch hier können sie wertvolle Anregungen bekommen oder sind gefordert, die Auswahl ihres Textes zu begründen.

Bei der Arbeit mit Portfoliomappen zieht sich sowohl die *Korrekturarbeit als auch das Fertigstellen eines Textes über einen viel längeren Zeitraum* als bei üblichen Tests oder Klassenarbeiten. Das Schreiben der Texte und auch die Beurteilung/Benotung bilden einen längeren Prozess. Von Vorteil ist, dass die einzelnen Beurteilungsschritte überschaubarer sind, als wenn man eine Klassenarbeit nur in einem Schritt bewertet. Bei der hier vorgestellten Methode kennt man nach einer ersten Durchsicht die Schülertexte und kann sich bei den folgenden Beurteilungsschritten auf einzelne Punkte konzentrieren. Die Beurteilung wird auf verschiedene Zeitpunkte verteilt und in den Phasen dazwischen hat der Schüler immer wieder die Möglichkeit – sei es durch die Auswahl seines Textes oder durch Überarbeitung – einzugreifen. Die *Verantwortung für das Lernen verteilt sich somit auf Lehrperson und Schüler* (Schwarz 2001, 24).

Literatur

ABRAHAM, ULF/LAUNER, CHRISTOPH (1999): Beantwortung und Bewertung kreativer schriftlicher Leistungen. In: Praxis Deutsch 155, S. 43-46

ANDRESEN, UTE (1993): Versteh mich nicht so schnell. Gedichte lesen mit Kindern. Weinheim/Basel

ANDRESEN, UTE/WIESMÜLLER, DIETER (1996): Im Mondlicht wächst das Gras. Lese-Schatz-Buch.Ravensburg

AUGST, GERHARD/FAIGEL, PETER (1986): Von der Reihung zur Gestaltung. Untersuchungen zur Ontogenese der schriftsprachlichen Fähigkeiten von 13 – 23 Jahren. Unter Mitarbeit von Karin Müller und Helmuth Feilke. Frankfurt a. M.

BALHORN, HEIKO/VIELUF, ULRICH (1990): „...und so war das Geheimnis entlüftet." Produktive Sprachnot als Motor des Formulierens. In: Brügelmann, H./Bahlhorn, H. (Hrsg.): Das Gehirn, sein Alfabet und andere Geschichten. Konstanz, S. 134-145

BAMBACH, HEIDE/BARTNITZKY, HORST/ILSEMANN, CORNELIA V./OTTO, GUNTER (Hrsg.) (1996): Prüfen und Bewerten. Zwischen Fördern und Zensieren. Friedrich-Jahresheft 1996. Seelze

BARTNITZKY, HORST (1999): Leistungsbeurteilung in der Grundschule. In: Böttcher, W./Brosch, U./Schneider-Petri, H. (Hrsg.) (1999): Leistungsbewertung in der Grundschule. Weinheim/Basel, S. 135-138

BARTNITZKY, HORST/PORTMANN, ROSEMARIE (Hrsg.) (1992): Leistung in der Schule – Leistung der Kinder. Frankfurt a. M.

BAURMANN, JÜRGEN (1984): „Und" und immer wieder „und" in Schüleraufsätzen. In: Praxis Deutsch 64, S. 32-34

BAURMANN, JÜRGEN (1992): Schreibforschung und Aufsatzunterricht: ein Nichtverhältnis oder …?. In: Krings, H. P./Antos, G. (1992): Textproduktion. Trier, S. 111-125

BAURMANN, JÜRGEN (1996): Geschriebenes beurteilen. In: Praxis Deutsch, Sonderheft Schreiben, S. 164-155

BAURMANN, JÜRGEN (2002): Schreiben – Überarbeiten – Beurteilen. Ein Arbeitsbuch zur Schreibdidaktik. Seelze

BAURMANN, JÜRGEN/LUDWIG, OTTO (1986): Aufsätze vorbereiten – Schreiben lernen. In: Praxis Deutsch 80, S. 16-22

BAURMANN, JÜRGEN/LUDWIG, OTTO (1996): Schreiben: Texte und Formulierungen überarbeiten. In: Praxis Deutsch 137, S. 13-21

BAURMANN, JÜRGEN/LUDWIG, OTTO (2001): Schreibaufgaben und selbst organisiertes Schreiben. In: Praxis Deutsch 168, S. 6-11

BECK, SIGRUN/CLAUSSEN, CLAUS ([7]1996): Erzählen in der Grundschule. Hrsg. vom Hessischen Seminar für Lehrerfortbildung, Hauptstelle Reinhardswaldschule, Fuldatal

BECKER, TABEA (2002): Mündliches und schriftliches Erzählen. Ein Vergleich unter entwicklungstheoretischen Gesichtspunkten. In: Didaktik Deutsch 12, S. 23-38

BECKER-MROTZEK, MICHAEL (1997): Schreibentwicklung und Textproduktion. Der Erwerb der Schreibfertigkeit am Beispiel der Bedienungsanleitung. Opladen

BECKER-MROTZEK, MICHAEL (2000): Schreibkonferenzen. Eine diskursive Form der Textbearbeitung. In: Grundschule 12, S. 49-53

BECKER-MROTZEK, MICHAEL (2003): Mündlichkeit – Schriftlichkeit – Neue Medien. In: Bredel, U./Günther H./Klotz, P./Ossner, J./Siebert-Ott, G. (Hrsg.) (2003), S. 69-89

BEHR, INGE (1977): Mit Staunen fängt es an. Ein Werkbuch für religiöse Erziehung. Göttingen/ Köln/Zürich, S. 27-49

BEREITER, CARL (1980): Development in Writing. In: Gregg, L.W./Steinberg, E.R. (Hrsg.) (1980): Cognitive Processes in Writing. Hillsdale, N. J., S. 73-93

BEREITER, CARL/SCARDAMALIA, MARLENE (1987): The Psychology of Written Composition. Hillsdale, N. J.: Lawrence Earlbaum

BERNING, JOHANNES (1998): Schreibjournale – eigene Wege zum Schreiben finden. In: Praxis Deutsch 149, S. 62-62

BERNING, JOHANNES (2002a): Schreiben als Wahrnehmungs- und Denkhilfe: Elemente einer holistischen Schreibpädagogik. Münster

BERNING, JOHANNES (2002b): Schreibendes Denken unterstützen – durch Journal Portfolio. In: ders. (2002a), S. 183-223

BLATT, INGE (1999): Schreiben mit neuen Medien im Lehramtsstudium Deutsch: Konzept, Beispiele, Konsequenzen. In: Kruse, O./Jakobs, E.-M./Ruhmann, G. (Hrsg.) (1999b), S. 222-239

BOBSIN, JULIA (1996): Textlupe: neue Sicht aufs Schreiben. In: Praxis Deutsch 137, S. 45-49

BOEHNCKE, HEINER (1993): Oulipo. Bremen

BÖTTCHER, INGRID (Hrsg.) (1999): Kreatives Schreiben. Berlin

BÖTTCHER, INGRID/CZAPLA, CORNELIA (2002): Repertoires flexibilisieren. Kreative Methoden für professionelles Schreiben. In: Perrin, D./Böttcher, I./Kruse, O./Wrobel, A. (Hrsg.) (2002), S. 183-201

BÖTTCHER, INGRID/WAGNER, MONIKA (1993): Kreative Texte bearbeiten. In: Praxis Deutsch 119, S. 24-35

BÖTTCHER, WOLFGANG/BROSCH, ULRICH/SCHNEIDER, PETRI (Hrsg.) (1999): Leistungsbewertung in der Grundschule. Weinheim/Basel

BOUECKE, DIETRICH/SCHÜLEIN, FRIEDER (1998): „Story Grammars". Zur Diskussion um ein erzählstrukturelles Konzept und seine Konsequenzen für die Erzähldidaktik. In: Wirkendes Wort 1/1998, S. 125-142

BRÄUER, GERD (1998a): Schreibend lernen. Grundlagen einer theoretischen und praktischen Schreibpädagogik. Innsbruck

BRÄUER, GERD (1998b): Portfolios. Lernen durch Reflektieren. In: Informationen zur Deutschdidaktik 4/1998, S. 80-91

BRÄUER, GERD (2000): Schreiben als reflexive Praxis. Tagebuch, Arbeitsjournal, Portfolio. Freiburg i. B.

BREDEL, URSULA (2001): Ohne Worte – zum Verhältnis von Grammatik und Textproduktion am Beispiel des Erzählens von Bildergeschichten. In: Didaktik Deutsch 11, S. 4-21

BREDEL, URSULA/GÜNTHER HARTMUT/KLOTZ, PETER/OSSNER, JAKOB/SIEBERT-OTT, GESA (Hrsg.) (2003): Didaktik der deutschen Sprache. Ein Handbuch. Paderborn

BREMERICH-VOS, ALBERT (1999): „Qualitätsentwicklung" und „Qualitätssicherung" in NRW – und die Deutschdidaktik. In: Didaktik Deutsch 7, S. 65 – 79

BRENNER, GERD (1990): Kreatives Schreiben. Ein Leitfaden für die Praxis. Frankfurt a. M.

BRUNER, ILSE/SCHMIDINGER, ELFRIEDE (2000): Gerecht beurteilen. Portfolio – die Alternative für die Grundschulpraxis. Linz

BÜHLER, KARL (1982): Sprachtheorie. Die Darstellungsfunktion der Sprache. Stuttgart (zuerst 1934 Jena)

BÜTTNER, CHRISTA/SCHWICHTENBERG, ELKE (1998): Computer in der Grundschule. Geräte, didaktische Konzepte, Unterrichtssoftware. Weinheim

CLAUSSEN, CLAUS/MERKELBACH, VALENTIN (Hrsg.) (1995): Erzählwerkstatt. Braunschweig

DEHN, MECHTHILD (1991): Stil von Grundschülern? Schülertexte verstehen lernen – und die Folgen für den Unterricht. In: Der Deutschunterricht 3/1991, S. 37-51

DEHN, MECHTHILD (1996): Zur Entwicklung der Textkompetenz in der Schule. In: Feilke, H./Portmann, P. R. (Hrsg.) (1996): Schreiben im Umbruch. Schreibforschung und schulisches Schreiben. Stuttgart, S. 172-185

EHLICH, KONRAD (1983): Text und sprachliches Handeln. Die Entstehung von Texten aus dem Bedürfnis nach Überlieferung. In: Assmann, A./Assmann, J./Hardmeier, Ch. (Hrsg.) (1983): Schrift und Gedächtnis. München, S. 24-43

EHLICH, KONRAD (1989): Zur Genese von Textformen – Prolegomena zu einer pragmatischen Texttypologie. In: Antos, G./Krings, H. (Hrsg.) (1989): Textproduktion. Ein interdisziplinärer Forschungsüberblick. Tübingen, S. 84-99

EHLICH, KONRAD (1998): Medium Sprache. In: Strohner, H./Sichelschmidt, L./Hielscher, M. (Hrsg.) (1998): Medium Sprache. Frankfurt a. M., S. 9-21

EHLICH, KONRAD (Hrsg.) (1984): Erzählen in der Schule. Tübingen

EHLICH, KONRAD/REHBEIN, JOCHEN (1986): Muster und Institution. Untersuchungen zur schulischen Kommunikation. Tübingen

FAHNENSTICH, GUDRUN (1999): Individuelle Textproduktion und Bewertung – ein Widerspruch? In: Praxis Deutsch 155, S. 20-24

FEILKE, HELMUTH (1996): Die Entwicklung der Schreibfähigkeiten. In: Günther, H/Ludwig, O. (Hrsg.) (1996): Schrift und Schriftlichkeit. (Bd. 2). Berlin/New York, S. 1178-1191

FITZGERALD, JILL (1987): Research on Revision in Writing. In: Review of Educational Research 57/1987, S. 481-506

FIX, MARTIN (1999): „Deine Geschichte find ich irgendwie komisch!" Schreibkonferenzen als Ausgangspunkt für Sprachreflexion. In: Praxis Schule 5-10, 2/1999, S. 24-29

FIX, MARTIN (2000): Textrevisionen in der Schule. Prozessorientierte Schreibdidaktik zwischen Instruktion und Selbststeuerung. Empirische Untersuchungen in achten Klassen. Baltmannsweiler

FRITZSCHE, JOACHIM (1989): Schreibwerkstatt. Stuttgart

FRITZSCHE, JOACHIM (1994): Zur Didaktik und Methodik des Deutschunterrichts. Bd. 2: Schriftliches Arbeiten. Stuttgart

GELBERG, HANS-JOACHIM (Hrsg.) (2000): Großer Ozean. Gedichte für alle. Weinheim/Basel

GROSS, BARBARA (1996): Das Gute achten. Bewertung frei gestalteter Arbeitsprodukte. In: Bambach, H. u. a. (Hrsg.) (1996), S. 18-19

Grundschule 1 (1986): Erzählen – Zuhören. (darin besonders: Dehn, Mechthild: Literarisches Erzählen im Alltag, S. 16 – 19)

GÜNTHER, HARTMUT (1988): Schriftliche Sprache. Strukturen geschriebener Wörter und ihre Verarbeitung beim Lesen. Tübingen

HAAS, GERHARD (1996): Auch kreative Leistungen bewerten. Beispiele aus dem Deutschunterricht. In: Bambach, H. u. a. (Hrsg.) (1996), S. 20-21

HAAS, GERHARD (1997): Handlungs- und produktionsorientierter Literaturunterricht. Seelze

HAAS, GERHARD (1999): In der Schule Leistungen bewerten, ohne pädagogische Prinzipien außer Kraft zu setzen. Bewerten und Benoten im offenen Unterricht. In: Praxis Deutsch 155, S. 10-19

HASERT, JÜRGEN (1998): Schreiben mit der Hand. Schreibmotorische Prozesse bei 8 – 10-jährigen Grundschülern. Frankfurt

HAYES, JOHN/FLOWER, LINDA (1980): Identifying the Organization of Writing Processes. In: Gregg, L.W./Steinberg, E.R. (Hrsg.) (1980): Cognitive Processes in Writing. Hillsdale, S. 3-30

HECKER, ULRICH (2001): Den Leistungen ein Gesicht geben. In: nds 1/2, 2001, S. 22-25

HUBER, LUDOWIKA/KEGEL, GERD/SPECK-HAMDAN, ANGELIKA (Hrsg.) (1999): Schriftspracherwerb: Neue Medien – Neues Lernen!? Braunschweig

INGENDAHL, WERNER (1991): Umgangsformen. Produktive Methoden zum Erschließen poetischer Literatur. Frankfurt a. M.

IVO, HUBERT (1982): Lehrer korrigieren Aufsätze. Beschreibungen eines Zustands und Überlegungen zu Alternativen. Frankfurt a. M.

JAKOBS, EVA-MARIA (2001): Textproduktion im 21. Jahrhundert. In: Handler, P. (Hrsg) (2001): E-Text: Strategien und Kompetenzen. Elektronische Kommunikation in Wissenschaft, Bildung und Beruf. Frankfurt a. M., S. 11-22

KLICPERA, CHRISTIAN/GASTEIGER-KLICPERA, BARBARA (²1998): Psychologie der Lese- und Schreibschwierigkeiten. Entwicklung, Ursachen, Förderung. Weinheim

KOCHAN, BARBARA (1999): Computermerkmale und Unterrichtskonzept. Wodurch begünstigt der Computer den Schriftspracherwerb? In: Huber, L./Kegel, G./Speck-Hamdan, A. (Hrsg.) (1999), S. 40-60

KRUSE, OTTO (1997): Kreativität als Ressource für Veränderung und Wachstum. Bonn

KRUSE, OTTO/JAKOBS, EVA-MARIA (1999a): Schreiben lehren an der Hochschule. Ein Überblick. In: Kruse, O./Jakobs, E.-M./Ruhmann, G. (Hrsg.) (1999), S. 19-34

KRUSE, OTTO/JAKOBS, EVA-MARIA/RUHMANN, GABRIELA (Hrsg.) (1999b): Schlüsselkompetenz Schreiben. Konzepte, Methoden, Projekte für Schreibberatung und Schreibdidaktik an der Hochschule. Neuwied

KULTUSMINISTER DES LANDES NRW (Hrsg.) (1985): Richtlinien Sprache für die Grundschule. Frechen

LANGE, GÜNTHER (1999): Die Laufrichtung ändern. Überlegungen zu veränderten Bewertungsverfahren im Literatur- und Schreibunterricht. In: Praxis Deutsch 155, S. 58-62

LEGUTKE, MICHAEL K./LORTZ, WILTRUD (Hrsg.) (2002): Mein Sprachenportfolio (Arbeitsheft und Handreichungen für Lehrerinnen und Lehrer), Frankfurt a. M.

LEHNEN, KATRIN (1999a): Kooperative Textproduktion. In: Kruse, O./Jakobs, E.-M./Ruhmann, G. (Hrsg.) (1999b), S. 147-170

LEHNEN, KATRIN (1999b): Textproduktion als Aushandlungsprozeß. Interaktive Organisation gemeinsamer Schreibaufgaben. In: Jakobs, E.-M./Knorr, D./Pogner, K.-H (Hrsg.) (1999): Textproduktion. HyperText, Text, KonText. Frankfurt a. M., S. 75-91

LEHNEN, KATRIN/GÜLICH, ELISABETH (1997): Mündliche Verfahren der Verschriftlichung: Zur interaktiven Erarbeitung schriftlicher Formulierungen. In: LiLi 27, S. 108-136

LIEBNAU, ULRICH (1995): EigenSinn. Kreatives Schreiben – Anregungen und Methoden. Frankfurt a. M.

LISSMANN, URBAN (1997): Probleme und Möglichkeiten der Schülerselbstbewertung, Bd. 8. Landau

LUDWIG, OTTO (1995): Integriertes und nicht-integriertes Schreiben. Zu einer Theorie des Schreibens: eine Skizze. In: Baurmann, J./Weingarten, R. (Hrsg.) (1995): Schreiben. Prozesse, Prozeduren und Produkte. Opladen, S. 273-287

LUDWIG, OTTO (1988): Der Schulaufsatz. Seine Geschichte in Deutschland. Berlin

MERKELBACH, VALENTIN (1986): Korrektur und Benotung im Aufsatzunterricht. Wissenschaftliche Erkenntnisse und didaktische Konzepte. Frankfurt a. M.

MERKELBACH, VALENTIN (1993): Entwerfen, Überarbeiten, Veröffentlichen. In: Merkelbach, V. (Hrsg.) (1993): Kreatives Schreiben. Braunschweig, S. 97-112

METZGER, KLAUS (2001): Handlungsorientierter Umgang mit Medien im Deutschunterricht. Didaktische Voraussetzungen. Modelle und Projekte. Berlin

MINISTERIUM FÜR SCHULE UND WEITERBILDUNG, WISSENSCHAFT UND FORSCHUNG NRW (MSW-WF) (1998): „Qualität als gemeinsame Aufgabe". Rahmenkonzept „Qualitätsentwicklung schulischer Arbeit" (= Schriftenreihe Schule in NRW Nr. 9029), Frechen

MOLITOR-LÜBBERT, SILVIE (1984): Kognitive Prozesse beim Schreiben. Deutsches Institut für Fernstudien an der Universität Tübingen (Forschungsunterricht 31)

MOLITOR-LÜBBERT, SILVIE (1989): Schreiben und Kognition. In: Antos, G./Krings, H. P. (Hrsg) (1989): Textproduktion. Tübingen, S. 278-296

MOLITOR-LÜBBERT, SILVIE (1996): Schreiben als mentaler und sprachlicher Prozess. In: Günther, H./Ludwig, O.(Hrsg) (1996), 1005-1027

MÜLLER-MICHAELS, HARRO (1993): Noten für Kreativität? Zum Problem produktiver Arbeiten im Literaturunterricht. In: Deutschunterricht 46/1993, S. 338-348

NUSSBAUM, REGINA (Hrsg.) (2000): Wege des Lernens im Deutschunterricht. Phantasie entfalten – Erkenntnisse gewinnen – Sprache vervollkommnen. Braunschweig

NUSSBAUMER, MARKUS (1996): Lernerorientierte Textanalyse – eine Hilfe zum Textverfassen? In: Feilke, H./Portmann, P. R. (Hrsg.) (1996): Schreiben im Umbruch. Schreibforschung und schulisches Schreiben. Stuttgart, S. 96-112

ORTNER, HANS-PETER (2000): Schreiben und Denken. Tübingen

OSSNER, JAKOB (1995): Prozessorientierte Schreibdidaktik in Lehrplänen. In: Baumann, J./Weingarten, R. (Hrsg.) (1995): Schreiben, Prozesse, Prozeduren, Produkte. Opladen, S. 29–50

OSSNER, JACOB (1996): Gibt es Entwicklungsstufen beim Aufsatzschreiben? In: Feilke, H./Portmann, P.R. (Hrsg.) (1996): Schreiben im Umbruch. Schreibforschung und schulisches Schreiben. Stuttgart, S. 74-85

PAEFGEN, ELISABETH (1996): Schreiben und Lesen. Ästhetisches Arbeiten und literarisches Lernen. Opladen

PAYRHUBER, FRANZ-JOSEF (1998): Schreiben lernen: Aufsatzunterricht. Göttingen

PERRIN, DANIEL (1999): „Eigene Darlings kannst du nicht mehr killen". Die buffergestützte Text-Reproduktion im journalistischen Arbeitsprozess. In: Jakobs, E.-M./Knorr, D./Pogner, K.-H. (Hrsg.) (1999): Textproduktion. HyperText, Text, KonText, Frankfurt a. M., S. 159-180

PERRIN, DANIEL/BÖTTCHER, INGRID/KRUSE, OTTO/WROBEL, ARNE (Hrsg.) (2002): Schreiben. Von intuitiven zu professionellen Schreibstrategien. Wiesbaden

POSTMAN, NEIL (1983): Das Verschwinden der Kindheit. Frankfurt a. M.

PRAXIS DEUTSCH 155 (1999): Bewerten und Benoten im offenen Unterricht.

RAMPILLON, UTE (1996): Schüler beurteilen sich selbst. Ein Zugang zum selbstgesteuerten Lernen. In: Bambach, H. u. a. (Hrsg.) (1996), S. 38-39

REHBEIN, JOCHEN (1977): Komplexes Handeln. Elemente zur Handlungstheorie der Sprache. Stuttgart

REINMANN-ROTHMEIER, GABI/MANDL, HEINZ (1999): Computernetze in der Grundschule. Chancen und Grenzen der neuen Medien. In: Huber, L./Kegel, G./Speck-Hamdan, A. (Hrsg.) (1999), S. 13-27

REUEN, SASCHA (1997): Der Computer als Schreibwerkzeug. Theoretische Grundlagen und praktische Erfahrungen aus einer vierten Grundschulklasse. Frankfurt a. M.

REUSCHLING, GISELA (1993): Erzähltexte schreiben. In: Merkelbach, V. (Hrsg.) (1993), S. 42-58

REUSCHLING, GISELA (1995): Textrevisionen durch Schreibkonferenzen. Wie kann das Überarbeitungsverhalten zielgerichtet gefördert werden? In: Osnabrücker Beiträge zur Sprachtheorie 51, S. 148-159

REUSCHLING, GISELA (1996): „Als wär sie gar nicht Susanne und die Laura". Die Thematisierung der Perspektive in Schreibkonferenzen. In: Praxis Deutsch 137, S. 29-33

RICHTER, SIGRUN/BRÜGELMANN, HANS (Hrsg.) (1994): Mädchen lernen anders lernen Jungen. Konstanz, S. 51-65

SCHEERER-NEUMANN, GERHEID (1996): Der Erwerb der basalen Lese- und Schreibfähigkeiten. In: Günther, H./Ludwig, O. (Hrsg.) (1996), S. 1153-1169

SCHNEIDER-ALKEN, CAROLIN [VERH. SPECKGENS] (1999): Kreatives Schreiben im projektorientierten Unterricht – das Beispiel „Wasser". In: Böttcher, I. (Hrsg.) (1999), S. 156-171

SCHNEUWLY, BERNHARD (1995): Textarten – Lerngegenstände des Deutschunterrichts. In: Osnabrücker Beiträge zur Sprachtheorie 51, S. 116-132

SCHULZ, GUDRUN (^{2}1998): Umgang mit Gedichten. Berlin

SCHURF, BERND (1995): Bewertung produktiver Schülerarbeiten im Deutschunterricht der Sekundarstufe I. In: Deutschunterricht 48, S. 338-342

SCHUSTER, KARL (1995): Das personal-kreative Schreiben im Deutschunterricht: Theorie und Praxis. Baltmannsweiler

SCHWARZ, JOHANNA (2001): Die eigenen Stärken veröffentlichen. Portfolios als Lernstrategie und alternative Leistungsbeurteilung. In: Becker, G./Ilsemann, C. v./Schratz, M. (Hrsg.) (2001): Qualität entwickeln: evaluieren. Friedrich Jahresheft 2001, S. 24-27

SIEBER, PETER (1997): Parlando in Texten. Zur Veränderbarkeit kommunikativer Grundmuster in der Schriftlichkeit. Tübingen

SPINNER, KASPAR H. (1980): Identität und Deutschunterricht. Göttingen

SPINNER, KASPAR H. (1993): Kreatives Schreiben. In: Praxis Deutsch 119, S. 17-23

SPINNER, KASPAR H. (1998): Kreatives Schreiben – Perspektiven für Forschung und Praxis. Vortrag gehalten am 7. Mai 1998 in Aachen (unveröffentlichtes Manuskript) (später gekürzt veröffentlicht in: Nussbaum, R. (Hrsg.) (2000), S. 105-113)

SPINNER, KASPAR H. (2001): Kreativer Deutschunterricht. Identität – Imagination – Kognition. Seelze

SPITTA, GUDRUN (1992): Schreibkonferenzen in Klasse 3 und 4. Frankfurt a. M.

TRIPPLER, TATJANA (1998): „Straßenampel-Brote" und „Bananen-Quark-Knöpfe" – Kreativproduktiver Umgang mit Gebrauchstexten am Beispiel von Rezepten. In: RAAbits Grundschule: Impulse und Materialien für die kreative Unterrichtsgestaltung. Heidelberg

VIERLINGER, RUPERT (1999): Leistung spricht für sich selbst. „Direkte Leistungsvorlage" (Portfolios) statt Ziffernzensuren und Notenfetischismus. Heinsberg

WALDMANN, GÜNTER (1988): Produktiver Umgang mit Lyrik. Baltmannsweiler

WEDEL-WOLFF, ANNEGRET VON (1997): Texte überarbeiten lernen. In: Praxis Grundschule 6/1997, S. 4-18

WEINHOLD, SWANTJE (2000): Text als Herausforderung. Zur Textkompetenz am Schulanfang (mit 296 Schülertexten aus Klasse 1). Freiburg

WERMKE, JUTTA (1993): Die Kunst zu finden, ohne zu suchen. Ein Beitrag zur Entwicklung von Beurteilungskriterien für einen kreativitätsfördernden Unterricht. In: Diskussion Deutsch 129, S. 88-105

WESPEL, MANFRED (1997): Texte wachsen lassen ... und überarbeiten. In: Grundschule 11, S. 8 ff.

WINTER, CLAUDIA (1998): Traditioneller Aufsatzunterricht und kreatives Schreiben. Eine empirische Vergleichsstudie. Augsburg

WINTER, FELIX (1996): Schülerselbstbewertung. Die Kommunikation über Leistung verbessern. In: Bambach, H. u. a. (Hrsg.), S. 34-37

WINZEN, HERMANN JOSEF (2000): Klartext – Eine Auswahl sachbezogener Schreibanlässe. 10 Schreibprojekte mit Planungsempfehlungen und 64 Kopiervorlagen. Oberursel

WROBEL, ARNE (1995): Schreiben als Handlung. Überlegungen und Untersuchungen zur Theorie der Textproduktion. Tübingen

WYGOTSKI, LEV SEMJONOWITSCH (1986): Denken und Sprechen. (zuerst 1934 Moskau), Frankfurt

ZIMBARDO, PHILIP (⁶1995): Psychologie. Berlin

Liste der Kinderkochbücher

BARTL, ALMUTH (1992): Spaß am Kochen. Das Kicher-, Spiel- und Brutzelbuch für kleine Köche. Nürnberg

FEIGH, RENATE/WOIKOWSKY-BIEDAU, SIGRID VON (1993): Wir Kinder kochen vollwertig. Koch- und Backrezepte aus der Naturküche. Köln

HENNIS KINDER-BACKBUCH (2000): Die besten Rezepte vom Bauernhof. Münster

KOCHEN MIT DER MAUS (2001): Rezepte, Tipps und Tricks für kleine & große Maus-Fans. Geburtstagssonderausgabe. München

LIBEAU, CATHERINE (2002): Kinder-Koch-Buch. München

OSKI & OSKI (1995): Kochen mit Cocolino – Ein Kinder-Bilder-Kochbuch. Bern/Stuttgart

PLÄTZCHEN & CO. (2001): Rezepte, Tipps und Tricks für kleine & große Maus-Fans. München

RIEDER, SARAH/KÄMPF, CHRISTIAN (1989): Lustige Kinder-Küche mit der Maus. Münster

WIEMANN, INGRID (1990): Mit Mikrowelle: Kochspaß für Kinder. Tolle Rezepte, die immer gelingen. München

Quellenangaben

S. 12: Zählsteine, aus: SCHMANDT-BESSERAT, DE-NISE (1978): Vom Ursprung der Schrift. In: Spektrum der Wissenschaft, Heft 12/1978, S. 11 (hier Ausschnitt); **S. 14:** Das Institut des Boten, aus: EHLICH, KONRAD (1983): Text und sprachliches Handeln. Die Entstehung von Texten aus dem Bedürfnis nach Überlieferung. In: ASSMANN, A./ASSMANN, J./HARDMEIER, CH. (Hrsg.) (1983): Schrift und Gedächtnis. München, S. 31; **S. 18:** Der Schreibprozess nach Hayes/Flower aus: HAYES/FLOWER (1980): a. a. O., S. 11; **S. 57:** Bühlers Organon-Modell, aus: BÜHLER, KARL (1982): a. a. O., S. 28, © Bibliographisches Institut & Brockhaus AG, Mannheim; **S. 90/91:** Bildgeschichte und Schülertexte Hunde, aus: BECK, OSWALD/HOFEN, NIKOLAUS (1990): Aufsatzunterricht Grundschule. Handbuch für Lehrende und Studierende. Baltmannsweiler, S. 225 f.; **S. 101:** Der Einsatz von Schülerselbst- und -mitbeurteilung im Deutschunterricht, © WINTER, FELIX, Bielefeld; **S. 102:** Verbesserungszirkel, aus: LIEBNAU, ULRICH: EigenSinn. © Bildungshaus Schroedel Diesterweg Bildungsmedien GmbH & Co. KG, Frankfurt a. M. 1999; **S. 141/142:** Rosemarie Künzler-Behncke, Erde + Was mein Vater sagt, aus: GELBERG, HANS-JOACHIM (Hrsg.): Die Erde ist mein Haus. 1988 Beltz & Gelberg Verlag, Weinheim und Basel.